天津市哲学社会科学规划基金项目：

资源拼凑视域下人工智能初创企业创新能力的生成机理、路径与政策研...

（项目批准号：TJYJ21-004）

协同创新的形成路径
与协同效应内在机理研究

秦鹏飞　著

天津社会科学院出版社

图书在版编目（CIP）数据

协同创新的形成路径与协同效应内在机理研究 / 秦鹏飞著. -- 天津：天津社会科学院出版社，2023.9
ISBN 978-7-5563-0913-9

Ⅰ.①协… Ⅱ.①秦… Ⅲ.①企业创新-研究 Ⅳ.①F273.1

中国版本图书馆 CIP 数据核字(2023)第 177216 号

协同创新的形成路径与协同效应内在机理研究
XIETONG CHUANGXIN DE XINGCHENG LUJING YU XIETONG
XIAOYING NEIZAI JILI YANJIU

选题策划：沈　楠
责任编辑：沈　楠
责任校对：王　丽
装帧设计：高馨月
出版发行：天津社会科学院出版社
地　　址：天津市南开区迎水道 7 号
邮　　编：300191
电　　话：(022)23360165
印　　刷：天津午阳印刷股份有限公司
开　　本：787×1092 毫米　1/16
印　　张：18.25
字　　数：355 千字
版　　次：2023 年 9 月第 1 版　2023 年 9 月第 1 次印刷
定　　价：78.00 元

序　　一

当前,世界在百年未有之大变局中加速演变,国际力量格局随着新一轮科技革命和产业变革的快速推进而深刻调整。近年来,中国科技事业发展迅速、成就巨大,科技创新能力连续显著提高,但科技发展水平与国际先进水平相比仍有很大距离,这种态势在关键核心技术创新能力上表现得尤为明显。中国是世界级制造大国,但是大而不优、大而不强、大而不稳,问题的症结就在于关键核心技术供给不足。在关键核心技术领域的根本性突破,决定着中国经济安全的基础保障能力,也在很大限度上决定着中国能否在国家间的博弈中占据主动。

面对国际环境的新形势和新要求,以及中国经济新常态下形成的新趋势和新特点,协同创新理论研究与创新实践的深度剖析已经成为构建新型国家创新系统、加快建设科技强国的迫切需求。协同创新高效聚合创新创意资源,助推创新成果涌现,推动创新方式深刻变革,有利于国家创新能力的系统性升级,践行创新驱动发展的国家战略。

本书聚焦于协同创新的动因、影响因素、模式与机制、协同创新的形成路径,以及协同效应的内在机理等方面展开探索与论证,厘清了协同创新的核心内涵与本质特征,阐述了协同创新动因与影响因素的识别与辨析的方法和原则,剖析提炼了协同创新的主要模式及其运行机制,阐明了协同效应的内在机理,并给出了协同创新管理改进优化的思路和建议。既有丰富的理论意义,也有重大的现实意义。

当然,协同创新是一个动态的概念,实现高水平的协同创新更是一个复杂的问题。诚如《礼记·大学》所载,"苟日新,日日新,又日新"。人类的认知和科学技术的进步永无止境,经济和社会领域的创新目标也会不断演进升级。协同创新的理论与实践,会随着人类对未知世界的探索和对已知世界的再思考而愈加瑰丽和深邃。

　　希望这本书的出版,能让更多读者从中受益。

申光龙

2023 年 2 月

序 二

创新是民族兴旺的不竭动力,是国家强盛的必备要素。在社会各界的共同努力下,我国创新系统奋发有为,持续赶超跨越,重大创新成果竞相涌现,创新能力和创新绩效大幅增强,使我们的国家成为具有全球影响力的科技创新大国。诚然,持续提升整个国家创新体系的运行效率,是长期发展、长久繁荣的必要条件,协同创新无疑是一个重要选项。协同创新将不同个体、团队或组织之间的智慧和资源融合汇聚、有机结合,深度优化资源配置,大幅加深知识集成,广泛促进创意碰撞,催生更多的创新成果。

创新是一个民族进步的灵魂,实施创新驱动发展战略,增强自主创新能力,实现高水平科技自立自强,决定着中华民族的前途命运。走协同创新之路,建设科技强国,目标宏伟、任务艰巨,需要全党全社会持续不懈地努力奋斗,才能早日实现"百年科技创新强国梦"。建立协同创新开放平台,促进不同创新主体之间的交流、分享、互动,加强相互之间的理解和尊重,在互信合作的基础上,谋划共同愿景,凝聚各方力量,增强合作动力,共同追求创新目标。协同创新主体是多元化的,拥有不同领域的专业知识和技能,建立顺畅的沟通机制,提升沟通有效性,是推动协同创新体系正常运转的关键要素。从某种意义上说,协同创新是推动创新发展、建设世界科技强国的必由之路。

本书聚焦我国"创新驱动发展"这一重大战略,牵住协同创新这个"牛鼻子",通过模型对比、案例精析、定性分析、定量研究等方法的综合运用,归纳总结凝练出具有高度借鉴意义的协同创新成功经验,立足本国国情、创新生态发育和民族文化特点,构建了具有中国特色的协同创新理论体系,探寻基于协同创新建设世界科技强国的理论框架和现实路径。

本书重点关注协同创新体系建设的逻辑链路和实现路径,内容丰富、论证充分。首先对协同创新的产生背景和现实任务进行了解读;其后阐明了协同创新、开放式创新、合作创新之间的异同和特征;接着从协同创新的动因、影响因素和协同创新主体的行为选择策略等方面分析了协同创新体系的组织过程和运行机制;最后探讨了协同创新体系中创新主体的创新能力是如何形成的,并从公共管理层面给出了促进协同创新的具体思路和政策建议。理论意义与实践价值相得益彰。

本书作者在管理学、经济学和科技哲学等学科领域具有较为深厚的专业背景,并在长期研学过程中形成了科技发展战略和科技政策方面的积累,从而使其对协同创新的阐释和论证具有很强的专业性、跨界性和综合性。例如,源于经济学范畴的"创新"概念,以往的很多论述,将创新与技术发明、科学研究等概念混为一谈,存在着内涵不清晰、边界不明确等问题。本书则从商学和企业管理的专业角度,指出了创新成果必须通过市场化途径转化为现实的商业价值,从而完成一个完整的创新循环。

我与本书作者分属于不同的研究领域,但书中颇多理念和主张与我本人的观点竟有相通暗合之处。秦鹏飞博士长期从事创新管理和产业发展领域的科研工作,书中诸多细节体现出对中国文化和中华文明在创新创造方面的独特优势。这种优势大体上可以归纳为三个方面:其一,是中华民族艰苦卓绝、苦心孤诣的民族性格优势;其二,是马克思主义世界观和方法论的唯物主义哲学优势;其三,是包容、审慎、团结、奋进的民族精神品格优势。

这本书的另一个特色是重视企业在国家创新体系中的主体作用,并从公共管理的宏观层面探讨了企业类创新主体在协同创新体系中的潜力挖掘和功能释放等一系列问题。国家创新体系建设,必须充分发挥企业类创新主体的重要作用,从协同论的角度设计协同创新机制、谋划宏观思路框架。国内已经涌现出华为、海尔、大疆、科大讯飞等一批具有国际影响力的优秀创新企业,从宏观层面总结这些业内顶级企业的创新经验,有利于加快建设高效型协同创新体系。如何强化企业的创新主体地位,如何引导有能力的企业持续加大科技创新投入,公共管理领域的优质政策供给等,都是现阶段需要重点关注的问题。书中一些理念、数据和观点,对政策的制定者、执行者以及广大协同创新参与者而言,具有启发意义和借鉴价值。

以上感想与心得,以为序。

2023 年 2 月

前　言

在建设创新型国家战略的指引下,中国的经济增长模式从要素驱动、投资驱动转向创新驱动,协同创新成为创新型国家建设的基本路径,是促进国民经济发展、提高自主创新能力的根本驱动力量。无论是宏观的国家层面、中观的区域和产业层面,还是微观个体层面,都需要通过协同创新激发更大的潜力与活力。在学术界,协同创新的理论研究在动因、影响因素、模式与机制,以及形成路径等方面仍然存在缺陷和不足,需要进一步深入研究予以完善,从而更好地推动理论进步并指导协同创新管理实践。

本书阐述了研究背景,进而说明了研究目的和研究意义。通过系统而全面地研读并整理国内外的相关文献,发掘出协同创新理论研究的薄弱点与不足之处,结合协同创新管理实践中亟需解决的关键问题,划定研究范围并选定研究内容,制订研究计划,规划研究路线并选择适宜的研究方法。对协同创新的相关理论进行系统回顾,详细阐明协同创新的核心内涵与本质特征。

本研究对协同创新动因进行了较为系统的识别,阐释了利益诉求、目标诉求和信仰诉求三种不同类别的动因在核心本质与功能强度两个方面的异同,分析了协同创新动因的契合方式,探讨了基于动因视角的协同创新伙伴甄选策略。本文对协同创新的影响因素进行有效识别,根据效能属性对影响因素进行分类,阐述了影响因素在协同创新系统形成过程中的作用。探讨并构建了动因与影响因素综合作用下协同创新的决策过程模型。

本研究详细阐述了协同创新的三种主要模式,即产学研协同创新模式、企业动态联盟协同创新模式和"互联网＋创新"模式,论述了三种模式的构建、知识吸收与集成循环过程、以及相应的运行机制设计,较为详尽地呈现出各种模式自身的特点,阐明了不同模式之间的差异,不同的协同创新模式各有优势和弱点,在适用性方面各不相同、差别很大,从客观上指明了,创新主体在选择协同创新模式时,应该根据实际情况,选择与自身条件相互匹配的模式,并设计相应的运行机制。

阐明了协同创新管理的目标包含效率占优和效果占优两个维度,指出了横向比较和纵向比较是衡量占优与否的途径；归纳并总结了不同影响因素各自的效能，分别提出了三种影响因素的管理原则、思想和策略，指出了影响因素管理的目标是追求综合效能最大化。阐述了基于动因和影响因素双重管理的协同创新模式选择与设计策略，进而分析了协同创新的形成路径并构建了路径模型。

本研究基于知识管理的视角，采用实证研究方法探索了协同效应的内在机理。首先在理论分析的基础上构建了包含知识搜索、知识吸收能力、知识集成能力、创新能力和协同效应等变量的协同效应内在机理的假设模型。然后在天津市辖区内采用分层随机抽样的方法选择高新技术中小企业为样本，通过调查问卷收集调研数据，运用统计分析软件考察数据的质量并进行假设检验，根据检验结果修正假设模型，进而确立协同效应的理论模型。

基于以上研究取得的结论，从不同角度提出协同创新管理的改进策略。从协同创新动因角度提出的改进策略包括协同创新伙伴识别与选择的优化策略、协同创新动因管理策略，以及协同创新收益与动因的匹配优化策略；从影响因素的角度，借鉴开放式创新思想提出了扩大协同创新的对外开放度、充分利用信息技术的支撑作用等策略；从协同创新模式及其运行机制的角度提出了借助国家方针与政策的利好、优选创新模式及其组合、协调多种机制的作用效果等改进策略；从协同效应的角度提出了优化知识搜索、注重创新能力，以及知识吸收与集成能力均衡协调发展的改进策略。

最后，对研究结论进行了必要的深入分析与讨论，阐明了本研究的理论贡献与实践启示，指出了研究的局限与不足之处，并对未来的研究做出展望，提出了后续研究的重点与方向。

目　　录

第一章 绪 论

本研究重点关注协同创新的动因、影响因素、协同创新模式及其运行机制、协同效应的内在机理、以及协同创新管理的改进与优化,深入解析动因与影响因素的联合作用下,协同创新的路径选择,因此,在绪论部分首先阐述协同创新研究的现实背景和理论背景,进而提出研究问题、指出研究意义和创新点,然后说明研究思路、研究方法、论文的结构安排以及可行的技术路线。

第一节 研究背景与问题的提出

在现代社会,无论微观个体,还是中观区域,乃至宏观国家层面的发展与竞争,最根本的驱动力都是创新能力,只有不断强化创新、增强创新能力才能找到可持续发展的路径,创建并推动可持续发展的增长模式。党和国家提出了自主创新战略,依靠各民族中华儿女的共同努力,全面提高创新能力,从而建设创新型国家,增强全球竞争力,实现中华民族伟大复兴。协同创新指明了创新型国家的实现路径:依靠不同层面创新主体的通力协同,构建知识创新、知识转移与知识利用的畅通网络,形成国家创新系统,实现自主创新的战略目标。

一、现实背景

(一)宏观层面的创新型国家战略

邓小平同志在改革开放初期做出了"科学技术是第一生产力"的重要论断,为中国科技创新事业解除了束缚并开启了门户。习近平同志在党的十九大报告中指出,加快建设创新型国家,党和国家将科技创新摆在了国家发展全局的核心位置。由此可见,创新已经成为中国特色社会主义新时代国家发展战略的核心,是推动经济增长方式转型的先决条件。实业界和学术界必须高度重视协同创新,努力探索、认识并运用协同创新的客观规律,加快推动协同创新进程。我国创新型国家建设以协同创新为基本路径,提高自主创新能力,建立国家创新体系,为国家社会和经济的发展提供根本驱动力(叶伟巍等,2014)。由此可见,基于协同创新实践的理论研究,既是时代发展之需,也是创新战略之要。

(二)中观层面区域协同发展的需要

长期以来,我国的经济版图上出现了东部发达地区和中西部欠发达地区,存在着严重的区域之间发展不平衡、区域内部发展不充分的问题。协同创新为破解这一难题提供了一条可行路径。协同创新有利于发达的东部地区带动欠发达的中西部地区实现区域间的平衡发展(徐宜青等,2018)。协同创新能够促进不同区域的创新主体增进交流,加速区域之间的知识创造与知识流动,发达地区的经济、知识与技术的溢出效应增加欠发达地区的创新机会,促进欠发达地区加速创新发展(马永红等,2018),有助于实现区域之间的平衡发展。欠发达地区通过协同创新获得本区域发展的推动力,借助于不断提高的创新能力,欠发达地区能够进一步有效开发和利用资源,实现自身的充分发展(刘友金等,2017)。协同创新能够快速提升欠发达地区的创新能力,助推中西部地区追赶发达地区,通过区域协同促进区域间平衡发展。

(三)微观层面企业竞争力的源泉

以企业为典型代表的、参与市场竞争的创新主体,只有不断提高创新能力,才能在市场经济大潮中保持前进而不致倾覆。要想构建并维持竞争优势,实现可持续发展,就必须不断创新,提高创新能力并产生创新绩效。在市场和经济日益开放的当今时代,任何一个创新主体都很难掌握创新所需的全部资源,完全基于自有资源的封闭式独立创新难以跟上市场快速前进的脚步。因此,基于开放式创新视角的协同创新,成为企业创新战略选择的重要选项之一。借助于协同创新,企业、科研院所、个人和高等院校等创新主体,能够高效整合组织内外部创新资源,形成协同效应,快速提升创新效率和创新能力,为各类创新主体提供持久而强劲的竞争力。

二、理论背景

尽管学者们对协同创新的理论研究由来已久,但是对协同创新内涵的理解与解读却众说纷纭、莫衷一是,这对准确把握协同创新的本质特征,并进一步探寻协同创新的内在机制机理极为不利。学者们基于不同的视角对协同创新动因开展了大量必要的研究工作,但是对动因的理解和总结仍有偏误,在动因分类和动因契合等方面的理论研究仍然有待进一步完善。现有文献对协同创新影响因素的识别、归类以及管理策略需要进一步理顺,以使其呈现出有序并便于实际操作的系统化状态,从而提高理论成果的实践指导意义。对协同创新模式的归纳与总结未能跟上创新实践发展的步伐,对新生关键要素以及要素发展性态的考察和重视不够,不能在创新主体创新模式的选择方面提供有效的参考和借鉴。现有研究成果对协同创新的综合作用机制和关键作用机制的认知和理解不充分,未能在动因和影响因素的综合框架下探明协同创新的形成路径,对协同效应内在机理的研究不够深入,需要进一步深化相关理论研究,提高研究成果的系统性和可操作性。可见,加强并深化协同创新理论研究对创新理论发展而言具有必要性和紧迫性。

三、研究问题的提出

由研究背景的分析可知,协同创新管理实践和理论研究的双重需要,对理论研究提出了更高的要求,对协同创新的解读和阐释必须取得更加深入的进展,从而有效指导创新实践和推动理论发展。因此,本文聚焦于协同创新的动因、影响因素、模式与机制、协同创新的形成路径,以及协同效应的内在机理等方面展开探索与论证,具体包含如下几个问题:

(一)协同创新的核心内涵与本质特征是什么

基于开放视角的协同创新具有怎样的内涵,与开放式创新、合作创新和研发协同等相关或相似概念之间具有何种区别与联系,协同创新区别于其他创新形式的本质特征是什么,找到这些重要问题的答案,是深入研究协同创新的基础,也是消除学术界认知偏离的前提条件。因此,必须厘清协同创新的核心内涵,准确把握协同创新的本质特征,从而消弥分歧并形成一致性认知,为划定研究界域和选择正确的研究路径提供基本保障。

(二)协同创新动因与影响因素的识别与辨析

协同创新以创新目标为导向,是多样化主体、多种类因素相互协同与密切协作的创新行为(张豪等,2013)。协同创新过程受到创新动因和多种影响因素的作用。因此,系统而全面地识别协同创新的动因和影响因素,选择适宜的角度,以科学合理的方法对其进行归纳和分类,对正确解读协同创新的模式选择与机制设计,乃至探究协同创新的形成路径具有不容忽视的重要作用。

(三)协同创新的主要模式及其运行机制如何

协同创新是两个或多个创新主体共同完成的一种跨界深度合作行为,基于不同的条件选择不同的模式,尽量消除创新主体间的壁垒,实现创新资源的有效汇聚与整合,强化创新要素协同,以充分释放创新要素的潜力,提高创新绩效并促进企业成长(曹青林,2014;王玉梅等,2017)。本文借鉴现有的相关研究成果,并结合协同创新管理实践的现实情境,识别、总结并阐释协同创新的主要模式及其配套的运行机制。为创新管理者和创新理论研究者提供参考和指导。在动因和影响因素的综合作用下,创新主体选择或设计特定的协同创新模式及其运行机制。创新主体做出决策的主要机制如何,协同创新组织系统在怎样的机制下得以维持和发展,以及产生协同效应的核心要素与关键环节如何转化和运转,这是理论上和实践中深刻理解并有效运用协同创新的重要前提,也是本文即将深入探讨并着力解决的重要问题。

(四)协同效应的内在机理

协同效应是创新主体的动因得以满足的基础条件,也是协同创新组织系统能够持续运行并自我强化的重要前提,因此,深入而具体地了解和掌握协同效应的内在机理,有助于协同创新理论研究者更加深入地解析协同创新现象,也能帮助创新管理者深刻地认识协同创新过程,制订并执行有效的策略和措施激发协同效应,使协同创新组织系统在一个更好的状态下取得预期的创新绩效。

第二节　研究创新点及研究意义

本研究在全面回顾相关文献的基础上,系统地识别并分析了协同创新的内涵、动因和影响因素,结合知识管理理论、组织学习理论以及开放式创新等理论阐释并解析了协同创新的主要模式及其运作机制,从知识和能力的视角揭示了协同效应的内在机理,丰富并拓展协同创新理论,从创新管理实践的操作层面提升理论成果的实际指导意义。

一、研究创新点

本研究在追求理论创新的同时,力求对创新管理实践产生有益参考与借鉴的作用,因此,本文在研究过程中基于新视角选择了新思想和新方法、构建新框架,并基于新思路探索协同创新的形成路径,解析协同效应的内在机理。

(一)协同创新动因与影响因素研究的新思想与新方法

本研究不同于现有文献,选取新视角对协同创新的动因与影响因素进行研究,在动因的识别与分类方面超越了单一的经济学视角,扩展到个人与社会层面的非经济类动因,将协同创新动因方面的理论研究拓展到一个更加宽深的哲学层面,突破了现有研究框架囿于利益和社会偏好等经济学视域的局限。在影响因素的辨识与归纳方面选取收缩性视角,消除了扩张性视角造成的扰动与混乱,使得研究结论在实际操作层面具有更高的可行性。本研究基于上述新视角,形成并选择了新思想与新方法,更加全面地对协同创新动因和影响因素进行了系统的识别与分类,指出了协同创新动因的三个类别,提出了影响因素的三分法,并进一步给出了动因与影响因素的管理思路和管理方法,为协同创新合作伙伴的甄选与识别、深入探究并提炼协同创新的形成路径以及协同创新的管理实践提供了指导思想和理论工具。

(二)协同创新机制与路径研究的新框架

本书在开展具体研究工作时,在机制分析与路径形成两个方面摈弃了已有研究的思考模式,突破了既有研究的局限,从而开辟了新思路,形成了区别于以往文献的新型理论分析框架。在协同创新动因和影响因素的考察与分析环节,不再选用过度微观的视角进行思考,而是基于协同创新的整个过程进行系统性考察与思辨,通过动因的分类与识别判断创新主体参与协同创新的内部直接诱因强度,从而筛选协同创新伙伴的备选集合,再通过影响因素的分析与考察判断内外部条件对协同创新产生的促进作用和阻碍作用孰轻孰重,接下来,基于动因与影响因素的综合作用过程与效果,探索并提炼出协同创新决策过程模型与作用机制分析的新框架,从而阐明了协同创新模式的形成过程以及与创新模式相互匹配的运行机制,解析了协同创新持续运转与自我强化的内在机理,为协同创新理论研究提供了可供参考的新路径。

(三)协同效应的内在机理新模型

协同创新得以维系和自我强化基础,在于协同创新过程中协同效应的产生。因此,正确认识并理解协同效应的产生过程和内在机理成为协同创新研究重点关注的问题之一。本研究基于组织学习理论和知识管理理论,从知识的视角入手,基于协同效应过程探讨了协同效应产生的关键节点,通过理论推导给出了协同效应的理论模型,并通过大样本调研数据验证了协同效应内在机理模型的正确性,从而深化了协同效应的形成机制与内在机理的理解和阐释。

二、研究目的

(一)构建协同创新动因与影响因素的理论分析框架

协同创新,既强调创新的整体效应,又注重创新效率,是一个在动因与影响因素综合作用下,创新状态从无序到有序的自我强化过程。因此,本文基于已有的相关研究成果,对动因和影响因素进行系统性分析与考察,探究其间的实质性区别,并根据各种动因和影响因素的效性异同进行分类与归并,构建具有实践指导意义和现实可操作性的理论分析框架。

(二)梳理并分析协同创新的主要模式

全面而系统地回顾协同创新模式的相关文献,并结合当前创新情境下的协同创新实践,总结并归纳出协同创新的主要模式,探讨协同创新模式的产生和形成过程,影响模式选择的主要因素以及模式对环境的适应性问题,以期为创新管理者提供协同创新模式决策的参考。

(三)探究协同创新的运行机制及协同效应的内在机理

本书基于过程视角探讨协同创新的协同协作流程与机制机理问题。协同创新研究的重点在于对机制和机理的解析与认知,探索创新主体之间合作机制的形成、动因与影响因素之间的相互作用以及协同效应的产生。本文从知识管理的角度探讨协同创新过程中知识、资源和创新能力之间的结合与转化,对协同创新效应的产生过程给出机理性解释,并借以做出协同创新管理的改进建议。

三、研究意义

不同创新主体之间的合作,促成了协同创新的产生,进一步体现了创新是推动经济发展和企业成长的根本动力,是提升自主创新能力的重要途径。因此,在创新活动日益活跃、创新需求日益紧迫的情境下,深入研究协同创新的形成路径与内在机理,在理论与实践两个层面都具有重大意义。

(一)理论意义

1.深化并拓展协同创新理论

目前,基于系统性视角探索协同创新的理论尚且不够深入,缺乏兼具理论性和实践操作性的研究。本书基于收缩性视角系统考察协同创新的过程,系统地研究了动因、影响因素、模式与机制以及协同创新策略等问题,加强了理论和实践之间的紧密联系,提升了理论在思想上的凝炼性和实践上的可行性,深化并完善了协同创新理论体系。

2.增强协同创新理论的解释力

本研究在组织学习和知识管理等多个理论的基础上,从知识与学习的角度切入,创建严密而独特的理论分析框架,深入剖析并论述了协同伙伴的选择、协同创新的形成以及协同效应的产生等多个重要问题,增强了理论的解释力与说服力,并印证了不同理论之间相互支持、互为补充的关系。

(二)实践意义

1.为选择协同伙伴并建立协同创新系统提供实践指导

本研究基于协同创新的动因分析提出了协同创新伙伴的选择策略,为协同伙伴的选择提供了有益参考;此外,本文在综合考察动因与影响因素相互作用的基础上,为协同创新模式选择和建立协同创新系统给出了策略性建议。以上研究对协同创新前期阶段具体实践具有指导意义。

2.为促成协同创新并产生协同效应提供建议

本书基于协同创新动因、影响因素、模式与机制等方面的研究,从实际操作层面指出了协同创新的形成路径,并从知识管理的视角阐明了产生协同效应的机制机理,为协同创新的组织建设、运行与巩固提供有力的方向性指导,为协同效应的产生与强化提供有益借鉴和建议。

第三节　国内外研究现状与述评

纵观协同创新研究的发展与演化脉络,可以发现协同创新的内涵、动因、模式、影响因素与机制等问题已经成为学术研究重点和焦点,因此,本节从上述几个方面入手对协同创新的研究进行全面、系统的回顾与归纳,为后续章节对协同创新开展纵深研究奠定基础。

一、协同创新内涵的研究现状

技术创新研究肇始于单个创新主体创新行为的观察与思考,而后逐渐拓展到全面创新与协同创新,但是,视角的不同导致学术界对协同创新内涵的理解尚未达成一致。协同学定义始见于 Haken(1973)的《社会协同学》一书:以复杂方式相互作用的众多子系统构建而成的复杂系统,子系统之间在一定条件下通过非线性作用而产生协同现象与协同效应,从而使整个系统在一定空间、时间或者时空内成为一个具有特定功能的自组织结构。此后,协同思想被引入研发、生产与运营等管理学研究领域,并于 20 世纪 80 年代末应用于创新系统理论,很多学者在国家创新系统或者产学研合作的视域下探索企业、科研机构、大学以及中介组织等多种创新主体之间的协同创新问题。后来,Corning(1998)将社会或者自然系统中多个子系统要素之间产生的整体效应定义为协同。

在协同理论的思想下开展创新领域的研究,催生了协同创新的概念。陈劲和阳银娟(2012)将协同创新视为源于多个创新主体的创新要素进行系统优化并合作创新的过程。赵立雨(2012)基于创新网络的视角指出,协同创新是协同创新网络内部多种创新要素与资源的无障碍流动与有效整合的复杂系统工程,因而,需要运用系统的观念思考创新网络扩张过程中的问题。刘丹与闫长乐(2013)则从复杂网络的视角进一步指出,在创新逐渐转向系统化与网络化范式的背景下,协同创新是创新生态系统内部成员密切合作,众多创新要素紧密协同,完成技术、产品或服务等从创新形成到扩散的整个流程。与"协同创新"的近似概念有"合作创新"和"战略联盟"等,绝大多数文献没有对上述三个概念作出细致的区分,视其为基本同义。合作创新有狭义与广义之分,前者是以创新为目的、以合作研究开发为主要内容的技术合作契约关系,多个创新主体为了实现共同的研发目标投入优势资源而形成的合作契约安排。Fusfeld 和 Hak-lisch(1985)认为,合作创新是两个或多个企业为了实现共同的研发目标而分别投入创新资源形成的,以合作契约安排为表现形式的一种组织形式。Miotti 和 Sachwalsd(2003)指出,合作创新以研究开发为主要内容。广义的合作创新是指两个以上的同质性或异质性创新主体的联合创新行为,合作创新包含新构思形成、新产品研发和产品商业化等多个阶段的合作。合作创新是一种组织活动,以研发为主要内容,围绕创新展开。可见,合作创新与协同创新既有区别、又有联系。战略联盟由两个或多个实力相近的经营主体为了实现共占市场、共享资源等战略目标,缔结协议或契约而形成的优势互补、风险共担的合作型利益共同体(方炜等,2019)。通常情况下,战略联盟因战略任务而产生,为完成任务而运转,因任务完成而终结,具有松散耦合的组织结构。协同创新的是企业、政府、大学、科研机构、中介机构以及用户等多种主体,为了达成创新协同效应以实现各自目标而开展的跨界整合行为。由此可见,协同创新、合作创新与战略联盟的本质都是合作行为,协同创新区别于另外两者的主要特征在于创新过程必须产生协同效应。协同创新系统是一个包含跨界的技术、知识与管理等多种要素的非线性复杂开放系统,跨界要素之间的协同运动在不同的协同创新模式下产生协同现象与协同效应。

二、协同创新动因的文献总览

动因认知的充分性与系统性是协同创新研究的重要内容之一,因而很多学者对其进行了深入探讨(Okamuro et al. , 2011;Arza et al. ,2001)。在创新由封闭式向开放式转变的背景下,协同创新基于内部动因与外部动因逐渐形成。内在动因主要包括创新主体获取外部资源(Faria et al. , 2010)、成本分摊与风险共担(Okamuro et al. , 2011)、提高创新效率和企业绩效(Fiaz, 2010)等内在需求。为了应对日益动荡的经营环境和日趋复杂的知识与技术带来的挑战,协同创新的各个参与主体在协同创新总收益高于各自独立创新而产生的收益之和,并且高于合作产生的总成本的情况下,就会产生协同创新的动力。由此可见,获取利益是协同创新的根本内部动因之一。协同创新的外部动因主要包括技术进步的推动力、市场需求的拉动力、市场竞争的压力以及政府支持力等(周正等,2013)。

（一）内部动因

1. 获取外部资源

基于资源基础观视角的文献人文，企业之所以开展协同创新，是为了满足各自对战略性资源的需求，意即获取互补性资源是企业突破既有边界开展协同创新的核心原动力（Vuola et al.，2006）。企业在实施进行协同创新的过程中可以充分借助外部资源、吸收新技能和新知识，快速提高自身的创新能力，加快创新步伐，进而形成相对的竞争优势。Schwartz（2012）指出，协同创新结成的合作伙伴关系有利于企业从外部环境获取技术、知识、资本和商业网络等多种资源。由此可见，协同创新有助于创新主体利用外部资源而产生知识溢出效应，从而创造并分享"合作剩余"（Fu et al.，2013）。

2. 成本分摊和风险共担

封闭式独立创新成本过高，或者环境的不确定性与复杂性造成独立创新的风险过大，会促使企业在创新战略决策时选择协同创新（Escribano，2009），以此分摊创新成本并分担创新风险。Okamuro 等学者（2011）明确指出，协同创新除了能够帮助企业在初创期获得互补性资产，更为重要的是能够帮助企业降低创新成本和创新风险，从而助推并提高创新能力。Lopéz（2008）指出，企业与其他创新主体进行协同创新，有利于整合源自不同主体的优势技术与资源，便于获得市场准入和形成规模经济，有效分摊成本和分担风险。一言以蔽之，协同创新能够以相对更低的成本和风险获取相同或相近的创新绩效。

3. 提高创新效率与企业绩效

协同创新是提升创新效率和经营绩效的有效手段之一（Fiaz，2013）。企业与高校或科研机构等异质性创新主体的协同创新，在加快高校或科研机构学术成果产出和专利技术突破的同时提高企业的创新效率（Vuola et al.，2006），有利于提升企业绩效。企业与其他创新主体的合作，能够巩固知识基础并更新知识储备，有利于企业的技术创新与组织创新（Caloghirou et al.，2003），有助于企业实现知识流动与知识保护之间的协调与平衡（Schmidt，2005）。协同创新能够帮助企业在合作中产生和接收溢出效应，通过知识传递、知识扩散、知识共享、知识吸收与集成以及知识创新等互动过程，提升创新效率，获取熊彼特租金以提高企业绩效（Gulati，1999）。

(二)外部动因

1. 技术进步的推动力

技术进步的推动是创新主体开展协同创新的重要外部动因之一。知识储备的日益丰富加快了技术创新的速度,快速的技术更新与迭代加速了既有技术的淘汰,迫使企业进行技术创新以适应技术范式的颠覆与转换(杨林等,2015)。在当下技术动荡性较高的情境下,封闭式的独立创新难以满足技术创新在时间上的要求,因而需要导入开放式创新模式,与高校、科研院所、中介机构等众多同质性或异质性创新主体开展协同创新(解学梅等,2015)。

2. 市场需求的拉动力

经济的持续健康发展使得消费者的可支配收入稳步提高,市场容量逐渐扩大的同时,消费级别日益提升,为企业抢占更广的发展空间,提升经营绩效提供了更大的机遇。市场上日益增长的对新产品、新服务和新型消费模式的需求为企业开展技术创新合作提供了强大的拉动力。高速发展的市场,要求企业更快地研发和投放新产品,使得企业逐渐将创新模式从封闭式独立创新向开放式协同创新转变,跨越组织边界、行业边界和地域边界开展创新行为,将创新资源有效整合以提高创新效率和创新绩效(杨林等,2015),从而获得并保持相对的市场竞争优势。

3. 市场竞争压力

经济的全球化发展和改革开放的进一步深化,使市场上的经营主体多样化显著提高,来自国内与国外的市场竞争者不断加重日益严峻的竞争态势,企业为了适应激烈的市场竞争必须加速创新,迫使企业在选择创新模式时更加倾向于创新效率较高的协同创新(杨林等,2015)。市场竞争压力是促使企业选择协同创新的重要因素之一。市场竞争压力的增大使得企业既要考虑创新行为的时间成本,也要兼顾经济成本。因而,在效率和效益的双重导向下,企业更加倾向于选择与其他创新主体合作开展协同创新(解学梅等,2015)。

4. 政府支持力

政府支持力主要是指政府在市场机制难以实现有效调控的情况下通过政策制定与实施进行必要干预的行为。在科技创新成果从学术层面向商业化层面转化的过程中,过高的融资风险、市场风险和研发风险会诱发市场失灵。受到视野和立场的限制,各创新主体一般不会从国家层面和战略高度思考、谋划和开展创新行为,从而导致市场失灵和短视行为。在此情况下,需要政府出台相应的政策,对创新资源的配置进行必要的干预,从而降低创新风险和盲动行为,对急需关键领域的创新予以支持,鼓励创新主体开展协同创新(杨林等,2015)。协同创新以知识增值为核心,促进知识从学术价值向经济价值的转化,有利于推动科研创新与经济增长之间的良性互动,从而促进经济与社会的可持续发展(陈劲等,2012)。

三、协同创新影响因素的研究概况

从系统学理论的视角可知,协同创新作为一个复杂的网络系统,必然受到诸多影响因素的综合作用,因而,归纳协同创新的影响因素是协同创新理论研究的重要内容之一。纵观已有文献,相关研究主要从地理邻近性(张洁瑶,2018)、信任、关系状态(李丹等,2018)、沟通和机制环境等几个方面探讨协同创新的影响因素。

(一)地理邻近性

现有文献通常将地理邻近性概括为三个维度:合作伙伴之间的地理距离(Beise et al.,1999)、合作伙伴所处的地理位置和合作伙伴花费的行程时间(Mansfield et al.,1996)。地理空间上的相互邻近为协同创新伙伴之间的经验交流与知识(尤其是隐性知识)转移提供便利(Fu et al.,2013),因而能够促进地理上相互接近的创新主体开展集群性创新或者区域性创新。创新主体之间的近距离优势能够有效降低旅行与沟通的时间和费用等创新成本。Tomlinson(2010)指出,在创新的众多影响因素中,地理邻近性有利于促进企业间的频繁交流与互动,知识与信息的流动更加顺畅,为"集体学习"提供激励和机会,从而促进企业间的协同创新。Schwartz等(2012)认为,协同创新伙伴之间的空间邻近对创新成果的产出具有促进效应,对创新主体之间合作协议的成功履行具有显著的积极影响。然而,学者们的声音并非全然一致,有一部分学者持有异样观点。例如,Fritsch和Franke(2004)认为,地理邻近性促使协同创新主体之间产生矛盾,对合作关系产生损害,与地理距离相对较远的创新主体保持良性互动,更有利于实现协同创新各方主体利益的最大化。此外,Boschma(2005)则指出,协同创新中参与主体的空间邻近对协同创新绩效而言,既非必要条件,亦非充分条件,因为,良好的合作关系与合作成果产生积极的社会认知的接近,而不是反向生成。

（二）信任

Fritsch 和 Franke（2004）指出,信任是协同创新的重要影响因素,创新主体之间持续信任是形成协同现象与协同效应的重要基础。Fawcett 与 Waller（2012）在供应链上系统地考察了企业间的协同创新现象,指出信任是建构创新能力的核心要件,在缺乏信任的情况下,建立并维持协同创新是难以实现的。然而,建立信任的过程需要消耗时间成本,也离不开创新伙伴的持续努力。信任发展的程度与合作时间的长短高度相关,初级信任有助于创新合作伙伴之间增进了解,签署并履行合作协议,追求共同目标（Fu et al.,2013）;更高层次的信任则对协同创新的成功产生显著的积极影响（Mora et al.,2004）。在协同创新的过程中,信任极为重要。成功的协同创新需要依靠互信、互惠的机制和适当层级的组织结构（Fritsch et al.,2004）。协同创新的过程中,创新主体的合作经验、沟通能力与研发能力等内部因素,以及信用体系和市场环境等外部因素都会对信任产生影响。创新主体之间信任的增强有利于降低沟通和监督等成本,有利于提高创新效率。基于此,Vuola 等（2006）指出,企业、高等院校和科研院所等创新主体之间建立并巩固信任关系,是推动知识高效流动并达成协同创新目标的重要保障。

（三）沟通

沟通是影响协同创新过程和创新产出的重要因素之一（Vuola et al.,2004）。频繁而密切的高质量沟通有利于巩固协同创新主体之间的合作关系,有效的沟通显著提升企业和科研机构等创新主体之间的创新过程与创新绩效（Zeng et al.,2010）。从协同创新的过程视角来看,定期或不定期的沟通能够增进创新主体之间的感情,有助于消除分歧和化解矛盾。总体上看,协同创新近似于"沟通—协调—合作—协同"的过程,高效的沟通协调有利于推动全面创新管理,优化创新过程并提升创新绩效（杨林等,2015）。

（四）机制环境

协同创新机制环境的主要塑造者是创新主体和政府,政府通过行政和经济方法对创新行为进行引导和调控,产生重大影响,因此,学者们对机制环境的研究大多集中于政府的作用。Thorgren 等（2009）指出,政府制定并出台的激励性或引导性政策能够激发创新主体开展协同创新的积极性。也有一部分学者认为,政府对协同创新的影响效应相对于其他创新主体而言较弱（Zeng et al.,2010）。但现实的情况表明,政府制定并实施的倾向性引导政策能够显著促进企业协同创新从而增强竞争力（Hanna et al.,2002）。此外,另有一些学者从宏观环境的视角出发研究协同创新。例如,Martínez – Roman 等(2011)指出,创新主体所处的宏观环境对对跨界整合的协同创新具有重大影响效应。Fiaz(2013)认为,稳定的政治环境和政府的扶持政策能够显著影响协同创新行为。

除了上述影响因素之外,知识协同(蔡猷花等,2017)、文化邻近性、技术邻近性(夏丽娟等,2017)、市场动荡性以及其他多种人文因素都会对协同创新产生影响,但有关的文献数量不多,并未形成主流,所以,本文不再一一列述。

四、协同创新模式的研究概览

动因与影响因素的不同组合,产生了差异化的综合作用,决定了不同的协同创新模式,学者们根据研究的需要对协同创新模式进行了不同的分类,纵观国内外相关研究,协同创新的主要模式包括:研发协同、创新外包、专利许可或技术转让、产学研协同创新和双元协同创新模式等类型。

(一)研发协同

研发协同作为一种利用外部技术和知识的有效方法,有助于创新主体获取互补性资源,实现信息与知识等资产的共享,有效降低创新成本和风险,有利于提高竞争力(Vuola et al. ,2006;Bjerregaard,2010)。Belderbos 等(2004)研究发现,竞争的创新主体之间开展研发协同能够创造增量效率收益。可见,市场竞争中的各类创新主体应该充分重视并联合外部伙伴进行研发协同,诸如签署并执行研发合同或协议、交换或轮换研究人员以及创建联合研发中心等多种形式(Bonte et al. ,2005)。在经济领域中,两个或多个创新主体联合行动是研发协同的主要方式,包括正式合作与非正式合作(Bonte et al. ,2005)。正式合作是指通过生产制造和价值创造的协同机制来提升创新能力的过程,包括非正式合作在内的有价值知识的流动(Trigo et al. ,2012);而非正式合作有利于促进研发思想的集成,推动协同创新效应的产生,是协同创新的主要方式之一(Ozcan et al. ,2014)。研发协同是营利性创新主体(如企业)与合作伙伴(尤其是高等院校)开展协同创新的主要方式(Vuola et al. ,2006)。

(二)创新外包

经济的全球化和一体化对创新主体的创新方式选择产生了重要影响,越来越多的创新主体开始选择创新外包的模式对外部创新资源加以整合与利用(Narula,2004)。创新外包涉及有形产品与无形服务,以及供应链内的信息共享与信息互补,极少存在一个企业自身掌握创新所需的知识、技术和人才等全部资源,因此,在独自创新难以实现创新目标的情况下,需要借助外部的创新资源才能保持创新过程的可持续性和预期成果的可得性。创新外包能够提升创新与研发的灵活性,提高创新效率并降低创新风险。Chiesa 等(2004)指出,创新外包模式为创新主体提供潜在的、可获得的知识源,业已成为许多创新主体的战略选择。Oke 等(2012)学者指出,适宜的创新外包策略能够显著丰富创新主体的知识基础,提升知识多元化水平,加快创新流程,有利于创造并保持核心竞争优势。总而言之,创新外包模式作为提升创新能力的重要途径,能够有效改善创新绩效并促进企业成长。

(三)专利许可或技术转让

协同创新的重要模式之一是专利许可或技术转让(Bonte et al. ,2005;Narula,2004)。专利许可能够促进专利联盟的形成。专利联盟既能促使联盟内专利得到充分利用,又能让专利的价值得到充分发挥并实现增值。Heller 等(1998)指出,专利许可能够有效降低协同创新过程专利权的交易成本,因为专利联盟内能够借助一次谈判全员使用的专利权转让规则减少重复谈判产生的成本。Santoro 等(2006)指出,专利许可能够促进技术转移,有利于互补性专利的整合与利用。合作型创新成果的技术转让可以加速知识转移和知识创新。此外,与其他创新主体进行合作研发提升了专利价值,专利组合有利于创新主体间达成专利的交叉许可和研发成果的共用共享(Cohen et al. , 2002)。可见,专利在协同创新中的作用不容小觑。

(四)双元协同创新模式

协同创新具有开放性特征,既能让创新主体突破组织边界、行业边界,又能冲破地域限制(Dardeno et al. , 2010)。一些学者在双元理论的框架下思考并探讨协同创新模式。例如,Lee 等(2010)学者指出,创新主体应采取探索式创新模式和开发式创新模式。探索式协同创新模式是指各创新主体在研发阶段与外部合作伙伴通力协作,集中资源在特定技术领域,开展跨组织的创新探索活动;而开发式协同创新模式主要是指在商业价值的实现阶段,各创新主体通过合作网络或外包等方式开展创新活动,获取市场上的产品知识和消费者的需求信息。Rothaermel 等(2004)基于探索和开发的视角指出,协同创新模式中的研发联盟属于探索式创新模式(创新活动主要集中于技术领域),商业化联盟是开发式创新模式(创新活动主要集中于产品市场知识)。总体而言,双元协同创新模式有利于创新主体同时获得探索能力和开发能力,在创新战略选择上兼顾探索式创新战略与开发式创新战略,同时执行探索式创新和开发式创新活动,在技术领域和市场领域一并取得经营绩效。

五、协同创新机制与机理的研究现状

在创新主体内部动因与外部动因的综合作用下,源于组织、战略和技术等多方面的影响因素,从战略协同、生产协同、组织协同以及文化协同等不同层面影响着协同创新的整体效能,使得协同创新主体从分散和冲突向融合与协同转变的动态过程。吴悦等(2012)从知识协同的视角指出,环境因素、协同意愿、协作模式和知识差异是协同创新机制的重要构件。何郁冰(2012)与 Okamuro 等学者(2011)指出,协同创新机制在利益分配制度、组织间关系、合作历史以及知识吸收能力、创新复杂度和环境动荡性的综合作用下形成;协同创新绩效的高低取决于"互补性—异同性"和"成本—效率"的动态均衡。协同创新的动态均衡过程包含多个发展阶段。郑刚等(2008)认为,沟通、竞争、冲突、合作、整合与协同是实现最佳协同效应并提升创新绩效必经的五个阶段。全利平等学者(2011)认为,协同创新包含管理协同、组织协同、战略协同三个阶段。管理协同阶段需要制定利益分配机制和沟通协作机制,组织协同阶段需要建设资源共享机制、信任机制和文化融合机制,战略协同阶段则需设计组织学习机制与文化创新机制。

协同创新的各个阶段的工作都是为了实现相对的知识优势和实现知识的价值增值。知识共享与知识创新占据着协同创新的核心位置,知识管理逐渐成为协同创新研究的新视角,知识协同正在成为新热点。菅利荣(2012)与陈丽丽(2019)以及 Schwartz(2012)认为,协同创新的核心要点在于知识协同,强调了知识吸收能力在协同创新机制中的重要作用,并基于知识中介探讨了协同创新的知识链接机制与知识转移机制。李久平等(2013)与 Fiaz(2013)基于知识整合的视角,提出了协同创新的择优弃劣机制、利益分配机制、协同旋进机制、进化适应机制、信任机制和互补相容机制六大机制。吴悦等(2012)与罗琳(2017)聚焦于知识协同,基于产学研协同创新的不同阶段构建了过程模型,探讨了知识协同过程中的影响因素与影响机制,提出了知识协同的组织形式。

除了知识协同之外,协同创新还包括动力协同、战略协同和组织协同等多个方面。一些学者以知识系统为核心提出了综合性的分析框架,进而分析协同创新机制。何郁冰(2012)提出了"战略—知识—组织"分析框架,认为协同创新的核心层是要素协同,支持层是来自政府的政策引导和制度激励,辅助层是金融机构和创新中介等组织的合作参与。王进富(2013)与 Fu 等(2013)指出,协同创新包括目标层面、行为层面和评价层面等多个层面的协同;行为层面包括动力协同、知识管理协同和路径协同,共同构成协同机制的核心,其稳定而紧密的协同是合作涌现效应的源泉。

六、研究现状的评述

有关协同创新的研究从 2006 年开始呈现上升趋势。协同创新研究的发展脉络中,Cohen 等(1990)发表的论文是一个重要节点,指出研发活动有助于创新主体持续地进行知识与经验的积累,从而提高创新能力;外部知识的获取和积累要求创新主体突破单体独立创新的模式,开展合作创新。研究协同创新影响因素的代表性成果是 Powell 等(1996)的论文,借鉴生物技术网络的方法识别了跨越组织边界的协同与创新的焦点,发现研发联盟、关系纽带和地理位置等要素对协同创新网络的重要影响。最具代表性的研究成果是 Chesbrough 出版于 2003 年的《Open innovation: The new imperative for creating and profiting from technology》,著作指出,在开放式创新背景下,创新主体的单体独立创新会逐渐转变为协同创新,协同创新关乎创新主体的生存与发展,探索式创新与开发式创新是取得创新绩效的重大突破点。继而,学者们着重探讨了协同创新的动因、影响因素和模式,代表性成果有:Chang(2003)认为,协同创新模式应该划分为供应商协同模式、替代者协同模式、用户协同模式和竞争者协同模式等;Pastor 和 Sandonís(2002)基于交易成本理论将企业间的协同创新模式区分为股权协同创新模式和非股权协同创新模式。

学术界对协同创新的关注热度颇高,研究对象与研究内容呈现出日益增长的丰富性,研究方法的多样性也在逐渐加强,规范研究与市政研究并重,模拟仿真与案例分析同现。众多学者运用组织学习、博弈论、交易成本和复杂网络等理论在微观层面(企业和高校等微观创新主体)、中观层面(长三角和京津冀等区域层面)以及国家层面探讨了协同创新的内涵、动因、特点、影响因素、模式、体制机制和实现路径等重要问题,为后续研究提供了良好的参考性理论框架。然而,现有研究尚未系统化和体系化,仍有以下几个问题与不足之处:

(一)协同创新内涵需要进一步明确

尽管已有文献从多个视角对协同创新的内涵进行了阐释,但协同创新的认知比较模糊导致界定不够明确,尚未达成一致的系统性共识。故而,协同创新的概念需要进一步厘清,辨明协同创新与集群创新、合作创新以及开放式创新的实质性区别与联系,对明晰协同创新的本质与内涵、总结并刻画协同创新的模式与形态、理解并掌握协同创新的特征,从而深刻剖析协同创新的机制具有根本性重要意义。

(二)协同创新动因的辨析有待进一步丰富化和抽象化

现有文献对协同创新动因进行了较为详细的区分与辨析,研究并论证了每一种动因对协同创新的影响效应和作用效果,但是,对动因的识别与归类主要集中于经济性的物质利益范畴,未能涵盖目标、公益等非经济性动因,故而仍有缺陷与偏颇。此外,绝大多数的现有文献对协同创新动因的分析视角是静态的,缺乏动态视角的考察与论证,不利于协同创新内在机理的探索。

(三)协同创新影响因素的研究需要进一步深化

已有文献对协同创新影响因素的研究呈现出精细化过度而概括性不足的现象,因而出现了无限细化导致的"只见树木,不见森林"的问题。绝大多数文献都是集中探讨某一种或几种影响因素对协同创新的影响效应,而忽视了影响因素的综合性影响效应、影响因素的可变性以及对影响因素干预和控制。对协同创新影响因素的识别和归类需要进一步提高科学化和实用化水平,从而加强理论研究成果对协同创新实践的指导性和可操作性。

(四)协同创新模式的研究有待加强

协同创新的内、外部环境因素是不断变化的,随着某些因素的出现和演变,协同创新的模式也会随之进行调整和转变,呈现出从萌生到发展、再到衰落的过程。例如,互联网技术与设备的广泛使用和深度发展,给创新环境加入了新元素,这种新元素对创新模式的影响逐渐变大且不容忽视。因此,当前已有的协同创新模式的研究对创新环境演化的响应较慢,对新元素出现和旧元素演化产生的重要影响把握不足、重视不够,表现出较强滞后性,削弱了协同创新理论研究的进步性和实践性。已有研究对主要协同创新模式的系统性分析和提炼不足,对不同模式的形成和适应性问题缺乏系统的理论分析和实证诠释。

(五)协同创新的机制机理研究亟需进一步深化

协同创新的协同效应是如何产生的,知识管理对协同效应产生了怎样的作用效果,这一过程受到哪些主要因素的影响,整体的作用机制如何,这些都是亟需深入研究的重要问题。综观现有文献,缺乏对动因、影响因素和协同创新三者之间作用机制的综合型研究框架,对动因、影响因素、创新能力和协同效应之间关系的系统化探讨不足,亟待有针对性的探索和研究。

第四节 研究内容与本书结构

本书全面而系统地回顾了以往的研究文献,从整体层面上识别并拣选出协同创新理论研究和管理实践中亟需重点突破的关键问题,如协同创新动因的识别、协同创新伙伴的甄选、影响因素的分类与管理、协同创新模式及其运行机制的选择与设计、协同效应的内在机理等。本文将上述重点议题确定为研究内容,并根据各部分内容之间的内在逻辑和主次顺序设计了论文结构,为后续研究工作的展开提供框架性指导。

一、研究内容

本书在系统而全面地回顾既往文献的基础上,梳理协同创新理论研究的历史沿革,从而有效识别并全面把握协同创新领域亟需加强关注和重点突破的关键问题,在已有研究成果的基础上,综合运用知识管理理论、开放式创新理论、组织学习理论和互联网 + 理论的思想与方法,构建"动因—影响因素—模式与机制—协同效应—改进策略"的研究脉络。本文主要采取理论研究与实证检验的方法,围绕协同创新的关键要点展开研究,首先对创新主体联合开展协同创新的动因进行系统的考察与辨析,进而分析并归纳协同创新的重要影响因素,然后,深入探讨动因与影响因素相互作用之下,协同创新主要模式及其运行机制的选择与设计,以及深潜于协同创新过程之中的协同效应内在机理问题,最后提出协同创新管理的改进策略,以促进协同创新过程与组织系统的良性发展。

二、本书结构

本研究在知识管理和组织学习等理论思想的指导下,通过文献整理、理论分析与实证研究对各类创新主体参与协同创新的动因进行识别与辨析,归纳协同创新的重要影响因素并提出相应的管理策略,分析动因与影响因素之间的作用关系,进而探讨协同创新的主要模式以及运行机制的设计问题,通过理论推演提出协同效应的内在机理模型,采集数据进行实证检验,从而得出研究结论。基于论文的主要研究内容和研究方法的特点和实际需要,将论文主体划分为八章,论文结构与逻辑关系如图 1.1 所示,各章的主要研究内容如下:

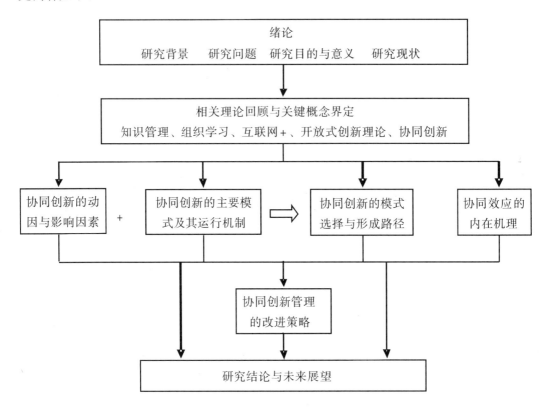

图 1.1   本研究的结构框架图

资料来源:本研究绘制。

第一章,绪论。本章以协同创新的管理实践和理论研究为基础,首先,从宏观、中观和微观三个层面阐述了研究背景,说明了研究目的和研究意义;其次,通过系统而全面地阅读并整理国内外协同创新的理论研究文献,从全局视角洞察并聚焦协同创新领域的空白点和不足之处;最后,基于上述工作确定本文的具体研究内容,根据研究需要和科研条件设定研究框架,选择具有严谨性和实际可操作性的研究方法。

第二章,相关理论回顾与关键概念界定。本文协同创新研究工作的开展,是在相关理论的有力指导下进行的,与此同时,研究中涉及的关键概念亦应做出清晰明确的界定,以免与相似概念产生混淆和歧义、对研究质量造成不利影响。鉴于此,首先,本文对协同创新的相关理论进行了系统的梳理,包括知识管理理论、组织学习理论、开放式创新理论和互联网+理论,说明了上述理论与研究内容之间的关系,以及在研究进程中的具体运用。其次,通过解析协同创新的发展历史,将其与相似的概念,如合作创新与开放式创新,进行对比分析,总结上述三者之间的区别与联系,归纳出协同创新的核心内涵,以及不同于其他创新形式的本质特征,为后续研究扫清障碍并奠定理论基础。

第三章,协同创新的动因与影响因素。动因是创新主体参与协同创新的直接诱因,没有动因,协同创新行为就无从谈起,因此,动因是协同创新研究不能忽略的问题。同样,影响因素虽然不是协同创新的直接诱因,却对协同创新产生促进作用或者阻碍作用,对协同创新的组织决策具有重要影响,甚至决定协同创新的成功与否。由此可见,动因与影响因素的综合作用是协同创新决策与运行的关键要素,因此,本研究基于过程视角的协同创新研究将动因与影响因素的研究作为重点工作内容列入第三章。

第四章,协同创新的主要模式及其运行机制。本章分别列示并阐述了协同创新的三种主要模式,包括产学研协同创新模式、企业动态联盟协同创新模式和"互联网＋创新"模式,并详细论述了这三种模式对应的运行机制,以及具体模式下创新主体的任务分工和知识吸收与集成循环过程,从而呈现出模式自身的特点和模式之间的差异,表明了不同的模式具有不同的适用性,揭示出协同创新模式选择的重要原则:即创新主体应该根据实际情况选择与自身相匹配的模式,并设计相应的运行机制。

第五章,协同效应的模式选择与形成路径。本章首先分析了协同创新管理的目标,指出了效率占优和效果占优这两个维度共同构成了协同创新管理的目标,说明了效率占优和效果占优是通过横向比较或纵向比较而得出的。然后,本章归纳并指出了不同影响因素的作用效果和管理策略,给出了影响因素管理的原则与指导思想,即在经济性得以保证的前提下尽量放大积极效能并削弱消极效能,使综合效能总体上最优。接下来,在目标管理和影响因素管理的基础上,选择或自行设计适宜的协同创新模式,尽量做到扬长避短或取长补短。最后,基于上述研究提炼出协同创新的形成路径模型。

第六章,协同效应的内在机理。本章从知识管理的视角出发,采用实证研究的方法,通过理论分析构建包含知识搜索宽度、知识搜索深度、知识吸收能力、知识集成能力、创新能力以及协同效应等变量的协同效应内在机理模型,然后选择样本收集数据,再运用统计分析软件进行检验,从而修正假设模型并进而确立协同效应理论模型。

第七章,协同创新管理的改进策略。本章在前述章节研究成果的基础上,分别从协同创新动因、影响因素、模式及其机制,以及协同效应的内在机理等不同角度提出协同创新管理的优化与改进策略,包括协同创新伙伴的识别与选择策略、协同创新的管理策略以及协同创新的对外开放策略等,以期为协同创新管理者提供有益参考和借鉴。

第八章,研究结论与未来展望。本章首先对全文的研究结论进行总结,并对部分研究结论进行必要的深入分析与讨论,以求进一步深化研究结论,然后阐明本研究的理论贡献和实践启示,最后指出了研究局限和不足之处,进而对未来研究做出展望,并进一步提出了后续研究的重点和方向。

第五节　研究方法与技术路线

为了完成研究任务并取得有质量的研究成果,需要制订研究计划并设计研究方案,遵循合理的研究思路,选择适宜的研究方法并制定可行的技术路线,这是本文研究工作得以有序开展的重要保障,也是高质量科学研究的必然要求。

一、研究思路

若要基于过程视角,系统性地研究协同创新,就必须思考协同创新的直接诱因,即创新主体参与协同创新的动因,为什么有些创新主体具有创新动因却并未参与协同创新,这一过程受到了哪些因素的影响,由此引出了协同创新影响因素的问题。创新主体为什么选择或设计特定的协同创新模式与运行机制,其决策过程是怎样的,这一决策过程中,动因和影响因素起到了什么作用,上述问题的答案综合在一起,能够勾勒出协同创新的形成路径。协同创新组织系统创建之后,是什么原因使创新主体乐于参与协同创新,并使协同创新组织系统持续运行并不断自我强化,由此引发了协同效应的探讨,上述研究得出的结论能为管理实践提供哪些有益的策略建议。将上述问题的思维过程按照逻辑顺序排列起来,就形成了本书的研究思路,即首先通过文献回顾了解协同创新理论研究的现状并选定研究议题,然后发掘对协同创新具有解释力的基础理论,进而研究协同创新的动因和影响因素,基于上述二者的综合作用解析协同创新伙伴甄选策略,以及协同创新模式及其运行机制的选择与设计问题,从而勾绘协同创新的形成路径,接下来探究协同效应是怎样产生的,即协同效应的内在机理问题,根据上述研究进程得出的结论提出协同创新管理的改进策略,最后对全书进行总结和展望。

二、研究方法

本书根据研究内容与研究进程的实际需要,在保证科学性和规范性的前提下,有针对性地开展现象观察、理论分析、定性研究和定量研究,做到理论思考与实践观察相互结合,以此确保研究质量,选用的主要研究方法包括文献研究法、观察法、问卷调查法和统计分析法等研究方法。

(一)文献研究法

文献研究法是社会科学领域的常用研究方法之一,有助于科研人员了解具体研究领域的研究现状,掌握当前研究的广度与深度,洞察研究不足和缺陷,从而选定研究方向和研究议题。本研究通过协同创新动因、影响因素、模式与机制等相关文献的研读与整理,明晰了当前协同创新理论研究的前沿,据以划定本文的研究范围,选定了研究的重点内容,并在一定程度上提供了研究思路与理论框架方面的有益参考和借鉴。

(二)观察法

本书在研究协同创新动因的过程中运用了观察法,通过全面系统的深入观察,发现了协同创新动因纷繁复杂的表现形式,透过这些表现形式辨析并识别出不同动因各自的实质内容,并据此对协同创新动因进行了整理和归类,为基于协同创新动因分析制定协同创新伙伴识别与甄选策略提供了一个新的参考思路,并为进一步基于动因和影响因素综合作用效能的协同创新模式及其配套运行机制的选择与设计指明了研究路线。

(三)问卷调查法

问卷调查具有节省人力和物力资源的特征,易于突破时间与空间限制,而且调查结果便于计量和统计分析,因此,在社会科学领域的研究中经常使用。本研究在协同效应内在机理模型的实证检验环节,采用问卷调查法从选定的样本收集研究数据,凭以进行统计分析,进而完成理论假设的实证检验,最终验证并确立了协同效应内在机理的理论模型。

(四)统计分析法

统计分析是借助数据分析认识事物运行客观规律的重要方法之一,是识别变量之间作用机制的有力工具。统计分析法以严密的数学理论与方法为基础建立严谨的逻辑结构,具有特定的程序和规范。本研究基于理论分析,提出理论假设并构建了协同效应内在机理的假设模型,采用数据统计分析软件进行数据分析和假设检验。首先运用

SPSS19.0 和 AMOS17.0 对数据进行描述性统计分析、问卷效度与信度分析,进而对理论假设进行实证检验,以及对假设模型中的调节效应和中介效应进行检验。

三、技术路线

本研究需要在基础理论的指导下,运用适宜的研究方法按照合理的研究计划开展工作,由此可知,研究内容、基础理论和研究方法,三者之间必须相互匹配并达到一定的契合,才能保证研究进程取得预期的研究成果,因此,技术路线的规划必须兼顾研究内容、基础理论和研究方法。本书根据研究工作的实际需要设计技术路线如图 1.2 所示。

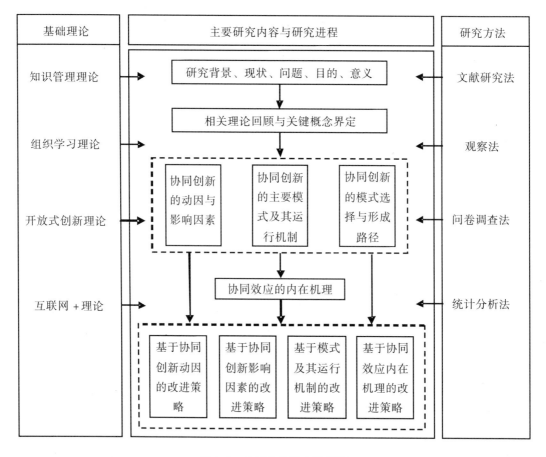

图 1.2 本研究的技术路线图

资料来源:本研究绘制。

第二章 相关理论回顾与关键概念界定

与协同创新相关的现有理论是本文开展研究工作的基础,本章对这些理论,如知识管理理论、组织学习理论以及开放式创新理论等进行系统的回顾,借鉴并参考上述理论思想与研究方法的指导,使既有的相关理论在本文的研究过程中相互辅助,成为后续研究工作的理论铺垫与支持。本章共有五节内容,前四节系统回顾了协同创新的重要理论基础,包括知识管理理论、组织学习理论、开放式创新理论和"互联网 +"理论,第五节介绍了协同创新思想的缘起,提炼了协同创新的内涵并界定了协同创新的概念。

第一节 知识管理理论

知识管理理论是知识视角的协同创新研究的重要理论基础,尤其在产生协同效应与提高创新能力的研究进程中发挥重要作用,理论涵盖的知识集成能力与知识吸收能力更是探讨知识管理策略向创新能力转化过程的重要影响因素,在创新主体获取外部知识进而提升创新能力,并最终产生协同效应的理论分析过程中发挥关键性作用。

一、知识管理的内涵

知识管理是管理学领域的一个重要概念,既有名词含义,又有动词含义。名词意义上的知识管理是指,为实现组织目标对组织内部知识进行有效管理的组织行为;动词意义上的知识管理则是指组织进行知识管理的过程。尽管学术界对知识管理的认知和界定并未达成广泛的一致,但绝大多数定义都将注意力聚焦在充分利用组织内外部知识并实现知识增值以解决组织运行过程中的问题。本研究根据协同创新的特点并结合研究的需要,将知识管理定义为创新主体基于内部知识的充分利用和外部知识的有效获取,通过持续的知识共享、知识吸收、知识集成、知识创造以及知识应用等一系列环节,将知识转化为创新能力和创新绩效的过程。在知识管理的进程中,知识吸收与知识集成的作用不容小觑,在很大限度上决定着协同效应的产生和强化。

二、知识管理的过程

本研究将知识管理过程概括为知识获取、知识共享、知识吸收、知识集成、知识创造与知识应用六个环节,如图 2.1 所示,知识管理的六个环节持续运转并发挥作用才能保证协同创新的实现。

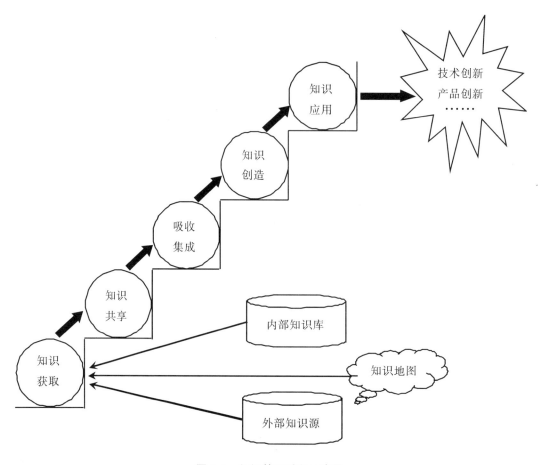

图 2.1　知识管理过程示意图

资料来源:本研究借鉴罗洪云的博士学位论文①绘制。

(一)知识获取

知识获取既包括组织内部知识的挖掘,又包括组织外部知识的搜索与获取(侯光文

① 　罗洪云. 知识整合视角下新创科技型小企业突破性技术创新研究[D]. 哈尔滨工业大学, 2017.

等，2017）。组织内部的组成部分（如个体与团队等）在协同创新的过程中，首先搜索内部知识基础（存储于知识载体）以获取所需的知识，通过内部知识地图检索分布于个人和组织知识库中的知识元素，选择最优的知识获取方式。所谓外部知识获取则是指，从组织外部的知识主体汲取创新所需的知识元素，也可以借助互联网、大数据和云计算等现代信息技术从开源性知识网络中获取可用知识。

（二）知识共享

知识共享是提高知识传播与利用效率的重要途径，个体在团队或者组织内部在合适的机会、通过适宜的方法、以有效的形式传播和分享自己存储的知识（屈文建等，2018）。不同的知识主体掌握的知识具有异同性，不同知识之间具有互补性，形成了知识共享的基础和前提条件。

（三）知识吸收

知识吸收是将获取的外部知识进行有效内化的过程，是加强和丰富内部知识基础的重要途径之一。外源性新知识只有经过知识吸收的过程才能与内部知识有效融合，成为知识创新和知识增值的有用知识元素。高效的知识吸收既能克服组织惰性和能力陷阱，又能促进创新，有利于提高创新能力和创新绩效。

（四）知识集成

知识集成是知识管理中至关重要的核心环节之一。组织内部不同的知识主体在创新的过程中将不同来源的异质性知识元素遵循优化原则进行整合与融合，为知识创新的实现创造条件。知识集成既包括不同知识主体的集成，也包括隐性知识与显性知识的集成，还包括原有内部知识与外部新知识的整合。

（五）知识创造

知识创造是指对知识（包含隐性知识和显性知识）的内容进行更新改造以及创造新知识的过程（Alavi et al.，2014）。知识管理领域对 Nonaka 等学者于 1994 年提出的 SECI 知识创造模型具有很高的认可度，该模型指出，显性知识之间与隐性知识之间的相互转化通过社会化（Socialization）、外化（Externalization）、组合化（Combination）、内化（Internalization）四个过程得以实现。

(六)知识应用

知识应用是作为创新参与者的知识主体将知识运用于创新过程的行为,对创新绩效具有积极影响效应(王璐等,2018)。Grant(1996)指出了实现有效知识应用的三种机制:独立任务组(Self - contained Task Teams)、说明书(Directives)和组织惯例(Organizational Rountines)。说明书包含组织内部的制度标准、程序指南等,其作用是将难以理解好掌握的隐性知识转化为容易接受和获取的显性知识。组织惯例规定组织成员的交互协议和协同方式等创新参与者普遍认可的内容,能够被创新参与者直接应用或者与其掌握的知识集成后加以应用。创新过程中遭遇说明书和组织惯例难以解决的问题时,独立任务组的作用开始显现。独立任务组的成员都是具有良好知识基础的创新人员。信息技术(Information Technology,IT)是促进知识应用的重要影响因素,既能提高组织获取和更新说明书的效率,又能嵌入组织惯例的过程中,形成跨越组合和地域等边界的组织惯例,还能嵌入独立任务组中,在全球范围内网罗创新人才,建立虚拟创新任务组,攻克创新进程中的难题。

三、知识管理的影响因素

知识管理作为一种组织行为,会受到很多因素的重要影响,如地域文化和组织文化、资源禀赋、信息技术、领导力等。协同创新的本质是一种合作,甚至是一种大跨度的合作,因此,协同创新的知识管理面临着更复杂的管理情境,对其产生影响的因素更多,如跨组织沟通、跨文化沟通、组织战略与目标等,对知识管理的协调和实效等产生很大的影响。

第二节　开放式创新理论

协同创新的过程和模式本身就具有开放性,与开放式创新具有天然联系,因此,开放式创新理论自然而然地可以作为研究协同创新的一个理论视角和理论工具。开放式创新理论对协同创新的知识搜索、知识吸收与集成以及协同效应的产生等重点问题的研究具有理论指导和思想导向的作用。

一、开放式创新的概念与分类

早期的创新都是创新主体独立开展的封闭式创新,开放式创新(Open Innovation)是一个与其相对的概念,指的是在创新的过程中搜索并获取外部新知识、新思想和新创意等创新资源,加以有效整合后形成新产品或新服务,并通过内外部渠道进入市场,从而实现商业化的创新过程。

以开放的方向为分类标准,可以将开放式创新划分为内向开放(Inbound Open)和外向开放(Outbound Open)两类。内向开放式创新是指创新主体获取并应用外源性知识与技术进行新产品或新技术的开发活动;外向开放式创新是指创新主体基于内部创新资源开发新技术或新产品的同时,积极借助于供应链下游的外部经营主体完成新产品或新服务的商业化进程。

二、开放式创新的开放度

开放式创新的深度和广度统称为创新开放度,表征了创新主体与外部知识主体的接触与交互程度。创新开放度对创新绩效具有重要的影响效应,甚至决定着创新行为的效率和效果。创新开放度的作用主要表现在两个方面:其一是搜索外部技术知识等创新资源;其二是测度创新主体与外部主体之间合作的强度。对创新开放度的测量主要有三项指标:其一是合作对象的种类数与沟通频率;其二是合作项目的数量或占比;其三是外部搜索战略(陈劲等,2012)。

大数据时代的来临催动创新开放度这一概念发生了改变。开放式创新既要开放性地对接外界的本体知识网络,又要吸取并挖掘蕴藏于大数据中的开源性知识网络,创新开放度的衡量与测度亦应随之而变,将开源知识的搜索和获取的数量纳入测量的维度之中。

三、开放式创新与协同创新

学术界普遍认同开放式创新对创新绩效具有积极促进作用的观点(陈钰芬等,2009)。规模较小的创新主体借助开放式创新能够克服创新资源缺乏与知识基础薄弱的问题,从外部主体(如供应商和合作伙伴等)获取必需的相关资源,进而通过吸收与整合过程实现预期的创新目标,以此消减独自开展封闭式创新带来的风险。协同创新是开放式创新的一种表现形式,也是开放式创新的进一步发展和演化。无论是开放式创新,还是协同创新,都能构建创新组织网络系统,辅以有效的运行机制,具备优质的协同创新组织网络特征,提高协同创新绩效绩效(高少冲等,2018)。通过协同创新,中小型创新主体能够有效克服"资源约束"和"小企业缺陷"对创新产生的不利影响。基于开放性思想视角的协同创新有助于中小型创新主体在更大的创新网络中获取创新资源,快速提高创新能力,从而产生创新的协同效应,巩固和强化协同创新的组织系统(张敬文等,2018)。中小创新主体通过协同创新可以加快创新进程,提高创新绩效向商业价值转化的速度,降低市场变动与技术更迭带来的风险。

第三节　组织学习理论

组织学习是创新主体内的个人、团队以及组织从外部获取差异化新知识的核心手段,能够有效扩充个体的知识储备、丰富团队和组织的知识基础。组织学习理论为本文在协同创新过程中创新能力提高和协同效应生成等关键环节的研究方面既提供了思想指导,又提供了理论工具。

一、组织学习的内涵

1978 年,Argyris 与 Schon 两位学者正式提出了组织学习的思想和概念,并将组织学习界定为组织发现错误并重新构建组织予以改正的过程。在知识管理的视角下,组织学习可以界定为创新主体为了应对环境动态性而进行的知识搜索、知识获取、知识传播以及知识应用的一系列学习过程。在管理学领域,组织学习(Organizational Learning)是创建并维系学习型组织的重要基础,是该型组织搜索并获取外部异质性新知识的主要途径,学习型组织建设水平和创新能力的高低在很大限度上取决于组织学习能力的强弱(Fernández - Mesa et al. , 2015)。组织学习在协同创新的过程中发挥着重要作用,是创新主体提升创新能力,进而实现协同效应的主要途径,也是提高创新绩效并取得持续竞争优势的重要过程(Kalmuk et al. , 2015;姚山季等,2017)。国家层面"互联网 + "战略的实施,在很大限度上改变了创新的基础环境,推动了组织学习内涵的发展与演变。本研究认为,组织学习是组织的内部组分(如个体和团队等)综合利用现代信息技术、大数据分析与挖掘技术以及新媒体传播技术搜索并获取组织内部和外部的新知识,更新并丰富自身知识基础、优化自身知识体系,在动态变化的管理情境中适时调整组织的学习策略与活动,从而保持可持续性竞争优势。组织学习的主体涵盖个人、团队和组织整体,学习的内容包括知识、市场、技术、运营和创新模式等诸多方面。

二、组织学习的模式

组织学习的主体是组织,但包含个人、团队和组织本身等多样化组分(周晓,2007),多样性组分的学习行为具有显著的不同,因此,适当的组织学习模式对整合不同组分的学习具有重要意义。以循环方式为标准,组织学习包含单循环学习和双循环学习两类。前者指的是不同学习主体发现、分析并解决问题,从而及时纠正偏离,保证组织既定目标的实现;后者是指不同的学习主体除了发现、分析并解决问题和纠正偏离之外,还要修订和完善组织规则、惯例和流程。学习主体的多样化组分根据协同创新的需要,选定和切换单循环或双循环学习模式搜索、获取并利用外部新知识提升创新能力和创新绩效。

三、组织学习的方式

组织学习通过内部经验的传承和外部经验的观察模仿两种方式(Huber,1991),因此,组织学习既包括内部学习,又包括外部学习。外部学习可以分为组织间学习和观测式学习。组织的内部学习与外部学习,以及二者之间的协同作用,对包括创新绩效、财务绩效和成长绩效在内的企业绩效具有显著影响(陈国权等,2017)。内部学习是指学习主体对自身直接经验进行吸取与总结,是一个持续性迭代与重复的过程,学习主体基于自身过去的经验进行学习并做出判断,从而创造知识服务于未来的决策过程(Zahra et al.,2002)。组织间学习是指学习主体接触其他组织乃至展开合作,从而获取等级更高、相关度更大的外部知识的过程。观测式学习亦称感应式学习,是指学习主体选择性地观察其他个体或组织的行为过程与结果,从而改变自身行为或态度的学习过程(Haunschild et al.,1997)。

第四节 "互联网+"理论

时代的发展向管理情境注入新元素,互联网就是信息技术与传媒技术的进步催生的新型情境因素。"互联网+"为中小型创新主体借助开放式创新的指引开展协同创新提供了有力的技术支持,对协同创新组织体系的建立和运行运行,尤其是基于知识管理提高创新能力的过程,发挥着极其重要的作用。"互联网+"理论与技术在很大限度上影响协同效应的产生,为创新主体创建"互联网+"创新模式、开展协同创新提供了基础。

一、"互联网+"的概念

第十二届全国人民代表大会的政府工作报告中明确提出了"互联网+"的概念,其核心要义是以互联网为基础,通过"互联网+X"的形式实现互联网与工业和商业等传统行业的有机融合,形成新业态,激发新动能(张千帆等,2018)。互联网+传统行业是基于互联网技术与基础设施而形成的经济发展与社会进步的新常态。学术界和企业界广泛而深入地探讨了"互联网+"的理论与实践,有效推动了以互联网为主要表现形式和载体的现代信息处理技术与传统行业的紧密结合。

二、"互联网+"的特征

基于现代信息与传媒等技术发展而来的一种新生事物,"互联网+"具有其独有的特征,罗洪云(2016)对"互联网+"进行了系统而详细地观察与思考,指出并阐述了的六个显著特征,如图2.2所示:

图2.2 "互联网+"的特征

资料来源:本研究绘制。

(一)跨界整合的特征

"互联网+"能够催生事物的形态与结构发生深刻变革,以跨界和融合为主要表现形式,促发并形成具有较强开放性的新构型与新态势。"互联网+"为创新主体跨界获取知识和技术等创新资源创造了便利条件,成为多主体之间合作创新与协同创新的重大积极因素,有利于促进新知识的创造、传播和应用(史建锋,2017)。在"互联网+"的作用下,群体才智在协同创新的过程中得以汇聚,转化为创新能力和创新绩效,为创新主体的可持续发展提供保障。

(二)以创新为方法和目标

"互联网+"营造的环境中,创新既是起点,也是归宿。"互联网+"必须以创新为方法才能产生推动事物发展的新动力,使事物达到一个绩效更优的新型平衡状态,而达到新型平衡态的目的是为了形成更多、更有效的创新,以保证新状态的可持续性和可发展性。"互联网+创新"能够推动技术、管理以及商业模式创新的范式转变与更迭,促进创新驱动发展战略的实施,改变企业等创新主体的运行与成长方式。

(三)改型重构的特征

"互联网+"蕴含着巨大能量,对经济运行与增长模式产生了重大而深刻的影响,极大地改变了企业等创新主体所处的外部环境,迫使创新主体调整组织机构与重塑组织构型。随之而来的,在"互联网+"的作用下,创新模式、创新机制以及创新策略都发生了显著的变化。制约创新的传统经济结构和社会结构被打破,为企业等创新主体基于"互联网+创新"构建协同创新系统创造了条件。

(四)尊重人并发展人

互联网与新媒体的快速发展为人性的进一步释放提供了舞台,人性之善与人性之恶得到了更多的展现。"互联网+"为人类对本性的认知提供了强大的工具,有利于在更广的范围内尊重善念和善举,预防和惩戒恶人恶行。因此,"互联网+"能够更加有效地尊重和支持性善之人,开发其聪明才智,实现其个人发展。这无疑会激发更多的人发挥更大的积极性和创造性,推动人类创新事业的快速发展。

(五)生态系统的开放性

互联网本身是一个新型生态系统,具有极强的开放性。互联网超强的连接能力能够以极低成本高效汇聚地域上极度分散的创新资源,连通相互隔绝的创新孤岛,消除制约条件,优化创新系统所处的生态环境。"互联网+"借助云计算和大数据等技术连接并吸纳更多的创新人才和创新资源,构建协同创新组织体系(李永周等,2018),通过优化创新资源的配置和应用,形成一个覆盖更多人群、更广地域、更多领域、网络成员关系更优的开放性协同创新网络生态系统,推动协同创新进程,提升协同创新绩效(程跃,2017)。互联网+的生态系统开放性,决定其具有更强的活力和更加旺盛的生命力,从而决定其具有动态性、包容性和进步性的特征。

(六)万物互联的特征

"互联网+"能够实现"人与人""人与物"以及"物与物"的连接,为万物互联和交互提供前提,在"互联网+"的基础上,分散的信息和资源得以汇聚,物与物的数字信息得以有效统整,运输与物流、工业制造等诸多领域得以焕发新的生机,各行各业的各类创新人才与创新资源得以有效连接,跨越地域甚至国境边界的协同创新虚拟研发团队得以建立起来,广泛分布于世界各地的创新人才、创新知识和技术设备等创新资源连结成一个巨大的社会网络,从而形成互联互通的创新网络系统。

三、互联网+创新

以互联网为基础设施形成的"互联网+创新"是一种创新新范式,涉及技术创新、管理创新、组织创新以及商业模式创新等多个领域和多个层面。互联网向"互联网+创新"提供技术与设备支持,使多样性创新主体能够在更广阔的范围内搜索并汇集内外部创新资源、创新知识和创新人才,使其在互联网的助力下快速扩散并高效整合,推动创新进程的加快。企业和高校等异质性多样化创新主体在"互联网+创新"的模式下,根据自身创新目标和自有创新资源的状况,突破地理界限和专业领域的限制,组建地域跨度更大、覆盖领域更宽的分布式虚拟创新团队,借助个体知识协同和团队知识协同(佟泽华等,2017),更好地完成创新任务。

"互联网+"是一个平台,能够更好地发挥"一次分配"的作用,使创新资源得到优化配置。"互联网+创新"模式以互联网(Internet)技术、云计算(Cloud Computation)技术、大数据(Big Data)技术、物联网(Internet of Things)技术和虚拟现实(Virtual Reality)技术等提供技术性保障,构建创新资源网络与知识网络,促进各类创新元素的互联互通、高效检索、高效汇聚和高效利用,从而推动创新进程。

第五节　协同创新的界定

与协同创新相似或相近的概念很多,相互之间既有区别,又有联系。因此,厘清协同创新的内涵与本质极为必要,这是准确划定研究内容并据以选择恰当研究方法的基础。只有明确协同创新的核心含义,做好相关概念的区分并消除混淆和歧义,才能保证协同创新研究的正确实施和顺利开展。

一、协同创新的思想起源

协同思想启蒙于 Ansoff 对企业多元化的研究,并将协同界定为企业内部多个事业部之间的共同协作。在此之后,德国的著名物理学家 Hanken 在 1971 年进一步发展了协同思想,从系统学的视角研究协同现象与协同问题,形成了协同学,使之成为一门独立的学科。最早做出协同创新定义的是 Peter Gloor,他指出并强调了协同创新的合作属性,创新人员组建网络小组并借助网络进行思想、信息与技术等多个方面的交流与互动,以实现共同目标。协同创新跨越组织边界,共享知识、技术和机会等创新元素(Ketchen et al.,2007)。协同创新的过程包括沟通、协调、合作与协同四个环节,创新资源和创新元素之间需要进行充分的整合与互动(Serrano et al.,2007)。不同物种之间在进化的过程中会相互影响,产生共同进化和共生现象,与之相似的现象在协同创新过程中也能发现(Roth-well et al.,1973)。

二、协同创新的含义与本质

将协同思想运用于创新过程,就形成了协同创新。多样性创新主体在协同创新的过程中充分发挥自身作用,通过协调机制与紧密协作大幅提升创新效率并实现价值创造。协同创新的思想在管理学研究领域发挥了重要作用,如新产品与新服务的开发、供应链上创新主体之间在产品设计、制造以及市场营销等诸多方面的协同合作等。20 世纪 80 年代后期开始,科技创新对经济增长的贡献日趋显著,创新与经济之间的关系日益紧密,激烈的市场竞争催动了协同创新的发展。企业界中不断增加并不断演化的协同创新现象引发了学者们的高度关注,由此,创新要素协同互动,激发协同效应并促进经济增长的协同创新研究逐渐增多。

从协同思想到协同创新的发展脉络可以看出,协同创新的核心内涵是企业、高校、科研院所、中介机构以及金融机构等众多同质性或异质性创新主体将创新资源有效汇聚并加以整合,基于新知识与新技术的创造而激发协同效应,从而实现创新主体各取所需的过程。在协同创新的过程中,众多创新要素融合互动并有效集成,创新主体基于动因契合而提供创新资源并相互协作,优化配置创新元素以提升创新能力(李培楠等,2014),从而产生"1 + 1 > 2"的协同效应。

协同创新的本质是合作创新,是两个或两个以上的创新主体基于特定的动因制订契约关系,进而形成创新复杂网络的过程。不同于一般意义上的合作创新(产学研合作和战略联盟等),协同创新更加注重整体最优,强调协同效应与互利共赢,以实现知识增值与创新系统的自我强化(陈劲等,2012)。高效的协同创新除了优质的创新网络结构之外,还需要良好创新环境以及创新元素的良性互动(刘丹等,2013),涉及多个层面的创新系统的整体最优化。

三、协同创新与合作创新、开放式创新的辨析

(一)创新过程涵盖的阶段不同

合作创新通常是指发生在企业之间或者产学研之间的联合创新行为,大多发生在高新技术产业和新兴技术领域,以合作研发为主要活动。合作创新通常发生在新产品或新技术的原型开发阶段,故而国外学者一般不采用合作创新这一概念,更多使用合作研究(cooperative research)、研发合作(R&D cooperation)以及共同研发等概念(罗炜等,2000)。合作创新主要集中于创意产生、研究开发和试验等创新的前端阶段和中期阶段。而开放式创新在强调研发进程中内外部资源的搜索和利用的同时,也强调兼用内外部市场途径实现新产品的商业化。由此可见,开放式创新的过程除了包括前端阶段和中期阶段,还包括后期的商业化阶段。协同创新作为一个系统化的创新过程,除了包含前端、中期和商业化阶段之外,还包括市场信息回馈、创新流程修正等创新系统自我强化的阶段。

(二)开放对象的范围不同

从开放对象来看,合作创新(collaboration innovation)更加注重对相同行业基础技术

的研究与开发,故而,主要与同类创新主体进行合作。这一点在创新联盟和创新网络这两种主要的合作创新形式中得到充分体现。开放式创新涉及创新的各个阶段,因而开放对象的数量大、种类多,包括客户、竞争者、商业研究机构以及供应商等,产品的分销商和多种类型的商业服务组织也位列其中。协同创新的开放对象具有更大的多样性,除了上述对象之外,还包括其他与创新具有直接或间接联系的全体利益相关者。

(三)创新动机的不同

创新的动机包括经济型(pecuniary)与非经济型(non-pecuniary)两种(Lazzarotti et al., 2009)。在合作创新中,作为合作方的创新主体各自投入资源以期各取所需,成本与收益是其权衡的重点内容,收益大于成本是合作创新得以维持的前提条件。这是一种典型的经济型动机。开放式创新兼有经济型动机和非经济型动机。企业等以营利为目的的创新主体进行技术交易是直接的谋利行为,另外一部分具有相似价值观、愿景和道德伦理的组织和个人,自发组建开放式创新社群,进行普遍的非经济交易,诸如免费开放、开放源代码和技术捐赠等。开放式创新过程中,无论是经济行为,还是非经济行为,都有知识与技术的主动流出。开放式创新主体将内部暂时闲置或被忽略的技术与知识经由外部途径流入市场,这一过程即是外向型开放式创新。与开放式创新相似,协同创新的动机也包含经济型和非经济型两种。

表2.1 协同创新与合作创新、开放式创新的比较

创新模式	发生阶段	开放对象	动机	协同效应
合作创新	前端阶段、中期阶段	同类创新主体	经济型	非必须目标
开放式创新	前端阶段、中期阶段、商业化阶段	同类与非同类主体	经济型、非经济型	非必须目标
协同创新	前端阶段、中期阶段、商业化阶段、自强化阶段	全体利益相关者	经济型、非经济型	必须目标

资料来源:本研究整理。

(四)对协同效应的追求强度不同

对协同效应的追求强度是协同创新区别于合作创新和开放式创新的本质特征。合作创新可能会产生协同效应,但协同效应不是合作创新的目标,协同效应不是合作创新的必须构成要件。与合作创新相似,开放式创新的参与主体虽然更加广泛,涵盖的创新

环节更加全面,但是仍然未将协同效应列为必须实现的重要目标。协同创新则不然,要求在创新过程中必须产生协同效应,在协同效应的基础上对创新主体的动因做出积极的正向反馈,从而实现创新系统的自我强化。

协同创新与开放式创新是原有的传统创新理论在新环境下的演进与发展,二者涵盖了更多的新内容和新思想,为这些理论的对话与补益提供了沟通的平台。但是应当引起注意的是,上述三者之间并无优劣之别,只是创新主体根据情境不同做出的适应性调整和选弃而已。

第三章　协同创新的动因与影响因素

客观地认识并解读动因和影响因素,从而形成正确的认知,是开展协同创新研究并取得科学性成果的重要前提。动因是产生协同创新的基础,没有动因就没有协同创新的形成。影响因素对协同创新的萌生与运转具有至关重要的促进或抑制作用,是协同创新绩效产生异同的主要原因。动因与影响因素的综合作用深刻地影响甚至决定着协同创新的模式选择与机制设计。因此,本章着重讨论协同创新动因和影响因素的构成、分类和功能,为后续章节进一步研究协同创新模式与机制做好前期准备。

第一节　协同创新的动因

创新主体为什么会进行协同创新? 哪些因素促使协同创新行为的发生? 借鉴行为主义心理学的的理论成果,或许可以给出满意的答案。行为主义者古斯里指出,促发行为的原因在于内部刺激产生的需求,并将刺激视为动因。赫尔作为新行为主义的代表人物提出了驱动论,被公认为最早的系统动机理论。赫尔认为,促发行为的根本动力是内驱力,内驱力是一种内源性力量,在机体内部生成(陈于,2015)。上述二人皆从内部寻找行为的原因,充分说明内驱力产生动因,动机促发相应行为的产生。因此,基于内向型视角,系统考察并归纳同创新的动因是探索协同创新形成机理的必要途径。

一、协同创新动因的类别

现有文献对协同创新的研究已有很多,学者们从不同的视角对诸多种类的动因做出了有效识别。内部视角的学者提炼并归纳出获取外部资源、提高创新效率与企业绩效以及成本分摊和风险共担等多个动因,另有一部分学者基于外部视角,概括出市场需求的拉动力、技术进步的推动力、市场竞争压力以及政府支持力等诸多动因。协同创新动因的研究视角呈现出放射状,随着识别出来的动因数量越来越多,相关研究必将进入无限具体化的迷途,研究结论的统领性逐渐弱化,丧失理论指导意义。因此,本研究从收缩性视角审视协同创新动因,将众多动因系统性地归入利益诉求、目标诉求和信仰诉求三个类别,以保证研究结果对创新实践具有更强的概括性和可操作性。动因的构成与分类如图 3.1 所示。

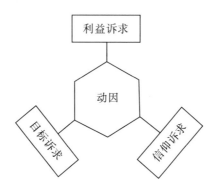

图 3.1　动因的构成与分类

资料来源:本研究绘制。

(一)利益诉求

创新主体参与协同创新的重要动因之一就是利益[①],尤其是企业等以营利为目的各种组织,利益最大化是其追求的重要目标。利益诉求是协同创新最常见、也是最普遍的重要动因。因此,深刻认识创新主体的利益诉求是开展协同创新研究的重要工作之一。

1.利益的内涵

所谓利益,就是个人、群体和组织力求占有和利用的一种权益,受客观环境和客观规律的制约,为满足生存和发展而产生,与个人、群体、组织以及整个社会的经济、政治和道德标准紧密相关。利益的载体可以是物质的、也可以说是精神的,包括自然资源、金钱、情感、名誉和地位等。

---

① 利益本是一个广泛的概念,但此处的利益是指狭义上的经济利益,不包括国家利益、民族利益和社会公共利益等范畴。

2.利益的分类

利益的分类标准很多,导致利益的类别也多种多样,如物质利益、精神利益、既得利益等诸多种类。本文根据研究的需要,选择五种特定的标准对利益进行分类与辨析,从而探明利益诉求与协同创新之间的关系。

（1）个体利益、群体利益和组织利益

根据利益诉求主体的不同,利益可以分为个体利益、群体利益和组织利益。个人利益包括个人在物质生活与精神生活两个方面的满足,如个人健康保养、个人能力培养与个人发展等。群体利益是群体内所有成员的共同利益,包括群体共同利益的创造与分配、共有资源的开发和利用等。组织利益是指满足或能够满足组织生存发展的各方面需求,并对组织整体具有积极作用的各种事物。正是因为利益诉求主体具有多样性,协同创新的主体也包括个人、群体和组织等多种不同性质和不同规模的参与主体,这些主体在利益诉求的驱动下参与协同创新,以期获得预期的利益。

（2）即期利益与远期利益

以取得利益的时间长短为标准,可以将利益划分为即期利益和远期利益。前者是指现在或者距离现在很短的时间内就能取得的利益;后者是指现在无法获得,需要在距离现在较远的某一未来时点才能取得的利益。很多创新主体参与投入资源参与协同创新,很难取得即期利益,而是为了取得总量更大的远期利益。

（3）无风险利益与有风险利益

某些利益可以在毫无风险的情况下获得,这类利益就是无风险利益,利益诉求主体在获取利益的过程中无需考虑风险对利益的负面影响。另有一些利益的获取是在投入成本并承担风险的前提下实现的,这类利益就是有风险利益,利益诉求主体在获取利益的过程中必须进行风险分析,采取措施降低风险,以削弱风险对预期收益的消极影响。利益诉求主体为了有效降低创新收益的风险,采取创新外包和创新联盟等协同创新模式开展创新活动,以保证创新收益的可获得性与可预期性。

（4）合作利益与非合作利益

以合作为前提才能创造并获取的利益称为合作利益,利益诉求主体无需通过合作即可独立创造并获取的利益称为非合作利益。当非合作利益的规模难以达到利益诉求主体的预期,合作利益就会成为重要的弥补成分。当利益诉求主体的预期创新收益为合作利益时,就需要通过合作创新的方式予以实现,协同创新是协同创新的重要形式之一。协同创新过程中的协同效应能够带来更大规模的创新成果,为创新主体获取更多合作利益创造条件。由此可见,对合作利益的追求是创新主体互相协作开展协同创新的重要动因之一。

(5)规模不变利益与规模可变利益

根据利益规模的可变与否,可以将利益划分为规模可变利益和规模不变利益。规模不变利益的利益总量是一个恒定的额度,不会随着其他条件的变化而发生变动,因此,规模不变利益满足利益诉求主体的能力有限,达到极限之后,就无法更好地满足创新主体的需要。此时,通过协同创新激发协同效应,从而创造规模可变利益并推动利益规模的扩张,为利益诉求主体对更多利益的需要提供可供分配的利益总量。可见,对规模可变利益的诉求是一个主要动因,使得各类创新主体积极投入创新资源参与协同创新。

3. 满足利益诉求的可行途径

对利益诉求的满足,可以通过以下几种可行的途径:其一,扩大收益的总量;其二,在收益总量不变的前提下降低成本;其三,在创造并获取收益的过程中降低风险;其四,提高单位成本的产出效率。多种类型的创新主体参与协同创新,通过知识、技术和资金等各种创新资源的整合与重组在创新过程中产生协同效应(冯海燕,2018),从而创造更大规模的创新收益、分摊和降低创新成本、提高创新资源的利用效率、分担并控制创新过程中的不确定性以降低风险,有助于更好、更充分地满足不同创新主体的利益诉求。从这个意义上说,以往研究认定的协同创新动因,如获取外部资源、提高企业绩效和分担创新成本等,都是满足利益诉求这一动因的具体手段,而非协同创新动因本身。

(二)目标诉求

成就动机理论指出,目标是个体、群体和组织等创新主体参与创新并取得创新绩效的主要驱动力之一,认为目标能够促使参与创新的个体自发地规范自己的行为,积极投入时间、精力和其他各种创新资源,从而取得创新绩效和实现创新目标(De Shon et al., 2005;张学和等,2013)。由此可见,目标①诉求是不容忽视的协同创新动因之一。

---

① 目标这一概念涵盖的内容十分广泛,但此处的目标不包含以获取物质和经济利益为主要内容的目标,而是仅仅包含社会公益、削弱对手、自身发展、实现个人价值和政治目标等狭义上的目标。

1.目标的内涵

目标是个人、群体或组织对预期成果的主观设想,是一种产生于人脑主观意识活动的结果,通过预期目的协调关系并指明行动方向,通过具体的实践活动实现目标。目标受到多种因素的影响,如经济制度、意识形态、文化传统和政治制度等,因此,目标具有社会性。

2.目标的分类

对目标进行分类可以参考的标准有很多,本文根据研究内容的特点和实际需要,根据设定目标的主观主体的不同,可以将目标划分为个体目标、群体目标和组织目标,从而探讨个体、群体和组织三类协同创新主体在目标诉求方面的动因。

（1）个体目标

个体目标是个人根据自身状况以及所处环境因素的综合分析评判而做出的具有明确范围和确定内容的预期结果。非物质利益和非经济利益的个人目标主要有个人成长预期、人生价值实现和提高个人声誉等。个体目标是驱动个体参与协同创新的重要动因之一。

（2）群体目标

群体目标是群体成员普遍认同并共同追求的共同目标,是群体成员共同期望的某种理想状态,是组建群体的基本理由,也是群体统一思想、协调行动、谋求生存和发展的动力之源,更是群体成员共同行动的结果。非经济利益的群体目标一般包含共同志趣和共同爱好的满足、共同理想的追求和社会公益事业的促进,等等。

（3）组织目标

组织目标是指组织在未来一段时期内力争实现的某种预期结果和状态。组织目标是组织成员的行动指南,为组织决策、绩效评估和协同行动提供基本依据。组织目标是全体组织成员广泛接受的共同目标,任何一个组织,都是为实现组织目标而组建并运行。非直接经济利益的组织目标包括发展自身、削弱对手、抢占渠道和网络位置等资源以及政治目的,等等。

3.目标的作用

目标的作用主要表现在以下四个方面:其一,在目标的作用下,个体和组织行为得到有效协调,为实现目标采取统一行动;其二,目标的激励作用能够激发个体成员的积极性和主动性,提高生产效率;其三,目标能够提高群体或组织成员之间的凝聚力,使群体或组织获得更强的执行力;第四,目标为决策制定和绩效考核提供依据和标准。

4. 以目标诉求为动因的协同创新

个体、群体和组织为了实现或更好地实现目标,在目标诉求的驱动下,甄选相互匹配的协同创新主体,设计并选择适宜的协同创新模式,在协同机制的作用下优化重组并整合各种创新资源,取得更多、更好的创新绩效,然后各取所需,满足各自的目标诉求。由上述分析可知,各类创新主体的目标诉求是其参与协同创新的核心驱动力之一,也就是说,目标诉求是协同创新的一个不容忽视的重要动因。

(三)信仰诉求

新制度经济学家道格拉斯诺斯(Douglas C. North)在其著作《经济史上的结构和变革》(Structure and Change in Economic History)中指出,如果缺失了有关意识形态的清晰理论或者更广泛意义上的知识社会学理论,解释现行资源配置或历史变革的能力就会削弱,甚至存在严重缺陷。任何社会结构与行为都具有相应的文化基础,因此,所有的经济结构和经济行为也必然伴随着相应的意识形态基础,而信仰是意识形态中最重要、最特殊也是最古老的内容之一。已有研究表明,无论是经济行为,还是经济增长,都与信仰高度相关(方钦,2007)。在企业管理方面,信仰不但影响着投资偏好(雷光勇等,2016),也影响着创业行为(阮荣平等,2014)。受到信仰影响的亲社会行为能够促进社会友好型和环境友好型创业与创新(董梦晨等,2015)。

1. 信仰的本质与内涵

信仰是人类独有的一种精神活动,与认知、情感和意志紧密相连,承载人类最高价值,是统摄其他一切意识形式的最高意识形式(余玉花,2015)。虽然宗教的核心要素是信仰,但是宗教并非等同于信仰,而是信仰的一种表现形式。理性与信仰之间并不互相矛盾,信仰为理性提供价值方向和判断标准,基于理性反思与批判的信仰是对最高价值的服从与敬畏,超越并脱离盲目和迷信(刘旭光,2017)。信仰一词广泛出现于诸多语境,如道德信仰(吴梦颖等,2017)、马克思主义(共产主义)信仰、宗教信仰(曾建光等,2016;霍鹏等,2018)和法律信仰等。信仰渗透于人类社会生活的经济层面和精神层面,是人的精神皈依和行动指南,迷失信仰就会怀疑生存的意义。

2. 信仰的分类

信仰是人类意识活动的产物,属于意识范畴,是主体与客体的辩证统一(武爱玲,1997),根据主体的不同,信仰可以分为个体信仰、群体信仰和组织信仰。个体信仰是群体信仰得以塑造成形的条件,群体信仰则是在个体信仰的基础上发展而来,并超越个体信仰而形成的集体信仰。特定的某些理想信念被组织内部的各个群体索接受,赢得组织层面深刻而广泛的认同,进而上升为组织信仰。

（1）个体信仰

个体信仰是指自然人在其有限的认识能力范围内,基于对环境和生命的思考而形成的,对最高价值的认同与服从。个体信仰是个体对自身嵌入其中的价值关系的理解和认识,是一种特殊的自我意识（刘旭光,2017）。个体总是从个人的自身感受出发,去认识事物以及事物之间的关系,当某种对象对个体具有极大的吸引力,个体就会产生发自内心的敬畏与遵从,使之发展成为自身行为的指导准则。这一过程的最终结果是,个体对这种对象坚信不疑并无限敬仰。因此,个体信仰通常包含前途、命运以及自身价值的思考和关注。当个体形式的自然人聚合成具有一定形式的社会集体,社会集体的共同意识同样可以上升为信仰,成为群体信仰。群体信仰摆脱了个体信仰的异质性和多样性,是一个与个体信仰相对应的概念。

（2）群体信仰

群体信仰是以一定形式存在的社会集体的共同信仰,是该集体成员共同的目标追求和价值选择,成为集体内部相互连结的精神纽带（谷生然,2012）。在共同信仰的作用下,群体内部产生共同的文化底蕴,群体凝聚力逐渐强化（刘旭光,2017）。宗教信仰就是一种典型的群体信仰。宗教信仰与宗教之间具有三个层面的联系,其一是以宗教思想观念和感情体验为核心内容的教义,其二是以宗教崇拜行为和利益规范为主要表现形式的教仪,其三是以宗教的教职制度和社会组织为结构的教团。教团的存在,充分说明了宗教信仰是一种群体信仰。不同的个体之间有了共同信仰,个体之间就会在共同信仰的作用下联系起来,形成一个具有共同信仰的群体,该群体会自发地团结起来为共同信仰开展工作。

（3）组织信仰

群体的有机结合形成了组织,当某一组织内部的各个群体在特定情境的作用下,以群体信仰为基础,并逐渐消除不同群体信仰之间的多样性和异质性,形成组织内部各个群体共同的价值认同,群体信仰就上升为组织信仰,成为组织层面必须服从、敬仰并追求的最高价值（刘旭光,2017）。最典型的例子如:马克思主义者的共产主义信仰,就是在共产党员群体信仰的基础上,发展形成的组织信仰。在组织信仰的作用下,组织的凝聚力和执行力得到极大强化,使组织行为接受组织信仰的导向,并服务和服从于组织信仰。

3. 以信仰诉求为动因的协同创新

基于信仰诉求而参与协同创新的各类创新主体,在最高价值认同的作用下,具有最强的积极性、坚定性和稳固性,也是各类创新主体中主动性发挥最充分的。从个人层面的视角来看,为了遵从并服务于信仰而参与协同创新的个人主体常常表现出以个人牺牲(包括利益甚至生命)换取创新绩效的现象(齐善鸿等,2018)。从群体层面的视角可见,在信仰的强力感召下,整个群体的全部成员为了既定创新目标的实现表现出忘我的工作热情,在艰苦卓绝的创新过程中付出巨大牺牲。从组织层面的角度观察可以发现,在组织信仰的支配下,整个组织不计代价、倾尽所有,全力以赴夺取创新目标的胜利完成。最典型的例子就是,在新中国"两弹一星"的研制过程中,无数的个人、团体和组织,基于共产主义和爱国主义信仰的最高价值追求而加入国家层面的科学技术协同创新,不顾个人得失、不惜局部代价,在极端艰苦的条件下实现了国防科技创新的伟大胜利。毫无疑问,与利益和目标相比,基于信仰诉求动因而进行的协同创新具有最强的凝聚力,能够最大限度地激发创新主体的积极性、主动性和创造性,也就是说,信仰诉求是协同创新的最强大的动因。

二、协同创新动因的契合

动因契合是创新主体相互选择并结成协同创新伙伴的前提,是联合开展协同创新、维持并巩固协同创新伙伴关系的重要基础。没有动因的契合,就没有协同创新的产生和发展。因此,客观而深刻地认识动因契合是深入研究协同创新模式与机制的前提条件。

(一)利益诉求之间的契合

不同的创新主体有着不同的利益诉求,如果两个或两个以上的创新主体在利益诉求上形成一致或者相互契合,即利益诉求之间在一定程度上相互支持和相互促进,那么,不同创新主体之间就产生了相互选择结成协同创新伙伴关系的基础。举例而言,当某一自然人具备某一关键技术的开发能力,但是缺少资金和试验条件,而某一公司具有相应的资金和试验条件,但缺少相应的科研人才,双方都预见到该项技术的巨大经济价值和市场潜力,都希望完成此项技术攻关从而赚取丰厚的经济利益。此时,该自然人主体和企业主体在利益诉求方面就形成了契合,双方在利益诉求这一动因的作用下结成创新伙伴,一起开展协同创新。

(二)利益诉求与目标诉求的契合

利益诉求与目标诉求相互契合的情况下,不同创新主体就获得了相互合作共同开展协同创新的可能性。例如,某企业想要尽快获得某项技术,从而抢占先机,获得可观的经济收益,某一非营利性科研机构想要尽快完成该项技术的科研攻关,从而超越业内同行。此时,这两个创新主体之间形成了利益诉求和目标诉求相互契合的状态,两个主体就会基于动因的契合而投入各自的资源和精力共同开展协同创新。

(三)利益诉求与信仰诉求的契合

利益诉求与信仰诉求的相互契合,同样能够促使不同主体结成创新联盟,协作开展协同创新创造条件。例如,某一企业为了获取经济利益而需要获得某项技术,某一组织为了服务自己的信仰也需要该项技术,双方依靠各自的实力又难以完成该项技术的研发,因此,双方就会试图通过协同创新的方式获得该项新技术,进而利用该技术满足各自的诉求。

(四)目标诉求之间的契合

在某些情况下,不同创新主体的目标诉求也能达到相互契合的状态,为其联合开展协同创新提供必要的前提。例如,两个非营利性的科研机构,在各自实力不足以抗衡主要竞争对手情形下,又要在某项技术的研发上超越竞争对手,这两个处于相对劣势的科研机构就会努力尝试通过协同创新实现各自的目标。由此可见,非经济或非物质利益目标之间的契合也能成为不同创新主体参与协同创新的动力之源。

(五)目标诉求与信仰诉求的契合

有些创新主体是基于目标诉求与信仰诉求之间的契合而联合起来进行协同创新的,这些创新主体追求的目标既不是经济利益,也不是物质利益。例如,民间某些在技术创新方面具有共同志趣爱好的个体自发组建的非营利性科研机构,其创新行为是为了满足成员的共同兴趣爱好,而不是为了获得经济利益,而某些由党和国家出资组建的科研机构,其创新行为是为了服务社会主义建设这一组织信仰,也不是为了获取经济利益。当上述二者的目标诉求与信仰诉求在某一具体技术创新方面实现有效契合之后,双方就会努力寻求合作机会,共同开展协同创新。

（六）信仰诉求之间的契合

信仰之间的契合是不同主体参与协同创新的最强大动因之一。不同的创新主体在各自信仰的感召下，会倾尽所有、竭尽所能地进行协同创新，以创新所得服务于自己的信仰。例如，怀有坚定的国家信仰的个体、群体和组织为了信仰不计任何代价，全心投入科技创新的重大攻关，为了巩固国防维护国家安全，即使以健康和生命为代价也义无反顾。某些怀有共同宗教信仰的创新主体，会为了信仰中的真神或者真主，不计代价地开展协同创新，即使牺牲生命也在所不惜。可见，基于共同信仰而组建的协同创新组织系统具有极其强大的生命力。

（七）利益诉求、目标诉求与信仰诉求的契合

在某些情形下，不同创新主体能够实现利益、目标和信仰诉求三者之间的有力契合，成为协同创新的强大动因。协同创新伙伴通力协作，投入时间、精力、资金与设备等创新资源，致力于协同创新目标的实现，通过创新绩效满足各自的利益诉求、目标诉求和信仰诉求。毫无疑问，三种诉求的契合为协同创新的开展提供了一个必要条件，成为引发协同创新的直接诱因之一，为创新管理者提供了一个甄选协同创新伙伴的重要窗口。

第二节　协同创新的影响因素

影响因素虽然不能直接决定协同创新的结果，却对协同创新决策制定与组织运行具有加速或抑制的重要作用，因此，对协同创新的影响因素进行全面而系统的分析，是认识协同创新规律、揭示协同创新内在机制的重要前提（王帮俊等，2017）。本书根据研究工作的需要，基于效性[①]视角对影响因素进行分类和效能评析，为深入探讨协同创新的形成路径和内在机制奠定基础。

---

① 效性一词，在本研究中的含义是影响因素的功效属性，包括积极属性、消极属性和可变属性。

一、影响因素的范围

总览已有的文献可以发现,协同创新的影响因素涵盖的范围十分广泛(杨颖等,2017)。资金来源和人员结构上的异同对协同创新效率产生影响(Santoro et al.,2002),异质化协同创新模式下的交易成本也是影响创新效率的重要因素之一(张米尔等,2001)。创新中介组织能够降低协同创新过程中的沟通成本,有助于建立创新主体之间的信任。政府政策对协同创新产生重要影响(Joseph et al.,2001)。James(2004)指出协同创新的研究,除了关注知识产权和专利转移,其他方面的所有问题都应予以充分的重视,都会对创新绩效产生影响。郭斌等(2003)指出参与者、外部环境、组织结构与安排,以及项目特性四个维度对协同创新效率具有重要影响。黄攸立等(2010)认为协同创新主体特征、制度以及协同创新环境对创新绩效产生重要影响。谢志宇(2004)指出了吸收能力、创新主体的合作关系、外部环境的模糊性以及合作模式等都会影响协同创新的效率。刘和东等(2016)指出了吸收能力、合作程度、科技成果转化率和政府的政策对协同创新模式具有积极影响。可见,协同创新的影响要素种类繁多,既包括内部因素,又包括外部因素,既有经济层面的因素,也有社会文化方面的因素。

二、影响因素的分类

现有文献对协同创新影响因素的分类标准多种多样,基于不同标准得出的分类结果各不相同,总体上呈现出放射状、扩散化的发展趋势,使得相关研究在无限细化的状态下进入了一个缺乏方向性的迷局,相关研究虽然越来越多,但是研究成果的实践指导性和可操作性越来越弱。笔者认为,所有的影响因素,无论以何种形式出现,其作用和效能无外乎三种:其一,发挥积极性影响效应;其二,发挥消极性影响效应;其三,在不同的情况下时而发挥积极效应,时而发挥消极效应。因此,本研究根据影响因素效性的不同,将影响因素分为积极影响因素、消极影响因素和效性可变影响因素三类,如图3.2所示。

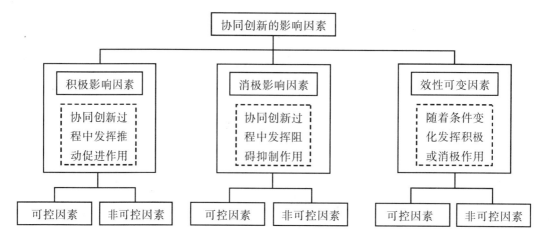

图 3.2　协同创新影响因素分类图

资料来源:本研究绘制

(一)积极影响因素

协同创新的众多影响因素中,有一部分对协同创新发挥持续的积极影响效应,促进协同创新能力的提高和创新绩效的生成,是推动协同创新向前发展的重要力量。例如,作为典型的积极影响因素,创新主体的知识吸收能力和知识集成能力对协同创新的促进作用是显而易见的,吸收能力和集成能力越强,知识资源转化为创新能力和创新绩效的效率就越高,对协同创新组织的自我强化越有利。因此,在协同创新管理过程中,对待积极影响因素,应该持续加强和巩固,促使其发挥更大的积极作用,从而促进协同创新的发展。相似的积极影响因素包括创新主体的知识基础、创新资源可得性等。

(二)消极影响因素

另有一部分影响因素在整个协同创新的过程中,持续发挥消极影响效应,对协同创新产生抑制和阻碍的作用,是创新管理者应该努力弱化乃至消除的不利因素(高锡荣等,2018)。例如,社会动荡、政治局势不稳、懈怠散漫的工作氛围、消极的工作态度等因素,这些因素对协同创新造成的不良影响极大,导致创新效率低下,甚至导致创新失败。消极因素越多越大,对协同创新的阻碍就越强。因此,创新管理者应该努力消除和控制消极影响因素,从而尽量减少消极因素产生的负面影响效应,为协同创新的顺利进行创造有利条件。

（三）效性可变因素

协同创新影响因素中,有一类比较特殊的组成部分,这类因素对协同创新的影响效应是变化的,在某些条件下表现出积极影响效应,在另一些条件下则产生消极影响效应。也就是说,这类影响因素既不同于积极因素,也不同于消极因素,其功效属性是可变的,在积极功效和消极功效之间反复转换,本文将其称为效性可变因素。以知识距离为例,知识距离是创新的必要条件,但知识距离在协同创新的过程中却表现出截然相反的功效属性,有时表现出积极效应,有时产生消极影响,在知识吸收能力和知识集成能力较强的情况下,其积极效应显著,在上述能力较弱的情况下,其消极影响强烈。与知识距离相似,知识多样性对协同创新的功效也具有可变性。因此,在协同创新过程中,创新管理者应该尽可能地创造条件,促使效性可变因素发挥积极作用,而非消极影响。

第三节 基于动因与影响因素的协同创新决策

动因诱发协同创新的直接原因,是产生协同创新现象和行为的必要条件,这意味着,没有动因,就没有协同创新。影响因素虽然既不是协同创新的直接诱因,也不是必要条件,但是这些外在条件能够加速或者阻碍协同创新的发生和进程,对协同创新施加重要影响,甚至决定着协同创新的成败。对影响因素的考察和衡量,是协同创新研究中必须充分重视的关键问题。因此,基于动因与影响因素思考协同创新问题是一个有效的切入点。

一、协同创新伙伴的甄选

创新主体要想开展协同创新,首先需要解决的就是协同创新伙伴的甄别问题。只有通过有效的途径和方法有效识别合适的创新伙伴,才能为创新伙伴的选择和协同创新组织系统的构建奠定基础,这是协同创新行为得以顺利开展的重要前提。因此,基于动因视角探讨协同创新伙伴的识别与选择问题具有充分的必要性,既能为创新管理者提供决策参考,又能为后续研究提供依据。

(一)动因与协同创新伙伴识别

判断一个创新主体是否具有协同创新的动因,是识别协同创新伙伴的根本性标准。一个创新主体,无论是个体、群体还是组织,如果缺乏创新动因,就不能产生协同创新的根本动力,无法有效激发创新主体成员的主观能动性(高杰等,2018),势必造成低效率和低产出的尴尬局面。因此,在协同创新伙伴的识别上,必须选择具有协同创新动因的创新主体。那么,怎样才能有效识别协同创新伙伴呢? 就需要通过适当的途径搜索有用的相关信息,判断创新主体在利益诉求、目标诉求以及在信仰诉求上是否具有协同创新的内在动机。如果创新主体确有足够强烈的动机,并且动机共同指向的客体(预期创新成果)具有较高的一致性,那么就可以将该创新主体视为协同创新合作伙伴的候选之一。

(二)动因与协同创新伙伴选择

经过有效识别并判定为协同创新备选伙伴的创新主体构成一个协同创新伙伴的候选集合,为进一步选择协同创新伙伴提供条件。创新主体的动因,无外乎利益诉求、目标诉求与信仰诉求。因此,只要创新主体之间在三种动因上实现两两契合或者完全契合,就为结成协同创新伙伴奠定了基础,在此情况下,如果相互契合的创新动因共同指向了相同或高度相似的创新成果,那么结成协同创新伙伴的基础就会得到进一步巩固。此时,创新主体之间只需具备或者能够具备必要的创新资源,就可以选择对方为协同创新伙伴,建立伙伴关系,共同调配并整合创新资源,开展协同创新工作。协同创新伙伴的识别与选择过程模型如图3.3所示。

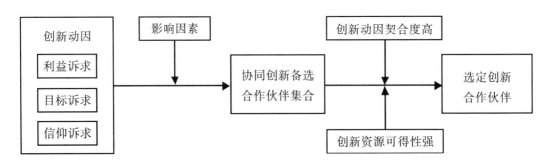

图3.3   协同创新伙伴的识别与选择过程模型

资料来源:本研究绘制。

二、影响因素在协同创新系统形成过程中的作用

在协同创新系统逐渐形成的过程中,影响因素的影响效应是一个不容忽视的重要考量要素,对影响因素施加有效的管理,是决定协同创新效率高低的关键,也是关乎协同创新成败与否的重要环节。协同创新的影响因素包括积极影响因素、消极影响因素和效性可变因素,不同种类的因素发挥不同的作用。积极影响因素能够促进协同创新,有利于提高创新能力和创新绩效,是创新管理者应该充分利用的积极因素,在保证经济性的前提下,尽量争取积极功效的最大化。消极影响因素与之相反,对协同创新具有抑制或阻碍的影响效应,是协同创新过程中的不利条件,需要创新管理者尽量消除或者控制不利影响的对象。这就要求创新管理者对消极影响因素充分重视、审慎处理,从而实施有效的管理和控制。效性可变因素具有特殊性,其影响效应既可能是积极的,也可能是消极的,在积极与消极之间转换。这就要求创新管理者必须具有高超的管理策略,认识并掌握效性转变的临界状态,从而创造条件,在到达临界之前尽量发挥其积极效用,在到达临界之后,尽量减小其消极作用。对效性可变因素施加有效管理的能力,往往是创新管理者管理水平的重要评价标准。

三、动因、影响因素与协同创新的形成

在形成协同创新的过程中,创新动因提供内源性根本动力,影响因素发挥积极促进作用和消极抑制作用,在动因与影响因素的联合作用下,决定协同创新形成与否。要想形成协同创新,必须同时满足两个条件:其一,创新主体的动因具有持久性并足够强烈,从而满足协同创新对创新主体内源性动力的要求;其二,影响因素(包括积极影响因素、消极影响因素和效性可变因素)在形成协同创新的过程中发挥的积极作用大于消极作用,从而保证协同创新在可预见的风险界域内不被消极作用摧毁。基于动因与影响因素综合作用的协同创新决策过程模型,如图3.4所示。

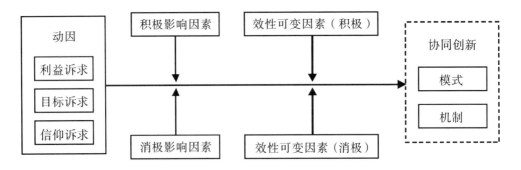

图 3.4　基于动因与影响效应综合作用的协同创新决策过程模型

资料来源:本研究绘制。

　　从动因与影响因素的综合性视角分析协同创新问题,能够更好地解析协同创新伙伴识别与选择的深层逻辑,更加深刻地解构协同创新模式决策(已有模式选择和新模式设计)及其配套机制设计的系统性思维进程和思维原理,这一同时包含动因与影响因素的分析框架,有利于深入理解协同创新组织系统的创建过程,正确解读协同创新现象,从而理性、客观地认识协同创新,对协同创新这一事物的运动规律形成系统化、理论化的认知。协同创新的主要模式有哪些、其配套机制如何,这是进一步深入研究协同创新伙伴与模式选择的关键问题,本书将在第四章进行深入探讨。

第四章　协同创新的主要模式及其运行机制

动因与影响因素的综合作用,使得创新主体根据实际情况设计并选定适宜的协同创新模式与运行机制,从而服务于各自的利益诉求、目标诉求和信仰诉求。本章主要论述了协同创新模式构建与机制设计问题,根据协同创新的特点,结合国家的创新战略与方针,提出了产学研协同创新模式、企业动态联盟协同创新模式和互联网＋协同创新模式,系统阐述了上述三种协同创新模式对应的机制设计问题,从而为协同创新在不同模式下的高效运作提供机制保障。

第一节　产学研协同创新模式及其运行机制

多主体参与的协同创新是创新主体提升创新能力的有效途径,以跨越地域和领域边界整合多源性创新资源为基础(陈劲等,2012)。产学研协同创新是国家创新体系的重要组成部分,在创新资源配置、提高创新效率和提升国家创新能力方面具有重大作用(菅利荣,2012)。企业、高等院校和科研机构建立协同创新战略联盟并开展深度合作,是多样化的协同创新主体实现知识积累并完成技术创新的有效途径(张海滨,2013)。经济全球化的进一步提高,创新主体,尤其是中小规模的创新主体自身技术与知识的基础较为薄弱,完全依靠自身力量开展创新并实现追赶和超越是十分苦难的(张在群,2013)。在新形势下,协同创新成为一个具有明显优越性的选择,产学研协同创新已经成为创新主体提高创新能力(李朝明等,2010),从而满足各自动因的重要途径之一。因此,构建产学研协同创新模式并提出有效的运作机制,对提升创新效率和创新绩效而言,具有战略意义。

一、产学研协同创新模式的构建

（一）产学研协同创新模式的总体架构

产学研协同创新模式通常由企业牵头建立。以营利为目的的企业类创新主体一般占据主导地位，提供创意，确定研发内容与创新范围，控制协同创新进程并制定相应的运行机制。高等院校和科研院所一类的创新主体利用自己的知识和科研能力主要负责科技攻关，帮助企业解决研发方面的难题。在"互利互惠、优势互补、知识共享"原则的指导下，企业、高等院校和科研院所协调行动，联合开展创新攻关，其协同创新的模式如图4.1所示。

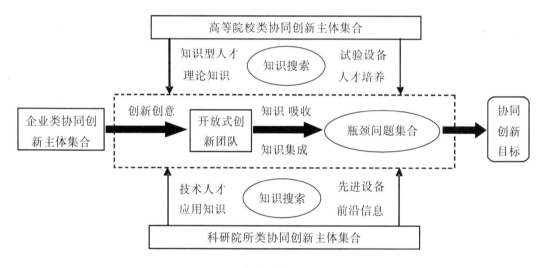

图4.1   产学研协同创新模式

资料来源：本研究绘制。

（二）以协同为目的的分工

产学研协同创新的各类创新主体基于创新任务的需要，结合自身的特点，承担与自身状况相互匹配的任务。

1.企业类创新主体的任务

企业类创新主体作为产学研协同创新的发起者和主导者，需要构想并提出创新的创意方案，设计开放式创新团队的具体组建方式，制订创新计划和创新规划路线图，探寻创新方向并划定创新内容，筹措并落实创新资金（李鹏等，2019），制订创新风险的分担方式和创新利益的分配方案。

2. 高校类创新主体的任务

高等院校类创新主体为协同创新系统提供知识型人力资源，以高校教师和科研人员为主要力量，利用其掌握的基础理论知识和对创新前沿状况的理解，承担协同创新过程中的智力劳动的主要工作(蒋兴华，2018)。此外，高等院校还能提供一部分创新所需的实验设备，为企业培养创新人才。

3. 科研院所的任务

科研院所类创新主体与高等院校类似，能够在协同创新进程中提供创新人才，拥有丰富的研发经验和知识基础，承担某些重要环节的研发任务。除此之外，科研院所还能提供先进的研发与试制设备，搜集相关领域的最前沿信息，为关键问题的解决提供应用型知识资源和智力劳动。

二、产学研协同创新模式的知识吸收与集成

企业类创新主体根据议定的创意预案筹建开放式创新团队，然后，协同创新工作按照既定的创新计划，沿着技术路线图逐步开展。在协同创新过程中，创新团队将自身储备的知识基础、源自高校的理论知识以及来自科研院所的应用知识进行共享、有效吸收与集成之后，完成新知识的创造，为协同创新中的常规性问题提供解决方案。如果遇到的难题无法有效破解，就需要启动知识搜索进程，从高校和科研院所获取创新所需的新知识和新技术，在必要的情况下，吸纳更多急需的研发人员，充实创新团队的力量，从而攻克创新难题。产学研协同创新是一个动态的自适应过程，常规性知识整合与基于知识搜索的知识吸收集成是该过程的重要组成部分。企业通过持续的动态知识吸收与集成，将源于高校和科研院所的前沿理论知识和先进应用知识运用到协同创新过程中，能够有效推动创新目标的实现，满足其动因方面的需要。

三、产学研协同创新模式的运行机制

产学研协同创新模式的有序运转需要高效的运作机制做保障，知识产权保护机制、成果扩散机制、利益分配机制、制约机制与激励机制(吴洁等，2019)是不可或缺的组成部分，共同构成产学研协同创新的运作机制体系，运作机制之间的关系模型如图4.2所示。

（一）激励机制

激励机制在产学研协同创新过程中发挥重要作用,对创新绩效具有很大影响。创新个体在缺乏激励的情况下,其个人能力无法得到充分发挥,仅仅能够发挥到20%—30%的水平(杨星星等,2013)。因此,成功的协同创新管理必定包含有效激励机制的建立。多种类型创新主体共同参与的产学研协同创新是一个复杂程度很高系统工程,无法在缺乏激励机制的情况下取得令人满意的创新绩效。协同创新组织系统包含知识技术的需求方,即企业类创新主体,技术与知识的供给方,即高等院校或科研院所类创新主体,创新系统的运行既需要企业的经济资源,又需要高校和科研院所的科研力量。产学研协同创新需要的知识与技术等核心资源,以人力资源为载体在创新系统中运动(周正等,2013),因而需要设计有效的激励机制充分激发人力资源的创新潜力。产学研协同创新系统包含企业研发人员、科研机构的研发人员、高校教师与科研人员等,这些多样化的创新个体,需要不同的激励机制。

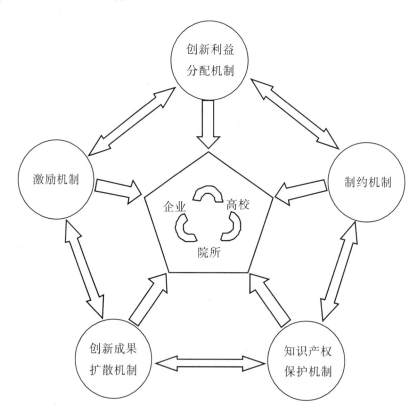

图4.2　产学研协同创新模式的运作机制关系图

资料来源:本研究绘制。

1.内部激励和外部激励相结合

在产学研协同创新的人力资源管理过程中,对创新人员的激励应该主要采用内部激励的方式,在此基础上辅以外部激励。内部激励的关键在于创新个体目标与组织创新目标具有较高的一致性,从而激发组织成员的积极性、主动性和创造性。外部激励是产学研协同创新管理者设置的与协同创新本身没有直接联系的激励,如外部报酬等。毫无疑问,创新管理者必须正确地交叉运用内部激励与外部激励,以取得令人满意的激励效果,充分考虑并努力提高创新个体之间动因的契合程度,从而营造良好的创新工作氛围。

2.正激励与负激励相结合

激发产学研协同创新人员的主观能动性,应以正激励为主要手段,以负激励为辅助手段。正激励是指向发挥积极作用的创新成员给予适当的奖励,从而激发其他成员的效仿行为。正激励的主要形式有精神奖励、表扬表彰、职位晋升、物质奖励和增加薪水等。负激励是指向发挥消极作用,阻碍和抑制协同创新的创新成员施以惩罚,从而尽量减少这类有害行为的发生。负激励的主要形式有警告、批评、经济处罚、降职降薪和辞退等。负激励的使用应该秉持审慎的态度,应该适当地包容员工的错误,不宜惩戒过度,因为创新工作本身就是一个容易犯错的过程,也不能惩戒不力,难以起到警醒的作用。

(二)制约机制

产学研协同创新过程中的一些现象,如各自为政、协同意识薄弱和沟通不畅等,对协同创新造成的危害很大,尽管激励机制对这些现象具有很大的抑制作用,但是难以实现更好的管理效果,因此,必须采取必要的制约机制加以有效管理。制约机制能够保证激励机制的有效执行,对有损协同创新的行为施加规则约束、法律法规约束和道德约束等。规则约束的主要依据是产学研协同创新组织系统内部的守则和规则规范等。法律法规约束的主要依据是国家和国家机关制定的法律法规。道德约束的主要依据是社会大环境中的相关道德标准、道德准则和行为规范。产学研协同创新管理者应该充分利用道德约束、规则约束和法律法规约束,有效约束创新主体的某些有害行为,可以拟定相关文件,明确各创新主体的职责、权利和义务,形成规范的制度体系,构建良好的制约机制,达到约束各方行为并维护各方权益的保障。同样能够发挥有效制约作用的还有监督评价机制和绩效考评机制。监督考评机制主要包括封信监管体系、评价指标体系、惩罚制度等内容。绩效考评机制是及时评估绩效,从而实施奖惩,纠正偏离并优化管理的有力工具。

(三)创新利益分配机制

创新主体参与协同创新的主要动因之一就是利益诉求,因此,必须建立合理的创新利益分配机制,才能保证产学研协同创新在利益诉求得到满足的情况下保持长期稳定的发展态势。利益诉求的对象主要是经济利益,包括技术转让收益、科研成果、销售利益和商标权等。

产学研协同创新收益的分配,既可以采取一次性全额支付的方式,也可以采用按股份比例结算或按提成结算的方式。一次性全额支付是指产学研协同创新各方事先约定一个价格,企业以该价格一次性购买创新所需的知识和技术。如果以这种方式成交,高校和科研机构会根据前期投入和创新成果的评估价值核定技术和知识的总价,而企业则会根据预期的商业价值核定技术和知识的价格,因为分歧较大而很难协商一致,故而,一次性支付方式很少采用。按提成结算是指产学研三方创新主体在合同中约定,将创新成果产生的经济利益按照一个约定的明确比例,支付给高校或科研院所,作为参与协同创新的报酬。按提成结算的利益分配方式包括简单提成结算和"入门费"加提成结算两种。简单提成结算方式的报酬仅仅包括提成数额一项,不包括其他任何附加项。而"入门费"加提成结算方式计算出来的报酬除了包含提成数额之外,还包括一定数额的固定价款,以两项之和作为报酬总额。从目前的情况看,产学研协同创新的利益分配最常采用的就是"入门费"加提成结算方式。按股份比例结算的利益分配方式是指高校或科研院所将自身研发的技术和知识作价入股,从而占有一定的股份比例,并根据股份所占的比例参与经营收益分配。这种方式能够有效实现风险共担和收益共享,因而受到产学研协同创新主体的欢迎,采用较多。

(四)创新成果扩散机制

创新成果的扩散主要包括知识扩散和技术扩散,相应地产生了各自的扩散机制。创新成果的扩散速度在很大限度上影响创新成果的经济效益,因此,创新管理者必须设计高效的成果扩散机制,从而提升创新成果转化为经济效益的时效性和收益性。产学研协同创新模式内,创新成果的扩散效率取决于创新主体的意愿、态度和自觉性。扩散机制可以采用培训、试用等多种手段。成果扩散的形式可以采用信息形式和交互形式。前者主要采用期刊论文、微博推广和研究报告等缺乏互动的单向推广方式;后者主要采用交互式推广和扩散方式,如研讨会、在线会议和培训班等多种方式。尤为重要的是,创新管理者应该通过多种渠道向产学研协同创新系统之外的目标群体宣传创新成果的市场前景和价值潜力,让更大范围的受众了解并认同创新成果,从而有效扩散创新成果。多种沟通媒介的充分运用,有助于产学研协同创新团队成员更加深刻地了解研究领域的最新动态和创新方向。交互式扩散机制不但有利于创新成果的扩散,而且可以帮助创新人员探讨创新过程中的问题。两种扩散形式应该结合使用,以使其优势互补。产学研协同创新模式的创新成果扩散不是一次性过程,而是一个循环往复的过程,完善的创新成果扩散机制是协同创新系统不断进化和提升的重要保障。

(五)知识产权保护机制

产学研协同创新能够带给合作各方巨大利益,很大一部分利益以知识产权为载体。由于创新主体众多,参与创新的科研人员和科研保障与服务人员范围广,导致创新成果扩散的过程中存在核心成果泄露的风险,为了充分保障创新主体的合法权益,必须加强创新成果的知识产权保护意识,采取必要措施,构建利益保护的长效机制,从而保证创新成果的权利归属。

知识产权保护主要涉及三方利益,分别是企业类创新主体、科研院所类创新主体和高校类创新主体。为了保证产学研协同创新的平稳运行,产学研三方必须建立合理的知识产权保护机制,从而实现各方利益的有效保护。知识产权保护机制主要包括三个方面的内容:知识产权管理制度、知识产权管理方案、协同创新合同或协议中关于知识产权各个环节的详细规定。知识产权管理方案涉及知识产权战略、创新资金和科研人员的投入力度、创新成果的利益分配和知识产权成果评估等多项机制。知识产权管理制度涉及知识产权法律法规、各方创新主体权利义务约束以及知识产权战略的保障措施等。

正如图4.2所示,产学研协同创新的五种运作机制是相互联系和相辅相成了,以一个整体的形式发挥作用,而不是在孤立的状态下独立运行的。五种机制相互作用并最终形成综合作用效果,保障产学研协同创新模式高效运行,产生协同效应,从而满足各方创新主体的动因诉求。

第二节　企业动态联盟协同创新模式及其运行机制

以中小企业为代表的绝大多数中小规模创新主体,技术基础和知识储备薄弱,资源禀赋不足,完全依靠自身的力量难以保证创新效率和创新目标的实现,因此,采取合作创新策略,组建创新联盟成为中小企业类创新主体控制创新风险、提高创新效率与创新能力的重要选择(高太山等,2016)。各类中小企业在动态联盟之内优势互补、知识共享和技术共用,既能丰富各自的知识基础,又能推动创新进程,对自身发展有利(芮正云等,2019；王康等,2018；解学梅等,2018)。中小规模创新主体根据自身需要,在全球范围内甄选合作伙伴创建企业动态联盟,设计相应的创新模式和运行机制,为创新目标服务。

一、企业动态联盟协同创新模式的构建

(一)企业动态联盟协同创新模式的总体架构

中小企业基于自身发展的需要,从产业内外的备选创新主体中寻找协同创新伙伴组建动态创新联盟,从而共享创新所需的前沿信息、研发和生产材料、知识与技术以及试验和中试生产设备等创新资源(孟潇,2016)。中小企业、产业内外高新技术企业、供应商、销售商和领先用户各自具有的资源优势不同,因而承担不同的任务,联盟的各个创新主体通力协作,在资源共用、优势互补、成果共享原则的指导下,通过知识的共享、吸收与集成等流程破解创新过程中的难题(杨阳,2014),推动创新目标的实现。

(二)创新主体的分工与任务

1.企业类创新主体的任务

企业是动态联盟的重要成员,常常是创新联盟的发起者,提出创意方案,在动态联盟创新模式中占有至关重要的地位。企业基于利益诉求的驱动力,在产业内外努力寻找可以合作的创新主体组建动态联盟,为知识、技术、资金和设备等创新资源的汇聚与整合创造空间和平台。除此之外,企业还需负责制订运行机制,为动态联盟的运行提供制度

保障。

2.领先用户的任务

作为创新成果的新功能和使用意义的设想者和先行先试者,领先用户在协同创新过程中,从潜在功能和实用意义两个角度提出新想法和新创意,为协同创新提供备选方向,为创新成果向新产品或新服务的商业转化提供参考意见。通常情况下,动态联盟设置特定岗位并配备专门人员,负责搜集和整理领先用户的观点和见解,作为创新决策的重要参考依据,尽量保证创新成果顺利转化为可以商业化操作的新产品、新服务或新商业模式。

3.产业内外高新技术企业的任务

以创新为核心要务的高新技术企业具有强烈的创新意愿,不但具备很高的创新积极性,而且拥有创新所需的良好知识与技术储备,是创新动态联盟的关键成员之一。高新技术企业对创新创意具有浓厚的兴趣,拥有共同的创新目标和创新愿景,能够提供创新过程必需的新知识、新技术,以及试验和中试生产所需的先进设备,为创新活动提供物质资源和智力劳动,是创新资源的主要提供者之一。

4.供应商的任务

由于供应商在整条供应链中处于联盟创新环节之前,因此,供应商在协同创新过程中主要提供研发所需的各种材料和与材料相关的参考信息,在保证经济性和可靠性的前提下提供新型材料或替代性材料,借助其自身的社会网络获取新材料和新信息,为联盟的创新活动提供有力保障。

5.商业化阶段销售商的任务

创新成果转化为新产品或新服务之后,进入市场流通阶段,这是创新成果市场价值的实现过程。销售商负责宣传、推广和销售新产品或新服务,收集并整理市场上的反馈信息,将市场数据进行统计并通报给创新团队,从而准确判断潜在客户的需求动向,优化产品或服务设计,改进和调整创新流程,以期进一步巩固和升级创新成果的收益属性。

二、企业动态联盟协同创新模式下知识吸收与集成的循环过程

企业作为创新联盟的核心成员,将创新主体紧密联系起来,结成高效的动态创新联盟,需要及时搜索联盟内部与外部的新知识,促进联盟成员之间的知识传播和知识共享,加速知识吸收与知识集成,从而创造知识并且应用知识。因此,动态创新联盟为了解决

不断出现的新难题,就必须循环往复地进行知识获取、知识共享、吸收集成、知识创造和知识应用,形成一个动态的知识吸收与集成的循环过程,如图4.3所示。

观察图4.3不难发现,动态创新联盟模式下,协同创新工作可以分为创新难度相对较低的常规性研发工作和创新难度较高的解决关键瓶颈问题。前者可以通过常规性知识吸收与集成予以解决,对协同创新的阻碍作用相对较小。随着常规性研发工作的逐步开展,一些未曾出现并难以攻克的关键性难题开始显现,成为决定创新成败的瓶颈问题,在此情况下,亟需启动社会网络启发式知识搜索,将获取新知识的渠道覆盖到联盟内部和联盟外部,以突破瓶颈问题。联盟成员基于知识搜索而获得创新所需的新知识之后,投入到动态的知识吸收与集成循环,经过一次或者多次循环破解一个或多个瓶颈问题,逐步实现协同创新目标。

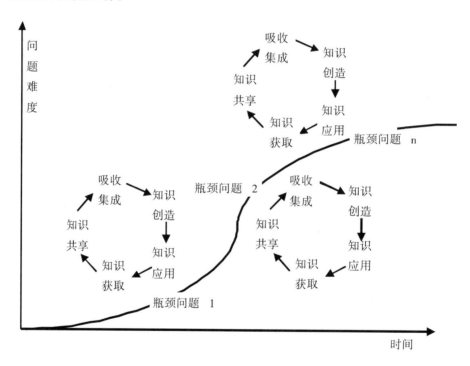

图4.3　企业动态创新联盟模式循环知识吸收集成
资料来源:本研究绘制。

三、企业动态联盟协同创新模式的运行机制

由领先用户、供应商、高新技术企业和销售商等创新主体共同组建的创新联盟,一般都是基于某一个或几个共同的创新目标而临时创建的,联盟成员之间的连结不够紧密,

影响整个联盟的创新效率。为了确保联盟的高效运行和创新目标的实现,必须设计相应的保障机制,除了上述的部分机制之外,还需要建立知识产权归属机制、利益分配机制、自组织演化机制和协同信任机制。只有在合理而完善的机制保障下,企业动态联盟协同创新模式才能保持良好的运行状态,取得预期的创新绩效。

(一)协同信任机制

缺乏信任的企业动态创新联盟是难以取得预期创新成果的,信任是整个创新系统的催化剂,发挥着至关重要的关键作用(Fawcett et al.,2012)。要想实现谢婷创新的目标,就必须在联盟成员之间建立信任,只有这样才能共享信息、技术、知识和其他各类创新资源。联盟成员之间的"关系强度"(Tie Strength)在一定程度上体现着信任程度(Hemmert et al.,2014)。企业动态创新联盟在创建之初,联盟成员之间的沟通将没有任何关系的状态发展到初步建立弱协同关系(Weak Tie),随着协同创新工作的逐步推进,联盟成员之间的沟通与交流日益频繁和深入,使得关系强度逐渐发展为强协同关系(Strong Tie)。关系强度的逐渐增强,促使彼此之间的信任强度逐渐变强,促进联盟成员之间开展深度合作。

动态创新联盟必须采取措施,选用适宜的方法将创新联盟成员之间的弱协同关系(Weak Tie)尽快地发展为强协同关系(Strong Tie),从而助推联盟成员之间的信任状态从限制信任逐步发展为协作信任,从而促进联盟的创新能力的快速提升,为协同效应的产生奠定基础。

1.限制信任(Limited Trust)

在动态创新联盟的创建初期,联盟成员之间沟通匮乏,相互之间缺乏了解,对彼此的创新优势尚未掌握,对联盟能否创造预期收益和创造多少收益心存疑虑,这种情况下,联盟成员之间仅仅是弱协同关系(Weak Tie),容易相互猜疑,对协同创新的前景持观望态度,将注意力聚焦在成本投入和短期效益方面,导致联盟的长期受益受损。此时的联盟成员之间仅有限制信任,对联盟整体创新能力的持续提升产生严重的不利影响。

2.渐进信任(Incremental Trust)

持续加强的沟通频率和沟通深度,深化了创新联盟成员之间的相互了解,对彼此的创新能力和创新优势有了充分认识,对协同创新带来预期收益的规模和可能性有了进一步明晰的判断和认知,充分肯定了协同创新对创新效率和创新绩效的强大积极作用,促使联盟内部产生向心力和凝聚力。在此情况下,联盟成员之间的弱协同关系得到发展,渐进性信任逐渐形成,在一定程度上提高创新能力。

3. 关系信任(Relational Trust)

动态创新联盟的持续运转,促使联盟成员之间不断提升关系强度,提高了彼此之间沟通的便利性和顺畅性,有利于成员之间充分了解各自的独特技术和知识优势,产生较强的协同创新意愿。联盟成员清晰地认识到优势互补并知识共享的协同创新对自身利益和联盟整体利益具有战略性作用,彼此之间除了共享创新资源和技术,还会共享市场开发战略和技术开发战略等。联盟成员之间较高强度的"关系投资"(Relationship Investment)促使创新主体在决策时更多地兼顾双方的诉求,产生共担风险的意愿,从而形成较强的关系信任,在此情况下,联盟创新能力的提升速度很快。

4. 协同信任(Collaborative Trust)

如果企业动态创新联盟成员相互之间将对方的知识要素和创新能力视为自身创新资源的延伸和拓展,那么联盟成员之间就建立了强协同关系(Strong Tie),整个创新联盟内部的信任程度达到了最高水平,即协同信任(Collaborative Trust)。此时,联盟成员开展协同创新的积极性和主动性得到充分发挥,共享知识和设备等创新资源的意愿极为强烈,深入思考联盟整体的创新目标和研发需要,更多地站在联盟整体的角度考虑协同创新的巨大意义。创新联盟成员之间逐渐结成紧密的利益共同体和战略合作伙伴,此时的动态创新联盟,创新能力的高速增长,创新效率和创新效果达到最佳水平。

(二)自组织演化机制

企业动态创新联盟主要是基于自身发展的切实需要而组建起来的,具有鲜明的自组织特征。随着协同创新工作的不断调整和发展,动态创新联盟成员之间的关系与结构也会随之改变,体现出自组织的特有属性。为了解决创新进程中的难题,联盟成员需要根据创新工作的实际需要随时开辟内部渠道,搜索并获取联盟内部的前沿知识、先进技术与设备。新的创新难题相继出现,联盟成员的知识等资源搜索再度开启,通过吸收与集成不断攻克难关,高度自主地推进联盟的协同创新工作有序开展,动态创新联盟从整体上表现出自组织演化特征。本书参考并借鉴 Barbosa 等(2015)的研究思路,从组织结构与联盟成员行为两个角度切入,深入探讨动态创新联盟协同创新的自组织演化机制问题。

1. 行为自组织演化机制

企业组建动态创新联盟的行为自组织演化属于微观层面的自组织演化(Carvalho et

al.，2016)，创新联盟成员在协同创新的过程中根据创新需要主动调整自身的行为。联盟成员相互沟通，共享知识与技术等创新资源，通过系统性地吸收与集成解决协同创新过程中出现的难题。联盟内的每个成员依据联盟内部规则，在可选行为的集合内选定最适合自身特点的行为进行自我优化，从而满足协同创新的需要。

动态创新联盟内的企业所属的员工个体行为调整，形成成员企业的行为自组织演化，进而促使整个创新联盟产生自组织演化。联盟内的企业通过行为自组织演化完善和巩固自身在协同创新过程中充当的角色，尤其是在知识共享、知识吸收与集成这一重要环节。企业在创新联盟中力求以最佳状态参与整个联盟的协同创新，提升自身的创新绩效。联盟内全体成员优化自我行为并提升创新绩效，从而不断强化成员之间的连结，提升整个联盟的总体创新绩效，使联盟得到进一步的巩固和发展。

2. 结构自组织演化机制

动态创新联盟的结构自组织演化是一个相对宏观的自组织演化过程，联盟内创新主体之间的连结关系随着协同创新工作的持续推进而自我调整。动态创新联盟创建初期，主导企业审慎筛选备选的创新主体，经过多次沟通和商洽确定最终的协同创新伙伴。此时，主导企业与其他成员建立较强的连结关系，但主导企业之外的其他成员之间连结关系较弱，这就形成了整个联盟以主导企业为核心的组织机构。动态创新联盟的结构自组织演化的根源主要有两个，一个是联盟成员个体行为自组织演化，另一个是联盟成员个体自我优化，二者共同促成了创新联盟的结构自组织演化。

（1）联盟成员个体的行为自组织演化导致结构的逻辑自组织演化

在协同创新过程中，联盟成员个体不断优化自身的地位和作用，其行为自组织演化直接影响到自身与其他成员之间连结关系的强度，改变该成员个体的隶属关系，从归属于某个项目组或小团队的状态，演变为归属于多个项目组或小团队的状态。连接关系复杂化程度日益加深，从联盟创建初期的单一简单网络机构，转化为纵横交错的复杂社会网络。随着协同创新的不断深入，成员之间的连结关系逐步显现，在系统层面上形成既相对独立又相互联系的组织形态与逻辑结构。

（2）联盟成员个体自我位置优化导致结构的物理自组织演化

在协同创新工作不断推进的过程中，联盟成员之间的强协同关系逐渐形成，信任程度显著提高。联盟成员在协同创新中的角色与任务呈现出日益明显的差异化，各自特长和优势得以充分发挥，在互补性资源的作用下，相对独立的不同项目组或小团队逐渐形成。当协同创新过程中遭遇前所未见的难题时，联盟成员也会根据实际需要自发调整内部的协同关系,诱发创新联盟产生结构变化,调整为最适合当前情况的状态。

行为自组织演化也会影响逻辑结构的自组织演化,而逻辑结构的自组织演化会促发物理结构的自组织演化;基于结构自组织演化而形成的新结构,必将影响联盟成员的行为。在行为自组织演化机制与结构自组织演化机制的综合作用下,动态创新联盟朝向最适宜协同创新的状态不断演进和转变。

(三)利益分配机制

利益分配是企业动态联盟协同创新管理的重要内容,决定着联盟的组建与否和成功与否。企业动态创新联盟的成员具有多样化特征,包括产业内外的高新技术企业、流通阶段的销售商、供应商和领先用户等多种类型的组织和个人,这些成员参与协同创新的动因不同,诉求也不一样。因此,基于联盟成员的动因,制定公平、公正的利益分配机制,可以最大限度地激发创新主体的积极性和创造性。企业动态创新联盟的协同创新过程可以分为三个阶段,据此,利益分配可以划分为:初期研发过程的利益分配、中期产品化过程的利益分配和末期商业化过程的利益分配(陈伟等,2012),详见图4.4所列。

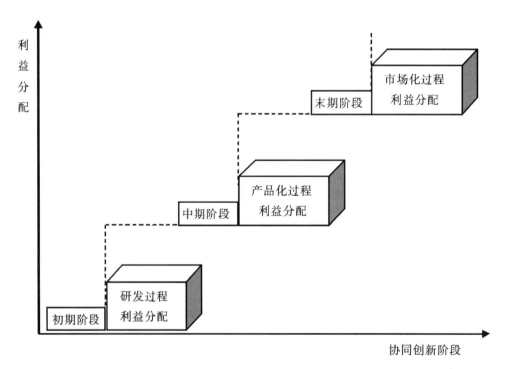

图4.4　企业动态创新联盟模式利益阶段划分

资料来源:本研究绘制。

上述三个阶段的利益分配必须充分考虑联盟成员在协同创新过程中的资源投入、风险报偿以及创新贡献等(刁丽琳等,2011)。联盟成员各自的优势不同,在协同创新中发挥的作用也有所不同,因此,在设计利益分配机制方面,需要客观、公允地衡量资源投入、承担的风险和创新贡献对协同创新绩效产生的积极效果,赋予适宜的权重比例,使联盟成员心悦诚服地接受利益分配方案。

(四)知识产权归属机制

企业动态创新联盟通过协同创新取得的创新成果涉及到自主知识产权的归属问题,是协同创新管理者必须充分重视的重点事项。联盟成员应当在联盟创建之初约定协同创新最终成果的权属,可以划归一个或多个成员所有,权属的保护措施可以采用申请专利的形式,借助国家法律法规的强制力予以保障。联盟的其他成员的合理利益分配,可以根据其贡献的大小核定具体的利益额度和分配方式,从而实现各取所需的目的。企业动态创新联盟应该订立明确的知识产权归属于保护协议,清晰界定知识产权归属与保护措施,以此避免联盟解体之后创新成果泄露,尽可能地保护联盟成员的合法权益。

第三节　"互联网+创新"模式及其运行机制

新时代创新环境的丰富性和多样性日益增强,为具有时代特色的"创客"们提供了更加广阔的创新空间,尤其是互联网的普及与应用、大数据和云计算技术、新型社交媒体的高速发展,创新主体借助这些新的平台与工具,构建协同创新的新模式——"互联网+创新"模式。多样化的创新主体在"互联网+创新"模式下,能够突破地域和专业领域的限制,将虚拟研发团队(Virtual Team)与面对面交流(Face to Face)结合起来,突破国家疆域的限制在全球范围内甄选协同创新伙伴,构建协同创新组织系统(Wu et al.,2012),兼用组织内外两种渠道搜索并获取协同创新所需的新知识等创新资源,通过虚拟研发的途径快速突破创新难题,推动协同创新工作的有序开展。

一、"互联网+创新"模式的构建

绝大多数创新主体,尤其是以中小企业为代表的中小型创新主体,虽然具有创新的动机,并能够提出具有前瞻性的创意方案,但是其自身实力无法满足开展完全独立创新的需要,因而,具有参与协同创新的意愿。此时,以互联网为主要表现形式的现代先进信息通讯技术逐渐消融了创新团队的清晰边界,为创新资源的获取拓展了更加广大的空间和范围。"互联网+创新"连接起分散在世界各个角落的隔离态创新资源,为创新群体合作网络的形成创造了条件(高杰等,2018),创造出难以估计的海量创新机会。在此情形下,创新主体除了充分利用内部资源开展创新工作,更应该充分利用互联网技术和新媒体技术,在世界范围内搜寻创新所需的知识与技术等资源,将知识与技术的载体吸纳为虚拟创新团队的成员(李永周等,2018),融入协同创新的组织架构,从而促进协同创新的有序进行。

二、"互联网+创新"模式的混合式知识吸收与集成

(一)内部常规性知识吸收集成与知识转化

创新主体充分挖掘和利用内部创新资源,组建内部创新团队开展协同创新工作,投入技术、知识和研发设备等创新资源,主要通过面对面(Face to Face)沟通的方式搜索组织内部进行细致的知识搜索,然后在团队成员之间实现知识共享、知识吸收与集成,进而创造出新知识,用来解决创新过程中出现的常规性问题和难度不高的瓶颈问题(胡刃锋,2015)。

创新主体内部的协同创新,是内部显性知识与隐性知识交互转化的过程,这一过程能够创造出更多的新知识(吴杨等,2012)。按照 Nonaka 的知识转化螺旋,创新主体研发团队的内部知识经过社会化过程(Socialization)、外化过程(Externalization)、组合化过程(Combination)和内化过程(Internalization)四个环节实现显性知识与隐性知识的互相转化,产生新知识为创新工作所用。

1. 社会化过程(Socialization)

隐性知识转化为隐性知识的过程就是所谓的社会化过程。创新主体内创新团队成员在面对面的沟通过程中,通过对话、观察和模仿等方式获取自身不具备的经验、诀窍和技巧等,然后,将这些隐性知识与自身的隐性知识吸收并集成在一起,创造出新的隐性知识。隐性知识在解决创新难题的过程中发挥着关键作用,社会化过程将原有的隐性知识转化为新的隐性知识,是知识转化的关键环节,对创新工作意义重大。

2. 外化过程(Externalization)

所谓外化过程,就是复杂程度较高隐性知识转化为已理解的显性知识的过程。外化

过程能够有效促进知识共享。创新团队成员和创新管理者将团队成员长期积累的经验、诀窍和技巧等个性化程度很高、难以用语言表达的隐性知识,借助深入访谈、建立模型和编码化过程转化为标准概念,变成容易理解和掌握的显性知识,提升团队内部知识共享的效率和效果。

外化过程是隐性知识转化为显性知识的过程,是提升知识共享效果的重要阶段。创新主体的研发团队成员或团队管理者将团队成员个体积累的经验、技巧和诀窍等个性化的、难于语言表达的隐性知识通过深入访谈、建立模型和编码化过程将经验、技巧和诀窍等转化为标准概念,有利于提升团队成员之间的知识共享效率和效果,为知识应用创造条件(周莹莹等,2019)。

3. 组合化过程(Combination)

所谓的组合化过程,是指显性知识转化为显性知识的系统化过程。创新团队成员是具有主动性的知识载体,承载着大量分散的显性知识,这些显性知识需要得到系统化和集成化的处理。创新团队管理者编制手册或操作指南等规范性文件将大量处于分散状态的显性知识集成为创新团队或创新主体的显性知识,从而丰富并更新知识基础。

4. 内化过程(Internalization)

在某些情况下,需要将显性知识转化为隐性知识,这一过程即是知识的内化过程。创新团队成员所掌握的知识处于共享状态,团队成员可以通过阅读相关文件,如有关文档、操作手册和操作指南等,或者通过面对面的沟通等方式从创新伙伴或组织自身的知识库中获取编码化的显性知识。创新团队成员搜索并获取知识,通过个体学习和组织学习过程,将获取的新知识与自身积累的经验、技术和诀窍等融合并集成到一起,创造出新的隐性知识。为了提高知识吸收与集成的效率,创新主体内部可以安排工作研讨会、问题发布会和休闲娱乐交流会,为创新人员提供日常交流和休闲娱乐的场所和平台,为创新常规问题的解决、攻克重点疑难问题的重要创新资源获取以及个体隐性知识的更新创造机会和提供便利。

(二)外部虚拟知识吸收与集成

当创新主体内部研发团队的知识与技术储备以及科研设备无法突破创新难题时,其注意必须转向组织外部,充分利用"互联网+"技术在突破地域和领域限制,在全球范围内搜寻创新人才人员和科研设备,将其纳入自身的研发团队,共同开展创新工作,以实现预期的创新目标。

1. 基于互联网技术的外部隐性知识吸收与集成

创新主体以攻克创新难题为目标,利用互联网技术在世界范围内搜索创新资源和创新人才,形成虚拟创新团队,加强创新力量。具备解决创新难题能力的创新人才广泛分布于世界各地,只能借助互联网技术和新媒体技术构建虚拟的问题研讨空间,从而实现知识共享和信息交流。创新主体构建虚拟创新团队,积极搜索、获取、吸收并集成外部的隐性知识,以解决瓶颈问题。隐性知识通常以经验、技巧和诀窍的形式存在,因其难以用语言表达清楚,所以难以实现编码化处理,团队成员只能通过反复多次的观察、试验、模仿和总结等方式习得隐性知识。虚拟研讨空间在现代互联网技术、视频会议技术、虚拟现实技术以及新媒体技术的基础上建立起来,使创新团队的成员能够实现远程面对面的沟通,促进隐性知识的共享、吸收与集成,从而解决协同创新过程中的难题。

2. 基于物联网、云计算技术的人机知识吸收与集成

先进的互联网技术,不但能够帮助创新主体搜寻并网罗创新人才,而且可以帮助创新主体通过物联网和云计算技术找到并利用分散在世界各地的科研设备。创新主体可以将设备需求信息进行数据化操作,通过二维码识别技术、无线通信技术、射频自动识别技术、红外感应器和全球定位系统等检索并定位所需的科研设备,然后启动云计算技术确定最优路径,在众多可用设备中找到最佳选择,从而实现人与物、物与物之间的知识与信息交互,借助外部的先进设备推动协同创新工作。云计算与物联网技术相互结合的产物就是云计算物联网(Cloud Internet of Things,简写 Cloud Io T),能够实现通信、知识存储和数据计算三个方面的优势互补(Botta et al.,2016),对协同创新的效率和效果具有积极的促进作用。

(1)通信(Communication)方面优势互补

协同创新所需的很多设备可以在物联网中找到,物联网中的数据共享和数据应用能够创造价值,而云计算技术恰好能够提供所需的廉价、高效的数据处理能力,帮助创新主体高效而低成本地进行知识、信息和数据的分析和处理工作,这是协同创新工作的重要内容之一。

(2)存储(Storage)方面优势互补

数量庞大的信息源广泛分布于巨大的物联网中,产生并积存了大量的结构化和半结构化数据,占据物联网有限的存储空间。云计算能够提供规模超大的、长期而低成本的数据管理与存储功能,促进物联网中数据和信息的积累、整合与共享。创新主体在云技术的作用下,能够便捷而经济地利用物联网产生的知识和信息等资源,经过吸收与集成

运用到协同创新过程攻克难关。

（3）数据计算（Computation）方面优势互补

物联网仅仅具有简单的数据处理功能，无法完成复杂而庞大的数据处理工作。云计算能够将复杂的现场数据传送到数据处理功能强大的网络节点，根据创新团队的需要建立数据处理模型，完成数据加工与处理工作。云计算物联网具有强大的数据处理能力，能够进行数据的实时处理。在云计算物联网的作用下，人与物能够实现协同工作，协同创新所需的知识、技术和相关设备都能有效获取并加以利用。

3. 基于大数据技术的外部显性知识获取与吸收集成

在信息化社会，数据能够为创新提供力量。大数据深刻地影响了创新主体的创新理念、创新战略和创新流程，创新主体的创新过程对数据分析的依赖越来越强，已经超过了对经验和直觉的依赖。在缺乏数据和数据服务的情况下，创新主体在创新过程中遭遇的难题就可能直接导致创新的失败。大数据的易得性、网络上知识的开放性以及低廉的数据分析成本，极大地加快了知识发展与演化的速度（Xu et al., 2016）。创新主体吸收与集成外部知识的方式发生了较大的变化，以往单纯地从各种知识本体获取知识，现在则需兼顾本体知识获取与大数据知识获取，并使二者相互结合。

创新团队借助社会网络分析和知识图谱两个有力工具，以具有"强连接"的外部创新主体为主建立本体知识网络，以具有"弱连接"社交媒体和物联网等为主建立开源知识网络。创新团队分析本体知识网络和开源知识网络的结构、关键节点、数据之间的相关关系和因果关系等，从而不断获取知识本体和大数据中的有用知识，上述两种来源的知识的吸收与集成，为解决协同创新难题提供可行方法和方案（Jeong, 2012）。

三、"互联网＋创新"模式的运行机制

"互联网＋创新"有效融合了面对面交流与虚拟创新团队两种方式，是在新的创新环境中形成的创新模式，除了前文述及的激励机制和利益分配机制等几个机制之外，还需充分重视本体知识与开源知识交叉融合机制、冲突消融机制和人机交互机制。

（一）冲突消融机制

在"互联网＋创新"模式下，创新主体以内部创新团队面对面交流为基础，充分借助虚拟创新团队的创新能力，开展协同创新工作。虚拟创新团队成员存在民族、文化、信仰

和国别等很多方面的差异,具有更强的多样性,很有可能发生文化冲突的情况。与此同时,虚拟创新团队的某些成员长期无法实现面对面的交流,仅仅能够远程交流,容易产生相互之间的误解,在一定程度上加深了冲突;长期的远程交流难以在成员之间产生温暖与信任(Ayoko et al.,2012)。由于文化和信仰方面的差异而产生的冲突广泛存在于个体、二元组织和创新团队等层面(Guohong et al.,2010),任务冲突、关系冲突和过程冲突是三种主要表现形式(Vathsala et al.,2015),对协同创新绩效具有很大的负面影响效应。因此,创新主体必须采取措施尽可能地消除各种冲突,制定并执行消融机制,保证创新效率和创新产出。

1. 关系冲突消融机制

创新团队成员之间的个体摩擦与相互对立是关系冲突的主要表现形式。在"互联网＋创新"模式下,创新团队的一部分成员只能通过互联网技术与新媒体技术参与协同创新工作,再加上虚拟创新团队具有临时性,团队成员之间沟通交流较少,仅能建立弱连带关系(Weak Tie),在文化差异和宗教信仰不同的作用下,团队成员之间会出现关系冲突,如不信任和观点分歧等。创新主体及其成员应该从以下几个方面入手,消除和化解关系冲突。

(1)加强沟通使弱连带关系转变为强连带关系

创新主体应该创造机会,让团队成员之间增进了解,可以选择创建大会上的自我介绍、召开趣味运动会、郊野游玩和体育友谊赛等多种形式,让每个成员尽可能地了解其他成员的优势和强项,让志趣相投的人自然接近,成员之间培养亲仁的文化氛围。当相互之间的信任程度越来越高,彼此之间的交流和知识分享就会越频繁,成员之间的弱连带关系(Weak Tie)逐步发展为强连带关系(Strong Tie),既能为创新团队成员带来新的知识来源(Zenou,2015),又能削弱和消融关系冲突,对协同创新有利。

(2)创建虚拟文化交流区,实现不同文化的交融

创新主体在虚拟创新平台上开辟文化交流与体验的虚拟社区,是创新团队成员能够相互了解并体验文化上的异同,从而避免文化异同带来的关系冲突(于超等,2018)。不同语言对同一知识的表述存在明显异同,可能诱发创新工作衔接方面的错位。在"互联网＋创新"模式下,很难实现语言应用的统一,为了尽可能地消除语言不同而产生的误解,需要借助先进的现代通讯技术才能保证交流的顺畅性和表意的一致性。在虚拟社区中,首先,应该要求每个成员采用合适的方式呈现自己的文化和信仰等人文元素,供其他成员学习和了解,从而能够掌握文化异同和相关的禁忌,以免发生关系冲突的情况。其

次,可以要求每个成员在虚拟社区中交换文化背景,换位思考,从而加速文化共生与融合,促进信息交流与知识共享。

2.任务冲突消融机制

创新团队成员对正在进行的研发任务及其预期结果的分歧被称为任务冲突(Puck et al., 2014)。创新团队成员在创新能力和专业知识方面存在异同,因此容易在研发工作的开展方式上形成不同的认知和带有分歧的观点,导致任务冲突的出现。图4.5展示了任务冲突的消融过程:任务冲突出现后,创新管理的负责人应当要求冲突各方针对研发任务和预期结果详细而明确地阐述各自的观点,经过各方激辩尽可能取得一致,然后继续进行创新工作。创新管理的负责人可以将德尔菲方法运用到任务冲突的消融过程,借助互联网技术和虚拟现实技术等进行充分沟通,经过3至4轮碰撞和激辩,知识与信息共享,想法与观点会趋向一致,创新工作方案得以议定。

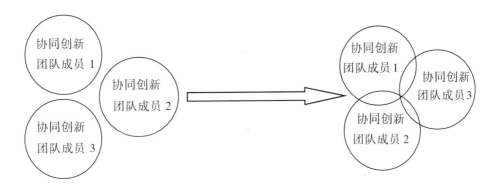

图4.5 任务冲突消融过程

资料来源:本研究绘制。

3.过程冲突消融机制

所谓的过程冲突,指的是特定的创新任务小组对任务的目标形成一致认识,但在工作任务程序和方法方面产生分歧时发生的冲突(Jehn, 1997)。显然,过程冲突很有可能延缓创新进程,对协同创新产生负面影响,需要制定相应的冲突消融机制,为协同创新工作的持续开展提供保障。

(1)公选一个管理者负责协调潜在冲突

公选出来的小组领导既是创新工作的执行者,也是冲突的管理者,需要制定规则和协调关系,化解冲突和矛盾。协同创新工作启动之后,该领导者制定创新目标和创新内容,规划创新进度,组织并协调小组成员的创新工作;制定工作细则和规章制度,对小组成员的行为进行规范和约束;过程冲突出现时,采取有效措施促进冲突各方加强沟通并达成谅解,以免成员之间相互诋毁和互不尊重,避免进一步激化和升级冲突、对工作氛围造成破坏。

(2)任务小组通过网络虚拟平台开展知识吸收集成与创新

创新任务小组成员在创新过程中产生了新创意和新想法,经过完善和提升之后,可以将该想法或创意呈现在网络虚拟平台上进行充分展示,当其蕴含的知识被充分吸收与集成之后,相应的质疑和改进意见就会涌现出来,经过一轮或多轮细致的分析研讨和思维碰撞之后,发展成为具有启发意义的创新始点,这是优化和完善原有创新工作程序的路径之一,甚至是形成全新程序和全新方法的源头。

(二)人机交互机制

物联网和云计算作为"互联网+创新"模式的重要构件,对知识吸收与集成具有重要作用,因此,人机交互在整个协同创新过程中是一个至关重要的环节。创新主体在构件"互联网+创新"模式时,必须创建良好的人机交互机制,这是实现人与人、人与机融合协作的基本前提。云计算物联网(简记为 Cloud Io T)是人机交互机制的基础。

1.创新团队内外部成员的深度融合

面对面交流与虚拟在线交流相互结合,为"互联网+创新"模式的信息交流和知识共享提供了可行方案,在协同合作的过程中,内部成员之间的关系逐渐得到强化,外部成员与内部成员通过虚拟在线交流提高了联结的紧密程度,弱连带关系逐步发展为强连带关系,错综复杂的社会网络逐渐形成,内外部成员在协作解决创新问题的过程中实现深度融合。

2.物联网设备社会网络的合理构建

创新团队根据物联网内科研设备的使用记录和创新所需,对备选设备进行标记,利用社会网络分析方法将选定的创新设备关联起来,形成物联网设备的社会网络,留备使用。以人为节点的社会网络上,节点之间连结存在差异,紧密程度有强弱之别。以物联网设备为节点的社会网络中,节点之间的连结强度也有强弱之分。判断某一节点在网络中的地位和角色,可以初步得出该节点设备解决创新难题的能力和可用潜力。接入物联网的设备需要标记连结的原因和必要的备注信息,便于创新团队成员在物联网设备社会网络中寻找目标设备和设备组合,提升搜索和利用设备的效率。

3.网络可用设备的适时嵌入

创新工作所需的设备被成功检索和定位之后,创新团队成员利用全球定位系统、无线通信技术、射频自动识别技术和传感器等,与选定的设备建立联系和应用接口。人的因素对物联网中设备的连结产生的影响较小,现代化的通信技术和识别技术才是关键因素,因此,协同创新过程中的问题描述和编码等工作必须与选定设备的识别码保持一致,才能根据疑难问题的需要将选定的设备顺利嵌入到协同创新的过程之中,被创新团队使用。

(三)本体知识与开源知识交叉融合机制

与以往的协同创新模式不同,"互联网+创新"模式更加注重大数据技术对外部知识获取的重要作用,将知识本体承载的知识与开源大数据承载的知识结合使用,实现二者的交叉融合,融合过程如图4.6所示。

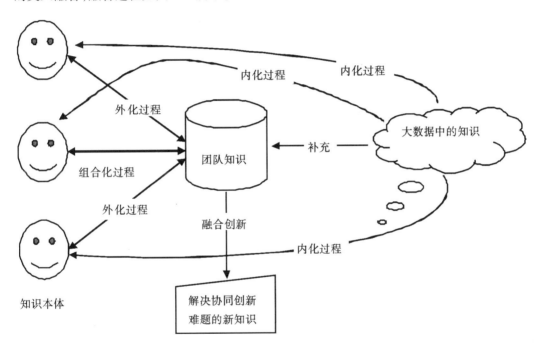

图4.6 本体知识与开源知识交叉融合过程

资料来源:本研究绘制。

1.大数据知识内化为本体隐性知识

大数据包含和蕴藏着丰富的信息和知识,包括领先用户的潜在需求、技术与市场的发展趋势以及与协同创新有关的专业知识。运用定量分析的方法可以发现大数据知识之间的相关关系与因果关系,利用知识图谱技术和社会网络分析技术,将大数据知识图谱绘制出来,共创新团队成员学习和使用。创新团队成员将自身的知识基础与大数据知识图谱提供的关联知识相互结合,在自身研发经验和诀窍的作用下有效地吸收大数据蕴含的隐性知识,集成到自身的知识体系内(李培哲等,2019),使之转化为本体隐性知识。

2. 本体隐性知识外化为团队显性知识

创新团队在协同创新过程中持续积累隐性知识,不断巩固和丰富团队的知识基础。隐性知识只能通过观察和模仿等方式才能获取,团队成员之间隐性知识的获取、吸收与集成难度很大,导致知识溢出效应不高,不利于提高协同创新的稳定性(余维新等,2018)。因此,协同创新组织体系应该制订科学合理的激励机制,促使团队成员努力将自身掌握的隐性知识进行显化处理,通过编码等方式转化为易于学习和利用的操作指南或行为规范等文档形式,使其在团队成员之间实现共享共用。这一过程能够将本体的隐性知识转化为团队的显性知识,可以不断更新和丰富团队的知识基础,对协同创新有利。

3. 本体显性知识组合化为团队显性知识

创新团队成员之间的地域不同、文化不同和专业领域不同使成员之间的显性知识和知识优势异同明显。分散承载于创新团队成员的显性知识不能有效巩固并丰富创新主体的知识基础,因此,创新团队需要设置专门的知识管理岗位,将分散各个成员的显性知识整合之后,形成工作规范和认知标准,将分散状态的本体显性知识转化为团队的显性知识,使其在协同创新过程中发挥更大的作用。

4. 团队知识与大数据知识交叉融合与创新

随着协同创新工作的持续开展,创新团队的知识基础不断更新与丰富,创新团队利用知识解决创新难题的能力显著增强,团队知识的深度与广度不断增加,形成团队独有的创新知识库。在协同创新的过程中,创新团队除了充分开发和利用内部知识,还要实时扫描大数据知识图谱提供的知识,找到与创新工作紧密关联的知识,通过团队知识与大数据知识的深度交叉融合,创造解决创新难题的新知识(董睿等,2018)。这一过程,既是团队知识与大数据知识的交叉融合,也是本体知识与开源知识的交叉融合,突破了传统知识管理上只重视本体知识网络的局限,将创新管理者的视线转移到大数据开源知识网络的构建与应用,这是知识管理与创新管理的一次重大演进。

第五章　协同创新的模式选择与形成路径

探究协同创新的形成路径并形成正确的认知,是协同创新理论研究的重要内容,也是协同创新管理实践的重要基础。只有客观而深刻地认识并掌握协同创新形成过程和内部机理,才能沿着正确的路线开展协同创新理论研究,才能在协同创新的管理实践中采取正确的措施推动协同创新进程并取得积极的创新成果。因此,本章在系统分析协同创新管理目标、影响因素和协同效应等重要方面相互关系的基础上,构建协同创新的形成路径模型,从全局视角上提炼出一个高度概括的协同创新过程。

第一节　协同创新的目标管理

协同创新是一个跨越组织边界、专业领域边界和地域边界的多主体共同协作的创新过程。众多创新主体在各自动因的作用下,为了各自的目标参与协同创新,这些来自不同创新主体的目标汇集并整合为协同创新组织系统的整体目标,指引着协同创新的发展方向。可见,协同创新的目标管理在协同创新的形成过程中具有重要作用,对创新进程和创新结果具有不容忽视的重要影响。

一、协同创新管理的目标

(一)协同创新管理目标的相关认知

学者们对协同创新管理目标的探讨产生了很多不同观点,有的学者认为协同创新管理的目标是提高创新绩效、提高创新效率、降低创新成本和创新风险,有的学者认为是提高创新资源的利用效率,或者提升协同创新组织系统的整体竞争力,也有一些学者认为协同创新管理的目标是促进创新主体之间的协同度,产生协同效应等,凡此种种,不胜枚举。不可否认,这些基于不同角度的探讨得出的观点都有一定的道理,都能在一定程度上指导协同创新的管理实践,但是,这些观点仍具有视野上的局限性,对协同创新管理目标的认识未能上升到一个更高的高度,从这个意义上讲,提高创新绩效和创新能力,降低创新风险和创新成本,以及提升协同度产生协同效应等,都是实现管理目标的方法和策略,或者是更高层次管理目标的组成部分。那么,协同创新管理的目标到底是什么呢?

(二)协同创新管理目标的深层解读

深入而系统地观察和思考协同创新管理实践,不难发现,协同创新管理者采取的全部管理措施和管理方法都是为了实现一个目标——占优。所谓占优,就是与一个或多个特定对象相比,具有更好的状态。例如,某企业将某一个或几个竞争对手作为特定比较对象,取得了更大规模的经济收益,这就是一种占优;某科研院所与同类创新主体相比,取得更为先进的创新成果,这也是一种占优;某企业与其选定的特定对象相比,取得了同等规模的收入,却耗用了更少的资源,这还是一种占优;某一创新主体自身无法取得某项预期创新成果,通过参与协同创新,取得了预期的创新成果,实现了从无法获取到成功获取的转变,这同样是一种占优。有些时候,创新主体的两个或多个方案都能取得利益,创新主体选择取得利益更多的一个,这种占优称为趋利占优,与古语"两利相权取其重"相近;当创新主体无论怎样也无法避免损失的情况下,创新主体会选择损失相对较小的那种方案,这种占优称为避害占优,与古语"两害相权取其轻"相近。因此,从这个角度来看,以往被认为协同创新管理目标的提高创新效率和创新绩效,以及降低创新成本和创新风险等等,都是为了实现趋利占优这一目标而采取的具体策略和具体方法,最多仅是占优这一目标的有机组成部分而已。由此可知,站在创新主体的角度上,如果参与协同创新比不参与协同创新能够取得更多的益处,就实现了其趋利占优的目标,就会加入到协同创新的组织系统中来。如果创新主体正处于日渐衰落的颓势之中,如果参与协同创新能够降低衰落的速度,为重振争取时间,创新主体就会选择加入协同创新组织体系,延缓自身衰落的过程,这就实现了其避害占优的目标。由此引出另外一个重要的问题,应该采取怎样的策略和方法来衡量占优与否呢?

二、协同创新目标的衡量

协同创新主体中,既包含以个体形态存在的自然人创新主体,也包括以团体或组织形态存在的创新主体,但是,无论以哪种形态存在,都以自然人为最基本的组成元素,具有社会属性。比较是一种普遍存在的社会现象,也是定义自我特征和形成自我认知的方法。各种类型的创新主体,需要借助"比较"这一方法,在现实中定义自己的特征,如个人的智力和组织的能力等,从而进行自我评价,据以规划个人、团队或者组织的发展进路和制定行动计划。创新主体选择包括自己在内特定的一个或多个对象进行比较,预期的比较结果是不低于比较对象,如果比较结果是自己与比较对象持平,那么勉强可以接受,如果超过比较对象,那是创新主体最乐于接受的结果。正是由于创新主体对不逊于比较对象的这种预期,决定了创新主体极其关注自身决策和行为的预期结果能否占优,促使创新主体为了取得更好的比较结果而选择差异化的比较策略,包括比较对象的选择和比较方式的选择。

(一)比较对象的选择

一般情况下,创新主体为了充分了解自己的能力水平和资源禀赋等状况,在缺乏直接而客观手段的情况下,就会倾向于选择其他创新主体,而且是与自身能力水平和资源禀赋等方面相似的创新主体作为比较对象,进行比较。因为相似的比较对象可以提供更多真实、有效的信息。在既没有客观标准,也没有相似比较对象的情况下进行比较,创新主体对自己的评价就会缺乏稳定性和精确性。在某些情况下,创新主体会选择比自己稍强的对象进行比较,以激发自身的进取精神,但是,不能选择比自己强大太多的对象,以免使比较丧失意义并造成挫败感。有些时候,创新主体也会选择比自己稍差的对象进行比较,以修复自身的挫败感,重新鼓舞士气,但是,也不能选择比自己差太多的对象,会使比较失去意义并形成错误的自我认知。

总而言之,创新主体为了达到占优的预期,会选择性地锁定其他创新主体作为特定对象进行比较,审视并判断自身创新决策与行为的预期绩效能否优于特定的比较对象,达到占优的效果,这是创新主体参与协同创新的决定性原因。

(二)比较策略的选择

创新主体在做出协同创新决策之前,需要采取适宜的策略和方法对创新决策进行比较,从而判明协同创新能否帮助自身实现占优的管理目标。比较策略包含两种,一种是横向比较,另一种是纵向比较。

1. 横向比较

横向比较是指创新主体选择与自己相同或相似的其他创新主体作为比较对象,进行比较的方式。创新主体在进行横向比较的过程中,如果发现参与协同创新能够取得优于比较对象的比较结果,就会采取实际行动,积极融入到协同创新组织体系中,从而实现占优。横向比较是在创新主体能够找到可供参照的比较对象的情况下选择的比较策略。如果没有合适的比较对象或者虽然有合适的比较对象,但是比较结果无法占优,不能令创新主体感到满意,纵向比较就会成为另一种可供选择的比较策略。

2. 纵向比较

纵向比较是指创新主体将处于不同时点的自己作为比较对象,进行比较的方式。纵向比较能够帮助创新主体判断自身发展状态处于上升阶段还是下降阶段,发展速度的快慢以及发展趋势如何。纵向比较可以在横向比较无效或者无法进行横向比较的情况下选用。创新主体可以通过纵向比较判断协同创新是否有助于实现趋利占优或避害占优,从而做出是否参与协同创新的决策。当协同创新能够帮助创新主体实现占优,创新主体就会选择加入协同创新组织体系,协作开展创新工作。

如果创新主体通过横向比较和纵向比较都无法确定协同创新是否有利于实现占优,就会选择拒绝参与协同创新,选择观望或者其他创新方式。可见,创新主体选定比较对象,通过横向比较或纵向比较来判断占优与否,是其做出决策的基础,也是协同创新组织体系建立和持续运行的前提条件。

三、协同创新目标的内容

协同创新管理就是通过横向比较和纵向比较的方法,判断协同创新是否有利于创新主体实现占优的目标。不同的创新主体可能处于不同的发展阶段,自身发展的状态也不尽相同,因此,各自关注与追求的重点各不相同。概括而言,有的创新主体注重协同创新对其占优目标的贡献总量,有的创新主体则更加注重协同创新对其占优目标的贡献效率。故此,创新主体在横向比较和纵向比较时,比较的内容包括两方面,一个是效率,另一个是效果。

(一)效率

中小规模的创新主体受到自身体量的限制,"资源约束"使其无法在协同创新过程中投入太多的资源,其创新产出的规模较小。这种情况下,中小规模的创新主体不宜将协同创新对占优目标的贡献总量作为比较的标准,相对而言,贡献效率成为一个更加合理的比较标准。创新主体通过横向比较和纵向比较审视协同创新对占优目标产生贡献的效率是否更高,在效率更高的情况下选择参与协同创新。更高的效率往往意味着更快的成长速度,这是中小规模创新主体在制定决策的过程中极为关注的一项重要指标,影响着创新主体参与协同创新的态度和决心,是协同创新决策重点权衡的关键内容之一。

(二)效果

相对于中小型创新主体而言,大型创新主体具有更加强大的资金实力,掌握着更多的可支配资源,可以投入更大规模的创新资源开展协同创新活动,因此,创新产出的规模通常都大于中小创新主体。同时,大型协同创新主体由于本身体量很大,一般难以追求更高的增长速度,追求效率方面的占优变得困难、甚至难以实现,因此,更趋向于选择创新效果作为衡量的标准,这样更符合其自身的特点和实际需要。自身规模较大的创新主体在是否参与协同创新决策的过程中,更愿意将协同创新对占优目标的贡献总量作为比较的标准。如果贡献总量较大,也就是创新的整体效果更好,那么就会参与协同创新,否则,就会犹疑观望或者果断放弃。

在某些特殊的发展阶段,在特定的情境下,创新主体既能实现效率占优,也能实现效果占优,这无疑是创新主体最乐于看到的情况。但是,这种效率和效果双重占优的情况只有在某些特定的环境下才能发生,对创新主体而言,是可遇而不可求的。因此,在通常情况下,创新主体会在效率占优和效果占优二者中选择其一作为协同创新的决策依据。如果创新主体的预判结果是既不能效率占优,也不能效果占优,那么就会毫不犹豫地放弃协同创新。

第二节　协同创新影响因素的管理

创新主体是否选择协同创新,除了效率占优和效果占优两个方面的考量,还要考虑到影响因素对协同创新过程与结果的影响。有些因素能够发挥积极作用,有些因素发挥消极作用,而另一部分因素既能发挥积极作用,也能发挥消极作用。不同的因素需要实施不同的管理策略,对积极因素应该采取促进措施,对消极因素应该采取抑制措施,而对待效性可变因素,则应具体情况具体分析,放大其积极作用,削弱其消极作用,尽量使各项因素产生的综合作用向着有利于协同创新的方向发展。

一、积极影响因素的管理

协同创新的过程中,对积极影响因素的管理至关重要,关系到该因素对协同创新积极促进作用能否充分发挥,影响协同创新决策和过程。因此,应该对积极影响因素采取强化与放大的方针,在保持经济性的前提下,投入适量资源促进积极影响因素的发展,以使其发挥更大的积极作用。以是否具有可控性为标准,可以将积极影响因素划分为可控积极影响因素和不可控积极影响因素两类,对这两类因素,应该采取不同的思路加以管理。

(一)可控积极影响因素的管理

1. 管理思路

对可控积极影响因素的管理,应该在确保经济性的前提下,投入适量资源予以必要的强化,使其得到进一步的发展和强化,从而发挥更大的积极作用。在此思路的指导下,创新管理者应该通过适宜的方法将可控积极影响因素识别出来,并根据各个因素的特点制定并实施可行的刺激方案,从而实现充分利用可控积极影响因素的目的。在这一过程中,创新管理者应该采用科学合理的方法核定积极影响因素在初始状态的效能总量(记作 CPE),计算消耗的资源折合成效能总量(R1),核算积极影响因素在执行刺激方案后的效能总量(记作 CPE′),为后续的影响因素管理做好准备。

2. 效能估算

由经济性视角的分析可知,只要 CPE′ − CPE > R1,意即为了强化影响因素而投入的资源产生的积极效能,足以弥补资源投入并且仍有盈余,就有利于促进协同创新的发展进程。也就是说,对可控积极影响因素的管理思路是正确的,相应的管理策略也是成功和有效的,采取的措施是有利于创新主体占优目标实现的,对创新主体具有激励作用。

(二)不可控积极影响因素的管理

不可控积极影响因素效能总量不会随着条件的变化而变化,其效能总量是恒定不变的(记作 OPE),因此,创新主体无法采取有效的措施对其施加影响,即使采取了措施,也不会取得预期的效果。这意味着,创新管理者采取的任何干预措施都只会增加成本,而不能起到放大积极作用的功效。可见,对不可控积极影响因素的管理,最好的办法就是不采取任何措施,不施加任何干预,所以,不可控积极影响因素对协同创新产生的积极效能总量就是其初始状态的效能总量,即 OPE。

二、消极影响因素的管理

与积极影响因素的分类相似,消极影响因素也可以根据可控与否划分为两类:可控消极影响因素与不可控消极影响因素。因为消极影响因素的作用效果对协同创新有害,所以,消极影响因素管理的总方针就是投入资源尽量削弱和消除不利影响,但是资源的投入要适量,满足创新主体在经济性方面的基本要求,对整个协同创新过程有利,有助于获得更好的创新绩效。

(一)可控消极影响因素的管理

1. 管理思路

由于可控消极影响因素发挥作用的消长会受到环境条件的影响,所以创新主体可以采取必要的措施对其实施干预,以使其尽量朝向有利于协同创新的方向发展。对可控消极影响因素的管理,应该制定合理的方案并投入必要的资源,从而实现抑制和削弱消极影响因素的目标,为协同创新的有序开展创造良好的条件。同样需要注意的是,可控消极影响因素的管理过程中,资源的投入并非越多越好,而应适可而止,保证相应的管理方案和具体措施具有充分的经济性。

2. 效能估算

将未施加干预的状态视为初始状态,可控消极影响因素在初始状态的效能总量记作 CNE,由消极影响因素的性质可知,CNE 应是一个负值。协同创新管理者对可控消极影响因素施加干预,为了实现预期的目的必须投入资源,将资源的效能总量记作 R_2,R_2 是一个正值。受到干预之后的可控消极影响因素发挥的消极效能总量记作 CNE′,CNE也是一个负值,并且 $CNE' - CNE > R_2$。只要满足各个条件,就表明可控消极影响因素的管理有效削弱了消极影响因素的负面效能,对协同创新具有促进作用。

(二)不可控消极影响因素的管理

这类影响因素在协同创新过程中发挥的效能总量是恒定不变的,不会受到人为干预的影响,因此,对这类影响因素施加管理干预,不但不能消除其消极作用,而且还会增加不必要的成本。可见,针对不可控消极影响因素的管理,最好的选择就是静观其变,不投入任何资源,不施加任何人为的干预和影响。正因如此,不可控消极影响因素的效能始终是一个恒定的值,记作 ONE,该值是一个负值。

三、效性可变因素的管理

效性可变影响因素是一个比较特殊的管理对象,其功效的属性随着环境条件的变化而改变,时而是正值,时而是负值,因此,对效性可变因素的管理相对而言更加复杂,对创新管理者要求更高。根据效性可变因素的可控与否,可以将其划分为可控效性可变因素和不可控效性可变因素两类,各自需要不同的管理策略,才能尽量发挥积极作用和削弱消极作用。

(一)可控效性可变因素的管理

1. 管理思路

对可控效性可变因素的管理,总的思路包含两个部分:针对发挥消极作用的因素,尽量将其转化为发挥积极作用的因素,转变其功效的属性,如果不能转变其功效属性,也要采取措施尽量削弱其消极功效;针对发挥积极作用的影响因素,想办法使其发挥更大的积极作用,强化其积极功效。当然,这样的管理过程是需要投入一定资源的,假设投入资源的效能总量为 R_3。

2. 效能估算

经过人为干预和影响之后,可控效性可变因素发挥的积极功效由初始状态的 CSPE 变为 CSPE′,积极功效总量的变动额度为(CSPE′ - CSPE),发挥的消极功效由初始状态的 CSNE 变为 CSNE′,消极功效总量的变动额度为(CSNE′ - CSNE)。只要满足(CSPE′ - CSPE) + (CSNE′ - CSNE) - R_3 > 0,就说明采取的管理措施是有利于协同创新的,对协同创新具有积极促进作用。

(二)不可控效性可变因素的管理

针对不可控效性可变因素,创新主体无法采取有效的措施对其施加有益的影响,因此,只能被动接受这些因素对协同创新产生的影响效应。不可控效性可变因素产生的积极功效总量保持恒定不变,记作 OSPE;消极功效总量也是恒定不变的,记作 OSNE。因为没有采取人为的干预措施,所以不会产生成本投入,即成本为零。

四、协同创新影响因素的综合效能

创新主体基于协同创新的需要,采取措施对影响因素施加干预,以促使其产生有利于协同创新的综合效能。综合效能由积极效能和消极效能共同决定,来源于积极影响因素、消极影响因素和效性可变因素。对影响因素综合效能的估算思路是:经过人为干预之后的积极效能总量减去消极效能总量得出的差额,大于人为干预投入资源的效能总量,就意味着影响因素的管理措施是有效的,对协同创新有利。用公式表达上述过程,即是:

$$(CPE' + OPE + CSPE' + OSPE) - |CNE' + ONE + CSNE' + OSNE| > (R_1 + R_2 + R_3)。$$

经过人为干预之后的影响因素综合效能估算结果,是创新主体制定协同创新决策的重要依据,也是选择特定协同创新模式并制订相应运行机制的重要决定因素,决定着协同创新的形成路径。

第三节 协同创新的模式决策与形成路径

创新主体通过分析影响因素对自身的优势和劣势、强项和弱点有了清晰的认识和管理措施,这是自行设计协同创新模式或者选择某种现有模式并设计相应机制的重要基础,如果某种协同创新模式能够与上述优劣强弱相互契合,能够取长补短或者扬长避短,那么创新主体就会选择该模式并设定运行机制,进而开展协同创新工作。

一、协同创新的模式选择

创新主体必须在系统的视角下,全面而深刻地认识与分析自身的创新动因和影响因素,以及在动因与影响因素的综合作用下自身具有的特点,识别并总结出自身对协同创新而言具有的优势和弱点,从而选择或设计一个满足自身需要并符合自身特点的协同创新模式,这是整个协同创新过程的一个重要环节。

(一)创新主体的自我认知

创新主体从全局的角度出发,系统而全面地审视自身的创新动因是否足够强烈,能否基于动因契合找到合适的协同创新伙伴,这是协同创新的决策基点。进而,创新主体必须充分而彻底地了解自身和环境中对协同创新产生影响的各种因素,掌握这些因素对协同创新产生积极作用还是消极作用,通过深入地识别和细致的分析,制定并执行在经济上和操作上都具有可行性的方案,强化积极影响因素,使其发挥更大的积极作用,弱化消极影响因素,抑制其消极作用的发挥,从而在整体上优化各种影响因素对协同创新产生的综合作用,为协同创新创造更加有利的条件。

(二)选择现有的协同创新模式或自行设计新的协同创新模式

创新主体根据自身对创新动机的认知和影响因素的管理,对协同创新伙伴的选择和自身的优势劣势、强项弱点有了充分的了解和掌握,可以在现有的协同创新模式中进行甄选,选择其中既有利于发挥自身优势,又能有效克服自身弱点的协同创新模式,这是创新主体联合组建协同创新组织体系的最常见方式。如果现有的所有协同创新模式全都无法达到既发挥优势又克服弱点的条件,那么创新主体就需要根据实际情况自行设计一种新的协同创新模式,并制定与该模式相适应的运行机制,从而联合建立协同创新组织体系,并保证该体系的高效运转。展示过程模型(图5.1)概括性地呈现了创新主体选择现有协同创新模式或者自行设计新的协同创新模式的决策过程。

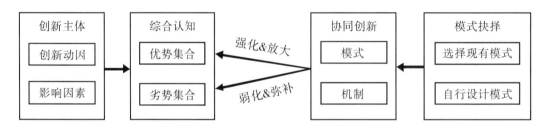

图5.1　协同创新模式选择与设计

资料来源:本研究绘制

二、协同创新的形成路径

各类不同的创新主体,各有不同的创新动因,有的动因是利益诉求,有的动因是目标诉求,有的动因是信仰诉求。创新主体在协同创新伙伴的备选集合中依据动因契合与否寻找适合的协同创新伙伴,为共同建立协同创新组织系统做准备。然后,创新主体需要尽可能全面而细致地识别和辨析协同创新的影响因素,将这些影响因素区分为积极影响因素、消极影响因素和效性可变影响因素,进而评估这些因素在进行人为干预的初始状态下产生的积极效能总量和消极效能总量,如果前者不小于后者,协同创新组织系统就有创建的可能;抑或,对影响因素实施人为干预,改变影响因素发生的效能属性和效能总量之后,再评估积极效能总量和消极效能总量,此时,如果前者不小于后者,并且相应的管理措施具有经济可行性,协同创新组织系统也有创建的可能。接下来,创新主体会进一步衡量即将建立的协同创新组织系统的优势与劣势、强项与弱点,形成一个比较清晰而完整的认识之后,在现有的协同创新模式中寻找一个既能发挥强项,又能弥补弱点的模式,并完成相应的机制设计,正式组建协同创新组织系统。协同创新伙伴共同投入创新所需的各种资源,如知识、技术、设备和资金等,经过吸收集成与组合重构等过程,大幅提升整个协同创新组织系统的创新能力,在创新能力的作用下,协同效应在协同创新过程中产生。正是因为协同效应的产生,各个协同创新的参与者才能以更高的效率或者更好的效果满足其利益诉求、目标诉求或者信仰诉求,也就是说,基于创新能力而产生的协同效应,使每个协同创新参与者在满足动因方面实现效率占优或者效果占优的目标。上述过程即是协同创新的形成路径,如图5.2所示。

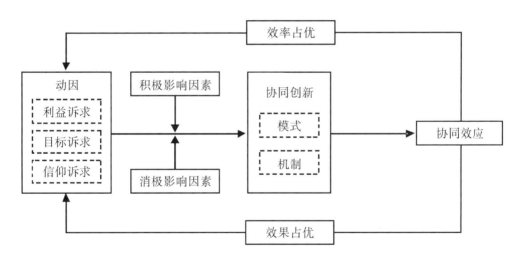

图5.2　协同创新的形成路径

资料来源:本研究绘制

观察图5.2可知,在动因和影响因素的综合作用下,创新主体选择既有的协同创新模式或自行设计新的协同创新模式,辅以有效的运行机制,开启协同创新的进程。各类创新资源的投入和充分利用,促使协同创新组织系统的创新能力大幅提高,进而产生协同效应。协同创新组织系统创造的创新效益,远远大于创新主体各自创新所取得的效益总和,因此,创新主体在满足创新动因方面实现效率占优或者效果占优,从而进一步激发创新主体参与协同创新的积极性和主动性,使协同创新组织系统得以持续运行并不断巩固和加强。由此可见,协同创新的过程是一个不断实现正反馈的、自我强化的过程。

既然协同效应对协同创新具有如此重要的意义,那么协同效应是如何产生的呢,产生协同效应的过程怎样,协同效应的产生由哪些因素决定,受到哪些因素影响,影响的强度和方式如何? 这些都是协同创新理论研究的重要内容,也是创新管理者进行科学合理决策的重要依据,具有深入研究的必要。因此,本研究在下一章,即第六章,对上述问题进行系统而全面的探讨。

第六章 协同效应的内在机理

协同效应是实现协同创新目标的重要前提条件,决定着协同创新组织系统能否持续运行和自我强化,具有十分重要的意义。因此,深入考察协同效应的产生过程并探究协同效应的内在机理,是理论研究和管理实践的切实需要。本章从知识权变观的视角切入,探索协同效应的产生过程,研究该过程中的决定因素和主要影响因素,以及各种因素的综合作用。具体而言,本章采用实证研究方法,在理论分析的基础上,构建包含知识搜索、知识吸收能力、知识集成能力、创新能力以及协同效应等变量的协同效应内在机理模型,然后以高新技术中小企业为样本,通过问卷调查采集研究数据,运用统计分析软件对上述模型进行实证检验。

第一节 理论模型的构建

对协同创新组织系统而言,知识搜索对创新能力和协同效应具有举足轻重的作用,但这种作用受到情境因素的重要影响。本文基于理论分析,构建涵盖知识搜索(宽度与深度)、知识吸收能力、知识集成能力、创新能力以及协同效应的实证模型,探讨知识搜索对创新能力的作用效果,以及知识吸收能力与知识集成能力对上述机制的调节作用,研究创新能力在知识搜索与协同效应之间的中介作用。

一、知识搜索对创新能力的影响

协同创新的战略性资源是知识(肖琳等,2018),知识搜索对协同创新组织系统创新能力的提高具有深远而重要影响,知识搜索也是协同创新组织系统产生协同效应的重要条件之一。学者们普遍认同知识搜索是提高协同创新组织系统创新能力的重要影响因素之一,但是对知识搜索与创新能力之间的作用机理却存在着两类争论性的学术观点,一种是基于知识基础观的学术观点,另一种是基于知识权变观的学术观点。知识基础观将有价值的异质性知识视为最具战略重要性的资源,认为创新能力和竞争力的来源在于知识,企业存在的意义在于创造知识、传播知识和运用知识。因此,知识基础观视角的研究认为,强化知识搜索,即扩大知识搜索的宽度和深度,有利于在更广的范围和更深的层次获取新知识,连同知识积累和知识创造,共同达到丰富知识基础的目标,进而提高创新能力与创新绩效(Leiponen et al., 2010; Phelps, 2010)。知识基础观认为人类与组织系统极其复杂,知识管理受到内外环境因素的重要影响,知识管理的最优策略取决于组织内外部环境因素的特殊属性。从知识权变观视角开展的研究认为组织内、外部环境因素的动态变化,在很大限度上影响甚至决定着知识搜索对创新能力的作用效果,正因如此,强化知识搜索并不一定提高创新能力,既可能提高,也可能削弱(Katila et al., 2002; Laursen et al., 2006; 孙耀吾等, 2018)。知识基础观虽然充分肯定了知识搜索对创新能力的基础性作用,但是并未考察情境因素的重要影响。知识权变观虽然对组织内部或外部情境因素给予了充分考虑,但是现有文献对内部情境特征把握不足,对知识管理能力的协调效应关注不够,相关研究相对缺乏(曹勇等, 2018)。以高新技术中小企业为代表的中小规模协同创新参与主体,较弱的综合实力决定其无法对外部环境施加有力影响,只能更多地被动适应外部环境,但是,对内部因素进行主动调整和改变则具有更高的可行性,也更容易取得实效。因此,从知识管理的视角切入,探讨知识吸收能力和知识集成能力等内部情境因素对知识搜索与创新能力之间关系的影响效应,进而研究上述因素对协同效应的作用机制和作用效果,相对而言具有更高的实践应用价值。

(一)知识搜索与企业创新的关系

Laursen 等(2006)将知识搜索界定为企业 内外部渠道获取并运用各类知识提升创新能力和创新绩效的活动与方法,并将知识搜索策略概括为两个维度,即知识搜索宽度与知识搜索深度。由此可以推知,知识搜索对协同创新组织系统的创新能力和协同效应也具有重要的影响效应。搜索宽度是指企业搜索并获取知识的外部渠道的多样化水平,而搜索深度是指企业经由外部渠道搜索并获取知识的强度。知识搜索具有促进知识创新的作用,与知识基础观视角的创新能力研究具有天然的联系,学者们开启了从知识搜索的角度探讨创新能力的理论研究工作,取得了许多启发性研究成果。很多学者从知识搜索宽度和知识搜索深度两个维度证实了知识搜索对创新能力或创新绩效的积极促进作用(Leiponen et al., 2010; Laursen et al., 2006; Phelps, 2010; 张峰等, 2014)。但是,另有一部分学者如李艳华(2013)和奉小斌(2015)等则持有不同的观点,指出了知识搜索并不是提高企业创新的充分条件,只有将知识搜索控制在一个相对适中的范围呢,才能促进企业创新,否则,就会抑制甚至削弱企业创新。从总体上说,现有研究文献已经形成一个共识,那就是知识搜索对企业创新和协同创新具有重要的影响效应,但是,在知识搜索对创新能力的作用效果方面仍有异议,知识搜索与创新能力之间的作用机制问题有待进一步深入研究。

(二)知识搜索宽度对创新能力的影响

知识基础观视角的文献认为扩大知识搜索宽度能够增强知识的新颖性和多样性,提高知识基础的丰富性,因而有利于提升协同创新组织系统的创新能力。知识权变观的文献也部分地认同这一观点,指出适当地扩大知识搜索宽度有利于创新主体对现有知识的重组和应用,为创新主体提供更多解决问题的新方法和新创意(Katila et al., 2002)。李艳华(2013)认为,在其他条件不变并且知识搜索不过度时,相对于搜索深度而言,搜索宽度产生有影响力的新知识和发现创新机会的概率更高。虽然提高知识基础的丰富性,有利于降低创新风险,有助于提高创新成功的概率,但是本研究更加认同知识权变观视角的观点,即认为知识搜索宽度不宜过大。较大的知识搜索宽度无疑会增加知识管理的复杂程度,维系更多的知识搜索渠道则需要进行更大规模的资源投入,正因如此,与深度搜索相比,广泛搜索需要耗用更多的成本,给深受"资源约束"的中小创新主体产生更大的管理困难(Leiponen et al., 2010)。除此之外,虽然较远距离的知识之间往往蕴含着丰富的市场价值和创新潜力,但是需要投入更多的财力、物力和人力等资源才能将其实现。在技术更新换代较快的竞争环境下,中小规模的创新主体受限于自身实力而不能承担过高的创新风险,知识搜索宽度过大会推高风险等级并造成资源浪费,对创新能力造成伤害。同理可知,过大的知识搜索宽度,同样能够对协同创新组织系统的创新能力造成负面影响。基于上述分析,本研究提出如下假设:

假设 H1:知识搜索宽度对创新能力的影响呈倒 U 型。

(三)知识搜索深度对创新能力的影响

知识基础观视角的文献认为扩大知识搜索深度有利于深化知识层次,能够促进创新能力的提升。但是本研究更加倾向于知识权变观的视角,认为资源与能力等权变因素会影响知识搜索对创新能力的作用效果。中小创新主体为了完成知识搜索计划,需要消耗大量时间和财力等多种资源,由于其自身实力相对较弱,受到的"资源约束"更显著(秦鹏飞等,2018)。主要由中小创新主体联合形成的协同创新组织系统在权衡搜索宽度与搜索深度的资源分配时,常常有意控制搜索宽度方面的资源供给量,而倾向于在当前领域内开展深度搜索。这样做能够更清晰地预见创新成果,提升创新资源的利用效率。首先,在相对熟悉的领域内进行深度搜索有利于获得价值潜力更大的隐性知识,隐性知识与企业的价值创造过程相互结合,能够产生复杂度更高的新知识,这些新知识难以模仿,形成技术壁垒,构成价值隔绝机制,有利于巩固竞争优势;其次,在熟悉的领域内进行深度搜索有利于控制和降低知识管理的复杂性,加快内外部知识的整合速度,降低创新风险和成本,提高创新成功率;最后,在特定知识领域内开展深度搜索,有利于创新主体深入理解其范式和洞察隐性瑕疵,使创新主体突破既有局限,实现赶超和领先(Kaplan et al.,2014)。

深度搜索的可靠性高、成本优势明显,常常被认为是最有效的知识搜索模式,但是,这并不意味着深度搜索没有缺点。由于深度搜索获取的知识启发性和多样性较差,单一的知识情境一般情况下无法为知识重组和知识整合提供充分的机会。另外,对特定领域的长期关注容易降低创新主体的敏感性,无法快速感知顾客偏好,不能及时跟踪创新前沿,导致思维定式和组织惯性,容易诱使创新主体落入能力陷阱,导致核心竞争力转变为核心刚性,抑制甚至降低创新能力。基于上述分析,本研究提出如下假设:

假设 H2:知识搜索深度对创新能力的影响呈倒 U 型。

二、知识吸收能力对知识搜索与创新能力之间关系的调节作用

(一)知识吸收能力与企业创新的关系

Lichtenthaler(2009)与 Lane 等(2006)将知识吸收能力定义为内化外部知识的能力。也就是说,知识吸收能力的核心作用是协同创新组织系统内的创新主体将获取的外部知识转化为自身的内部知识,并使其与内部知识相互融合为一个整体。现有文献普遍将知识吸收能力视为一个对企业创新具有重要影响效应的因素。Cohen 和 Levinthal(1990)指出,吸收能力能够帮助企业获取外部有价值的知识,对企业创新具有促进作用。Zahra 和 George(2002)认为,吸收能力能够巩固并更新企业的知识储备,丰富知识基础,具有促进企业创新的重要作用。Dyer 和 Singh(1998)指出,吸收能力有助于克服创新过程中的组织惰性、跨越能力陷阱,帮助企业及时发现颠覆性创新机会,提升创新能力和创新绩效。可见,对协同创新主体而言,知识吸收能力对创新能力具

有的重要作用是不容忽视的。

(二)知识吸收能力对知识搜索宽度与创新能力之间关系的影响

扩大知识搜索宽度显然会丰富知识来源并提升知识类型的多样性,异同性的标准、惯例和规则会提升知识内化与融合的难度,需要消耗大量资源进行交叉验证、理解与领悟(Laursen et al.,2006)。协同创新主体管理这些多样化的外部知识流必须依赖较强的知识吸收能力(钱锡红等,2010),才能将外源性知识内化为知识基础的一部分,从而提升创新能力(陈钰芬等,2013)。如果知识吸收能力较弱,宽度过大的知识搜索获取的新知识无法有效内化为创新主体的内部知识,对创新的促进作用难以有效发挥(阮爱君等,2015)。也就是说,知识吸收能力越弱,扩大知识搜索宽度对提升创新能力越不利。这意味着,倘若缺乏较强的知识能力作为前提条件,那么知识搜索宽度的盲目增加对创新能力而言没有实质性意义。知识搜索宽度的扩大常常需要跨越组织边界,随着知识来源异同性水平的提高,知识之间的连结强度逐渐降低,知识距离逐渐增大,这就要求创新主体必须具备更高的知识吸收能力,才能及时识别并利用知识之间隐藏的"空白地带",发现创新机会,从而突破并重构知识结构,升级或置换旧有知识组合中的知识元素(Yayavaram et al.,2008)。如果知识吸收能力较强,较大宽度的知识搜索获取的异同性新知识得以高效内化,协同创新主体可以更加有效地识别和利用创新机会,新知识对创新能力的促进作用就会更加显著。由此可见,对协同创新主体而言,提高知识吸收能力能够显著提升知识搜索宽度对创新能力的促进作用。基于上述分析,本研究提出如下假设:

假设 H3a:知识吸收能力对知识搜索宽度与创新能力之间的关系具有正向调节作用。

(三)知识吸收能力对知识搜索深度与创新能力之间关系的影响

协同创新组织系统内的中小创新主体可以通过深度知识搜索获得复杂性更高、替代性更强的新知识(孙耀吾等,2018),进而提高创新能力。深度搜索获取的新知识复杂性越高,知识内化的难度就越大,对知识吸收能力的要求就越迫切。创新主体只有依靠知识吸收能力才能将高复杂性外部知识转化为企业的内部知识资本,而正是知识资本奠定了协同创新的基础并推动协同组织系统创新能力的提高。新知识的复杂性越高,就越依赖知识吸收能力来理解知识沟通与转移的规则并掌握序列化的知识利用程序,从而有效降低深度搜索产生的合作与交流成本,有助于提高创新能力(Macher et al.,2012)。显而易见,深度搜索获取的高复杂性新知识需要在吸收能力的作用下转化为知识资本,才能提升创新能力。通过深度搜索获取的新知识与企业现有知识基础的知识距离较近,功能相似性较高,知识元素之间的替代性较强,企业只有具备较强的知识吸收能力才能发现知识整合的机会并激发知识协同潜力,从而提高创新能力(孙耀吾等,2018)。协同创新主体通过深度搜索获取的新知识与原有的知识基础之间相互替代性较高,导致凝聚力较弱,要求协同创新主体必须具备较强的吸收能力,才有机会发现知识元素之间相互融合的潜在契机,从而激发知识的协同效应,提高创新能力(Cohen et al., 1990)。由此可见,协同创新主体必须借助知识吸收能力,才能深度搜索获取的高替代性新知识转化为预期的创新能力;深度搜索对创新能力的作用效果,随着知识吸收能力的提高而强化。基于上述分析,本研究提出如下假设:

假设 H3b:知识吸收能力对知识搜索深度与创新能力之间的关系具有正向调节作用。

三、知识集成能力对知识搜索与创新能力之间关系的调节作用

尽管知识吸收能力内化外部知识的功能对知识搜索与创新能力之间关系具有重要影响,但是知识集成能力整合多源知识的能力不容忽视。中小规模的协同创新主体难以实现完全自主研发,其创新过程离不开外部知识的内化和多源知识的整合,因此,对协同创新组织系统而言,知识集成能力与知识吸收能力对提高创新能力具有同等重要的意义。

(一)知识集成能力与企业创新的关系

Smith 等(2005)将整合不同来源知识的能力定义为知识集成能力,其核心作用是创新主体通过一系列的个体学习和组织学习行为,将取自不同来源的新知识与自身的内部知识融汇整合为一个有机整体。现有的相关研究指出了知识集成能力对企业创新具有重要作用。Boer(1999)的研究结果表明,强化知识集成能力有利于提升知识转移效率、促进企业创新。Pisano(1994)的研究认为,提高知识集成能力有利于提升知识匹配效率,对企业创新产生积极的影响效应。张小娣和赵嵩正(2012)研究了知识集成能力的不同维度对企业创新的影响效应,证实了增强知识集成能力能够提升创新能力。

（二）知识集成能力对知识搜索宽度与创新能力之间关系的影响

协同创新组织系统内的中小创新主体具有先天"小企业缺陷"，受制于"资源约束"难以实现完全的自主独立创新，其创新过程必须兼用内外部知识，这些多源性知识必须借助知识集成能力的有效整合才能促进创新能力（De Boer et al.，1999；张小娣等，2012）。扩大知识搜索宽度导致知识搜索渠道增多和知识来源更加广泛，致使获取的新知识多样性更高，而且必须在知识集成能力的作用下才能实现有效耦合，进而促进协同创新。显然，知识源的多样化水平越高，就越依赖知识集成能力（Smith et al.，2005）。广泛搜索提高了协同创新组织系统知识的丰富程度，为解决复杂问题提供了更大的灵活性和可能性，知识元素之间的互补性与替代性要求创新主体必须具备较高的知识集成能力，才能在特定情境下测试和运用知识基础的功能性冗余或者在更广范围内更好地理解知识元素的应用（曾德明等，2015）。协同创新主体通过扩大搜索宽度获取的多元化、多层次的异质性知识，需要借助知识集成能力将不同领域的知识有效整合并应用于现有创新体系，为新产品或新服务的开发提供创新机会。在动态环境下，协同创新主体的知识集成能力越强，对知识基础结构弹性的把握就越好，就越有能力融合广泛搜索获取的多源化异质性知识元素，有效控制和降低知识重构产生的成本（孙耀吾等，2018）。较高的知识集成能力有利于提高多源知识元素的匹配效率，提升创新能力（谢洪明等，2008）。换言之，知识搜索宽度对协同创新组织系统创新能力的促进作用随着知识集成能力的增强而强化。基于以上分析，本研究提出如下假设：

假设 H4a：知识集成能力对知识搜索宽度与创新能力之间的关系具有正向调节作用。

（三）知识集成能力对知识搜索深度与创新能力之间关系的影响

通常情况下，协同创新主体的深度知识搜索都限定在一个或几个特定的领域之内，因此，深度知识搜索获取的新知识通常具有替代性强和复杂性高的特点。对当前特定知识领域的深度搜索获取的新知识更容易与创新主体自身的知识元素具有相似功能或提供相似的解决方案，产生功能重复与作用交叠现象，持续的深度知识搜索会进一步增加知识基础的功能性冗余（孙耀吾等，2018），只有借助较强的知识集成能力才能发现知识互补机会实现有效的知识整合，进而促进创新能力的提升。如果知识的复杂性较强，那么将创新主体自身已有的知识与深度搜索得来的新知识进行有效整合与重构就会变得更加困难，这不利于产生有用的新知识（Laursen et al.，2006），只有借助强大的知识集成能力,才能有效匹配和重组这些复杂性较强的知识,进而提升创新能力。由此可见,协同创新主体基于深度搜索获取的新知识,往往需要在知识集成能力的强大整合作用下,才能对协同创新有所贡献;否则,就极有可能出现知识搜索成本节节攀升,但创新成效微乎其微的情况。可见,如欲有效整合通过深度搜索获取的新知识,协同创新主体必须借助较强的知识集成能力,才能及时发现并利用知识间蕴藏的潜在创新机会。换言之,深度搜索对创新能力的促进作用随着知识集成能力的提高而增强。基于上述分析,本研究提出如下假设:

假设 H4b:知识集成能力对知识搜索深度与创新能力之间的关系具有正向调节作用。

四、创新能力在知识搜索与协同效应之间的中介作用

(一)知识搜索搜索对协同效应的影响

协同创新是一个基于知识创新而实现创造价值的过程,通过多种来源获取协同创新所需的知识是产生协同效应的基础(陈劲等,2012)。从这个意义上说,强化知识搜索对协同效应的产生具有重要意义。因此,本研究将通过系统的理论分析探讨知识搜索的两个维度,即知识搜索宽度与知识搜索深度对协同效应的影响,然后选择样本采集数据进行实证检验。

1. 知识搜索宽度对协同效应的影响

知识搜索宽度的增大能够丰富协同创新组织系统的知识基础,知识多样性与新颖性水平会得到进一步的提高,为协同效应的产生创造更加有利的条件,知识基础的持续丰富与巩固能够促进协同效应的产生。因为,协同创新过程中,协同效应必须在充分的知识基础之上才能得以实现(肖琳等,2018)。意即,丰富的知识基础是协同创新组织系统产生协同效应的前提条件。知识搜索宽度的增大扩充了协同创新团队获取知识的渠道数量和知识来源,有利于协同创新组织系统的成员发现更多的创新机会,随着创新能力的持续提高促成创新成果的不断涌现,协同效应呈现出来(杨浩昌等,2018),为协同创新组织系统的良性循环和自我强化创造条件。然而,对协同创新而言,知识搜索的宽度并非越大越好,过大的宽度虽然有利于提高知识基础的多样性和丰富性,但是,在创新主体无法充分利用新知识的情况下,只能造成协同创新组织系统的资源消耗,而不能产生

预期的协同效应,从而损害协同创新。也就是说,提高知识搜索宽度对协同效应的影响效果是先发挥促进作用,在达到临界点之后,就会发挥抑制和削弱的作用,因此,本研究提出如下假设:

假设 H5a:知识搜索宽度对协同效应的影响呈倒 U 型。

2. 知识搜索深度对协同效应的影响

加强知识搜索的深度,有利于协同创新组织系统获得更深层次的知识,这些知识具有更大的创新潜力,蕴含着丰富的市场价值,对协同效应的产生具有很大的促进作用(姜永常,2018)。由此可见,知识搜索深度的增加是有利于产生协同效应的。但是,不容否认的是,协同创新组织系统执行深度知识搜索需要消耗大量的时间成本和物力成本,对较深层次知识的理解和掌握也需要大量资源(王海军等,2018)。从这个角度上看,知识搜索深度的持续增加,对协同效应的积极促进作用具有或然性,并非一定能够促进协同效应的产生。由此可以推知,更符合逻辑的结论应该是:适当地加强知识搜索深度能够促进协同效应,而过度地加强知识搜索深度非但不能促进协同效应,而且会阻碍协同效应的产生,也就是说,只有适度的知识搜索深度,才能对协同效应产生积极促进作用,超过临界点的知识搜索深度对协同效应产生消极抑制作用。因此,本研究提出如下假设:

假设 H5b:知识搜索深度对协同效应的影响呈倒 U 型。

(二)创新能力对协同效应的影响

协同创新组织系统通过多种方式获取创新所需的知识,经过一系列的知识管理过程实现知识创造与知识应用,才能较大幅度地提升创新能力。在协同创新模式及其运行机制的保障和作用下,创新能力高效地转化为创新成果,进而形成更高的创新绩效,发挥更大的价值潜力、取得更高的市场价值,协同效应在创新成果、价值创造与价值实现的过程中持续形成并不断涌现(郭韧等,2018),从而更好地满足协同创新各个参与主体基于不同动因而产生的不同诉求。由此可见,创新能力是协同效应的重要前提条件和关键性前置变量,创新能力的高低变化决定协同效应的强弱之别,对协同效应产生至关重要的决定性影响,提高创新能力毫无疑问有利于产生协同效应,而削弱创新能力则会对协同效应产生抑制和阻碍的消极作用。协同创新组织系统只有不断地提升和保持较强的创新能力,才能基于创新能力保证协同创新过程产生并保持协同效应,从而维持协同创新组织系统的持续运转和不断自我强化(解学梅等,2013)。意即,创新能力决定着协同效应的产生与否,也决定着协同效应的强度不同,协同效应受创新能力的影响和制约,随着创新能力的增强而增强,也随着创新能力的减弱而减弱。因此,本研究提出如下假设:

假设 H6:创新能力对协同效应具有积极的正向影响。

(三)知识搜索经由创新能力的中介作用对协同效应产生的影响

基于假设 H6、假设 H5a、假设 H5b、假设 H1 以及假设 H2 的理论推导,连同上述理论假设形成的整体逻辑架构,可以发现,协同创新组织系统投入各类资源制定并执行知识搜索计划,通过知识吸收集成、知识分享、知识创造和知识应用等知识管理环节,将搜索得来的新知识转化为创新能力,然后,创新能力在协同创新模式及其运行机制的作用下,转化为具备科研价值、理论价值、市场价值和社会价值等的创新成果集合,创新成果的价值实现与价值扩张形成显著的协同效应。无论是扩大知识搜索宽度,还是强化知识搜索深度,获取的新知识必须经过一系列的知识管理过程,内化为协同创新组织体系的内部知识,或在协同创新组织体系内得到充分整合,通过知识创新提升创新能力,才能形成协同效应。从知识搜索(知识获取)到创新能力(知识创新),再到协同效应(价值实现与扩张)的过程清晰地表明,知识搜索经由创新能力的中介才能促进协同效应,意即,创新能力在知识搜索和协同效应之间发挥着中介作用。

基于以上分析,本研究提出如下假设:

假设 H7a:创新能力在知识搜索宽度与协同效应的关系中具有中介效应。

假设 H7b:创新能力在知识搜索深度与协同效应的关系中具有中介效应。

上述理论分析的结论与研究假设从理论层面上呈现了协同效应内在机理,为了便于理解和理顺假设之间的关系,从而在整体上形态清晰、调理明确地认识和领会各个变量之间的逻辑关系,本研究将上述分析过程和所得研究假设综合整理为图形的样式,得到协同效应内在机理的假设模型,如图 6.1 所示。

根据理论分析与研究假设,本研究将根据研究进程的需要,制订适宜的研究方案,选择合适的样本采集研究数据,对模型中涉及的变量进行测量,进而利用数据分析软件进行统计分析,检验模型中的各个假设并得出实证结果,根据检验结果对假设模型进行修正,从而得出协同效应内在机理的理论模型。

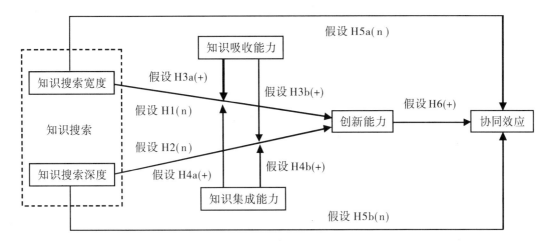

图 6.1 假设模型

资料来源:本研究绘制。

第二节 实证研究设计

为了检验假设模型的正确性,必须根据研究的需要进行科学合理的实证研究设计,制定合理的程序并选择有效的方法,在研究对象的群体中选出足够的样本,通过问卷调查或访谈等方法收集数据,为接下来的实证检验做好准备。

一、数据收集与样本选择

本研究采用问卷调查的方式收集数据,选取国内外著名学术期刊使用过的量表。为了确保问卷的信度与效度,本研究的工作组邀请了 3 位创新管理领域的专业翻译人员对调查问卷进行翻译和回译,过程如下:首先由 2 位专业翻译人员各自独立地将原始英文问卷翻译成中文问卷,然后对 2 个中文版本进行分析和讨论,取得一致意见后形成定稿,第 3 位专业翻译人员将定稿回译成英文问卷,再与原始英文问卷进行比对,以确保中英文两个版本的调查问卷具有一致性。此外,为了保证正式调研问卷的有效性,工作组邀请了 2 位企业管理专业博士生和 3 位具有企业管理实践经验的 MBA(工商管理硕士)学员进行审阅,根据他们的反馈意见调整了问卷的表意和措辞。为了进一步确保调查问卷适用于中国情境,本研究在天津区域内选取 52 家高新技术中小企业作为样本,进行面对面的预调研。受访者填答问卷的平均耗时约为 15 分钟,填答者对题项的解读无误且无歧义,未出现厌烦或抱怨等不良情绪反应,填答完整有效。对采集到的数据进行统计分析,结果显示量表的 Cronbach α 系数均都在 0.8 以上,各题项因子载荷都大于 0.5,说明问卷的信度与效度两项指标均能满足正式调研的需要,可以用于研究数据的获取。

　　本研究选取天津市辖区内正在参与协同创新的高新技术中小企业为样本。之所以这样选择,是因为高新技术中小企业的创新行为非常活跃,参与协同创新积极性高、企业数量大,样本的可得性更高,在协同创新方面具有代表性,基于这些样本获取的数据具有良好的可靠性。本研究得到了天津市中小企业局和天津滨海高新技术开发区管理委员会的大力支持,在上述两个单位的协助下,参照其官方统计数据,根据辖区内高新技术中小企业的行业类别及其所占比例,采用分层随机抽样的方法抽选样本企业收集研究数据。步骤如下:首先,根据辖区内高新技术中小企业的总数初步确定样本总量。然后,根据行业类别进行分层,在每一行业类别内以该类别所占比例确定抽样数量。最后,与样本企业接洽商定数据采集事宜,以电子邮件的方式发放调查问卷,适时提醒样本企业收阅、填答问卷并及时回收。为了保证调查数据的真实性和准确性,本研究主要在 3 个方面采取了必要措施,第一个方面,问卷的填答者充分了解本企业、本企业所属行业和主要竞争对手的创新能力现状。采取的主要措施有:要求问卷的填答者在本企业所属行业内具有较长的从业年限(即行业内工龄),具有丰富的行业内经验和知识积累,对本企业、所属行业以及主要竞争对手的创新能力状况具有较为深入的了解和掌握,能够准确解读并回答调查问卷的题项;问卷填答者的工作岗位限定于高级决策层(董事长、副董事长等董事会成员)、高级执行层(正、副总经理等)和创新能力的对口中级执行层(研发部、技术部和技术开发部等部门负责人)三类,上述工作人员掌握着本企业、所属行业和主要竞争对手在创新能力方面的数据、信息,具备准确填答问卷的知识和能力。第二个方面,有效消除填答者填写真实状况的担忧和顾虑。采取的主要措施包括:允许填答者采用"匿名填写"的方式填答问卷,以保护填答者的个人隐私和利益;表明"问卷的答案没有对错之分"和"调查结果仅供学术研究使用",以此避免填答者对调查意图的主观揣测;做出"保密承诺"以消除填答者对"公司秘密泄露"的担忧;承诺研究成果与调查对象分享,以此加强与受访企业的联系,以期通过共同利益使其尽量认真准确地填写问卷。第三个方面,有效筛除采集到的劣质数据。问卷中设置操控性检验题项,用以筛除敷衍了事、疏忽大意等原因导致的劣质数据。

表 6.1　基本信息描述性统计结果

分类	概况	数量	占比/%
受访者职级	中层管理者	247	56.26
	高层管理者	192	43.74
受教育程度	专科及以下	36	8.20
	本科	268	61.05
	硕士及以上	135	30.75
行业内工龄	5 年及以下	24	5.47
	6 年到 10 年	346	78.82
	10 年以上	69	15.72
企业规模	1—100 人	24	5.47
	101—200 人	111	25.28
	201—400 人	219	49.89
	>400 人	85	19.36
企业年龄	1—3 年	42	9.57
	4—6 年	98	22.32
	7—10 年	223	50.80
	>10 年	76	17.31
所属行业	新能源	45	10.25
	生物医药	43	9.79
	人工智能	34	7.74
	节能环保	44	10.02
	软件	51	11.62
	高端装备制造	62	14.12
	先进化工	63	12.53
	高新技术改造传统产业	55	14.53
	新一代信息技术	42	9.57

资料来源:作者根据统计结果整理。

　　本研究的数据采集工作在 2017 年 6 月—11 月间进行,工作组总共发放电子调查问卷 673 份,安排专人负责提醒受访企业填答并回收问卷 562 份。将无效问卷剔除后,总共获得有效问卷 439 份,有效回收率达到 78.11% 。样本的基本信息统计结果详见表 6.1 所示。

表 6.1 的数据显示,有效问卷的填答者中,中层管理者和高层管理者的占比分别为 56.26% 和 43.74%;受教育程度集中在本科学历与研究生(硕士及以上)学历两个层次,分别为 61.05% 和 30.75%;问卷填答者在行业内的从业工龄集中于 6—10 年,占比 78.82%,表明其具备较高的知识水平和较长的从业年限,充分了解本行业和本企业实际情况,因而能够保证问卷的填答质量。抽选样本的企业年龄主要集中在 4—6 年与 7—10 年两个区间内,所占比例分别为 22.32% 和 50.80%;样本企业的规模主要集中于 101—200 人和 201—400 人两个区间内,所占比例分别为 25.28% 和 49.89%;样本企业所属行业包含新能源、人工智能和节能环保等 9 个类别,包含新能源企业 45 家(占比 10.25%),生物医药科技企业 43 家(占比 9.79%),人工智能企业 34 家(占比 7.74%),节能环保科技企业 44 家(占比 10.02%),软件企业 51 家(占比 11.61%),高端装备制造企业 62 家(占比 14.12%),先进化工企业 63 家(占比 12.53%),高新技术改造传统产业企业 55 家(占比 14.53%),新一代信息技术企业 42 家(占比 9.57%)。统计数据显示,在行业类别及其所占比例两个方面,样本分布与官方统计数据基本相合,具有较高的代表性。

二、变量测量

本研究选用调查问卷的方法获取研究数据,数据采集过程中使用的调查问卷,在信度与效度两项指标上必须达到或者超过基本要求,才能用于回归分析和假设检验,发挥其应有的作用。因此,本研究选用学术界高度认可的成熟量表进行变量测量,所选量表被许多学者用于实证研究,其研究结果均表明量表的信度和效度较高。本研究借鉴了 Laursen 和 Salter(2006)以及苏道明等(2017)的研究进行知识搜索宽度的测量,量表共包含 4 个题项。知识搜索深度的测量参考 Laursen 和 Salter(2006)、吴晓波等(2008)以及苏道明等(2017)的研究,量表共包含 5 个题项。在创新能力的测量方面,借鉴 DeSarbo 等(2005)的研究,量表共包含 5 个题项。知识吸收能力的测量工作借鉴了 Lichtenthaler 和 Lichtenthaler(2009)以及谭云清等(2017)的研究,量表共包含 3 个题项。知识集成能力的测量工作借鉴 Mahmood 等(2011)以及谭云清等(2017)的研究,量表巩共包含 3 个题项。协同效应的测量工作借鉴 Leiponen 等(2009)和解学梅等(2015)的研究,量表共包含 5 个题项。上述变量的测量均采用李克特七分量表,"1"表示"完全不同意","7"表示"完全同意"。现有文献的研究结果表明,除了上述知识搜索宽度和知识吸收能力等 6 个变量之外,企业创新和知识搜索还会受到其他因素的影响,如企业规模、企业年龄以及研发投入等诸多因素(Laursen et al.,2006)的影响效应也是不能忽视的。因此,笔者在研究过程中,将这些因素作为控制变量加以处理,从而尽量消除这类因素对研究结果的干扰和影响。

第三节　实证结果与分析

通过问卷调查的方法收集数据之后,首先需要对数据的质量进行检验,以判断数据能否达到相关研究要求的标准,数据的检验过程包括非回应偏差与共同方法偏差检验、信度与效度分析和相关性分析,然后进行数据回归,并对回归结果进行必要的分析与解读。

一、非回应偏差与共同方法偏差检验

采用问卷调查法收集数据,可能产生非回应偏离问题,对研究结果产生不良影响,因此需要进行必要的检验,以此保证研究结论的可靠性。本研究以问卷回收的先后顺序为标准,将全部调查问卷划分为两个组别,分别从企业年龄、企业规模和研发投入三个方面对两组样本进行独立样本 T 检验,数据分析结果表明,两组样本在上述三个属性特征上并不存在显著区别,说明非回应偏离问题很弱,数据可以用于实证研究。

为了控制可能出现的共同方法偏离,本研究在问卷设计阶段和数据采集阶段都采取了一系列的防范措施,如设置操控性检验问题、可匿名填答问卷、打乱题项的先后次序和表明问卷答案无对错之分等,尽可能地避免人为因素造成的概念之间相关性过高的问题。本研究采用 Harman's 单因素检验法,通过检视和考察未旋转的因子分析结果研判共同方法偏离,从而尽量避免概念间相关性的缺失。在数据分析过程中,本研究采用 Harman's 单因素检验法对共同方法偏离进行检验,在旋转前抽取到的第一因子贡献率为20.113%,低于40%临界值,说明共同方法偏离不明显,能够满足研究的需要。

二、信度与效度分析

信度是量表的一项重要指标,通常采用采用 Cronbach's α、综合信度(CR)与平均提取方差(AVE)进行表征和衡量,用来判断构念的内部一致性水平能否达到要求。本研究选用的各个量表 Cronbach's α 和综合信度(CR)均大于 0.7,并且平均方差提取

（AVE）大于0.5,检验结果充分表明各个构念均具有较高的信度水平,信度的检验结果详见表6.2所列。

表6.2　量表、Cronbach's α、CR 与 AVE 值

潜变	题项	α	CR	AVE
知识搜索宽度	本企业对知识的搜索广泛使用了多个搜索与交流通道/媒介	0.927	0.984	0.822
	本企业能搜索到的研发、制造、营销等多个领域的知识			
	本企业能搜索到的技术、管理等多个方面的知识			
	本企业在对知识的搜索中获取了较多的知识数量			
知识搜索深度	本企业强烈而密集地使用一些特定的搜索通道进行知识搜索	0.955	0.965	0.846
	本企业能深度搜索并提取研发、制造、营销等特定领域知识			
	本企业能深度搜索并提取技术或管理等特定方面的知识			
	本企业能深度搜索并利用研发或制造或营销等特定领域知识			
	本企业能深度搜索并利用技术或管理等特定方面的知识			
创新能力	与主要竞争对手相比,本企业去年的产品与服务创新更多	0.726	0.831	0.556
	与主要竞争对手相比,本企业去年的生产流程创新更多			
	与主要竞争对手相比,本企业去年的管理创新更多			
	与主要竞争对手相比,本企业去年的市场创新更多			
	与主要竞争对手相比,本企业去年的营销创新更多			
知识吸收能力	我们能够很快吸收、掌握和运用引入的生产设备和工艺	0.739	0.825	0.652
	我们善于吸收和利用来自于外部的技术知识			
	我们具有较强的设备改进能力			
知识集成能力	我们企业产品的系统集成能力较强	0.767	0.833	0.625
	我们企业有较强技术整合能力			
	我们善于吸收和利用来自于其他部门的技术和知识			
协同效应	我们企业各要素资源组合协同很好	0.762	0.824	0.727
	我们企业知识创造多于知识转移			
	我们企业隐性知识多于显性知识转移			
	我们企业的协同剩余很多			
	我们企业的投入产出比很高			

资料来源:作者根据统计结果整理。

检验量表的另一个重要指标是建构效度,该指标主要包含两个层面,即判别效度(亦

称区分效度)与收敛效度(亦称聚合效度)。本研究选用的各个量表 AVE 值均处于0.556—0.846 的区间上,并且因子载荷均大于 0.5,检验结果说明量表具有良好的收敛效度,可以用于实证研究。量表的判别效度检验结果详见表 6.3 所列,处于对角线位置的数值,即是各个主要变量的平均提取方差平方根,该数值均明显大于对应变量与其他变量的相关系数,充分说明量表的的判别效度较好,达到实证研究的基本标准。

表 6.3　主要变量均值、标准差与 pearson 相关系数

变量	均值	标准差	1	2	3	4	5	6
搜索宽度	4.204	1.790	0.907					
搜索深度	4.430	1.672	0.437**	0.920				
创新能力	5.295	0.636	0.278**	0.221**	0.746			
吸收能力	4.491	1.049	0.283**	0.229**	0.695**	0.807		
集成能力	4.825	1.050	0.282**	0.229**	0.694**	0.699**	0.791	
协同效应	5.026	1.045	0.284**	0.213**	0.572**	0.686**	0.668**	0.796

注:** 表示 $P < 0.01$,* 表示 $P < 0.05$,对角线上的值表示 AVE 平方根。

资料来源:作者根据统计结果整理。

三、相关性分析

本研究选用 SPSS19.0 软件对各变量之间相关性进行检验,检验结果详见表 6.3 所列,表中数据表明各变量之间的相关性都比较显著。在模型检验的过程中,方差膨胀因子(VIF)值均低于 3,处于 $0 < VIF < 10$ 的区间之内,检验结果表明不存在多重共线性,调研所得数据满足研究的基本要求。此外,为了避免交互项的多重共线性问题,对交互项的自变量与调节变量采取了中心化处理。

四、数据回归与结果分析

本研究选用的统计分析软件是 SPSS19.0,将基于数据分析的假设检验划分为两个步骤,第一步主要检验知识搜索对创新能力的影响效应,以及知识吸收能力与知识调节能力对上述影响效应的调节作用;第二步主要检验创新能力在知识搜索与协同效应之间的中介作用。

(一)第一步骤检验过程与结果

1. 回归分析方法

为了检验知识搜索对创新能力的影响效应,以及知识吸收能力与知识调节能力对上述影响效应的调节作用,需要检验的假设包括 H1、H2、H3a、H3b、H4a 和 H4b 共 6 个假设,运用 SPSS19.0 软件,将控制变量、自变量、自变量与调节变量的交互项等逐步加入层级回归模型进行数据分析,回归结果详见表6.4 所列。

表6.4　回归结果

因变量:创新能力		模型 1	模型 2	模型 3	模型 4	模型 5
控制变量	企业规模	0.448 **	0.421 **	0.500 **	0.004	0.005
	企业年龄	0.500	0.450	− 0.012	− 0.006	− 0.006
	研发支出	0.060	0.006	0.020	0.000	0.000
自变量	知识搜索宽度		0.065 **	0.850 **	− 0.005	0.008
	知识搜索深度		0.014	0.024 **	0.027	0.035 **
	知识搜索宽度^2			− 0.161 **	0.009	− 0.015
	知识搜索深度^2			− 0.092 **	− 0.069 *	− 0.089 **
调节变量	知识吸收能力				0.525 **	
	知识集成能力					0.460 **
交互项	知识吸收能力×知识搜索宽度				− 0.016 *	
	知识吸收能力×知识搜索深度				0.015 *	
	知识吸收能力×知识搜索宽度^2				0.031 **	
	知识吸收能力×知识搜索深度^2				− 0.049 **	
	知识集成能力×知识搜索宽度					− 0.020 **
	知识集成能力×知识搜索深度					0.019 *
	知识集成能力×知识搜索宽度^2					0.034 **
	知识集成能力×知识搜索深度^2					− 0.064 **
R^2		0.323	0.363	0.931	0.990	0.989
$\triangle R^2$		0.318	0.355	0.930	0.989	0.989
F		69.213 **	49.303 **	832.372 **	3416.71 **	3167.93 **

注:数据为回归分析标准化系数;* 表示 $P < 0.05$,** 表示 $P < 0.01$。

资料来源:作者根据统计结果整理。

2. 回归模型

表6.4列明了知识搜索以及其他变量对创新能力的层级回归结果,其中,模型1作为基础模型,仅包含3个控制变量(企业规模、企业年龄和研发投入)和因变量(创新能力);模型2是控制变量与自变量(知识搜索宽度、知识搜索深度)对中介变量(创新能力)的主效应模型;模型3在模型2的基础上加入自变量的平方项(知识搜索宽度^2、知识搜索深度^2);模型4与模型5是加入了调节变量(知识吸收能力、知识集成能力)和交互项之后构成的全效应回归模型。表4中的F值充分说明5个模型均显著,检验结果有效。

3. 回归结果分析

模型1对控制变量与高新技术中小企业创新能力之间的关系进行了检验,回归结果表明企业规模与创新能力之间具有显著的正相关关系($\beta = 0.448, p < 0.01$),企业年龄与研发支出两个控制变量并未对创新能力产生显著影响,这说明企业的规模越大,就越有能力开展创新活动。但在企业规模相同或相近的情况下,企业年龄越大并代表研发能力越强或创新绩效更优。大量的企业实例表明,很多成立时间不长的高新技术中小企业,却具有更强的创新能力。与成立时间的影响效应类似,增加研发支出也不一定提高创新能力。这是因为,中小企业的综合实力较弱,资产规模有限,研发投入的额度不会太大,所以,中小企业更加重视研发资源的产出质量和产出效率,比如,更加注重知识搜索宽度与深度之间的平衡,更加关注知识吸收能力和知识集成能力内化与整合外部新知识的效率和效果,强调知识管理能力对创新能力的作用效果。

模型2与模型3检验了两个自变量(知识搜索宽度和知识搜索深度)对中介变量(创新能力)的影响。模型2的检验结果表明,知识搜索宽度与创新能力之间的正相关关系具有显著性,搜索深度与创新能力之间虽然存在正相关关系,但不显著。模型3的检验结果显示,知识搜索宽度2的系数为 -0.161($p < 0.01$),说明知识搜索宽度与创新能力之间的关系呈现倒U型曲线状态,假设H1得到支持;知识搜索深度2的系数为 -0.092($p < 0.01$),说明知识搜索深度与创新能力之间的关系呈现倒U型曲线状态,假设H2通过验证。数据分析结果同时表明,知识搜索与创新能力两个变量在整体上表现为正向相关,说明现阶段高新技术中小企业知识搜索的两个维度(宽度与深度)在整体上均处于倒U型曲线顶点的左侧,知识搜索尚未达到过度的状态。知识搜索的两个维度对创新能力的影响效应示意图,如图6.2所示。

模型4检验了知识吸收能力对自变量与中介变量(创新能力)之间关系的调节作用。

由模型 3 的检验结果可知,自变量与中介变量之间呈现明显的倒 U 形曲线状态,说明中介变量是自变量的二次函数,因此,在模型 4 中发挥主要调节作用的是调节变量与自变量的平方项构成的交互项(知识吸收能力 × 知识搜索宽度^2、知识吸收能力 × 知识搜索深度^2),发挥次要调节作用的是调节变量与自变量构成的交互项(知识吸收能力 × 知识搜索宽度、知识吸收能力 × 知识搜索深度)。模型 4 的检验结果显示,发挥主要调节作用的交互项(知识吸收能力 × 知识搜索宽度^2)表现出明显的调节作用($\beta = 0.031, p < 0.01$),说明知识吸收能力对知识搜索宽度与创新能力之间的倒 U 形关系具有显著的正向调节效应,即假设 H3a 通过验证;同时,交互项(知识吸收能力 × 知识搜索深度^2)的正向调节作用没有得到支持($\beta = -0.049, p < 0.01$),但是,发挥次要调节作用的交互项(知识吸收能力 × 知识搜索深度)却表现出较高的正向调节效应($\beta = 0.015, p < 0.05$)。假设 H3b 仅得到部分验证。

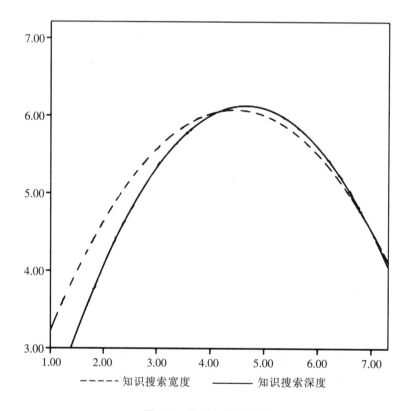

图 6.2　作用曲线示意图

资料来源:本研究绘制。

模型 5 检验了知识集成能力对自变量与中介变量之间关系的调节作用。发挥主要调节作用的交互项(知识集成能力 × 知识搜索宽度^2)的正向调节作用得到数据的支持($\beta = 0.034$, p < 0.01），假设 H4a 得到验证，即知识集成能力对知识搜索宽度与创新能力之间的倒 U 形关系具有显著的正向调节效应；同时，交互项（知识集成能力 × 知识搜索深度^2）的正向调节效应没有得到支持（β = -0.064，p < 0.01），但是，发挥次要调节作用的交互项（知识集成能力 × 知识搜索深度）却表现出较高的正向调节作用（β = 0.019，p < 0.05），即假设 H4b 仅得到部分验证。

为了进一步验证调节变量的调节效应，本研究以知识吸收能力的均值加上一个标准差作为高调节状态，以知识吸收能力的均值减去一个标准差作为吸收能力的低调节状态，运用 SPSS19.0 软件做知识搜索宽度（知识搜索深度与之相似）与创新能力的回归分析，并绘制回归分析图像，然后，将高调节状态图像和低调节状态图像中的同值横坐标部分截取出来，交叠放置，形成高低调节效应的对比示意图（详见图 6.3）。图 6.3 清晰地表明知识吸收能力对知识搜索宽度与创新能力之间的关系发挥了正向调节效应（知识集成能力的调节作用与之近似），意即，知识搜索对创新能力的作用效果受到知识吸收能力的显著影响。观察图 6.3 可以发现，在知识吸收能力较强的情况下，知识搜索宽度对创新能力的回归曲线具有更高的极值点，说明创新主体在自身知识吸收能力较强时，扩大知识搜索宽度能够更好地促进创新能力（极大值点更高），创新主体可以借助更广的知识搜索宽度来更快地提升创新能力。

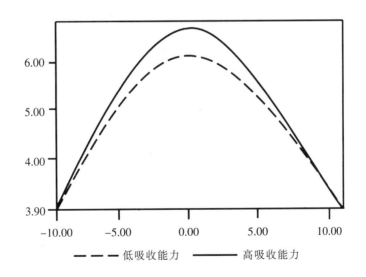

图 6.3 吸收能力对"知识搜索宽度—创新能力"关系的调节作用示意图
资料来源：本研究绘制。

(二)第二步骤检验过程与结果

1. 回归分析方法

本研究对中介效应的检验工作借鉴解学梅等(2013)的研究方法,以创新能力为中介变量的回归分析分为三个步骤:第一步,测量自变量(知识搜索宽度和深度)与因变量(协同效应)的关系,再测量中介变量(创新能力)与因变量(协同效应),两个结果都应为显著;第二步,测量自变量与中介变量的关系,其结果亦应显著;第三步,将自变量、中介变量和因变量同时纳入回归方程,同时测量自变量与因变量之间的关系、中介变量与因变量之间的关系,如果测量结果显示,中介变量与因变量的关系仍然显著,但是自变量与因变量之间关系的测量值小于第一步的测量值并且变得不显著,则表示中介变量具有完全中介作用,但若仍然显著则表示具有部分中介作用。

(1)创新能力和知识搜索对协同效应的影响

将创新能力作为自变量,将协同效应作为因变量进行回归分析,表6.5中的回归结果,模型1中,F值说明了回归方程显著,创新能力对协同效应的影响显著($\beta = 0.725$, $p < 0.01$)。说明创新能力对协同效应具有显著的正向影响,假设H6得到验证。表明提高创新能力作为一个重要的前置变量能够显著提高协同效应。因此,协同创新组织体系要想获得预期的协同绩效,必须采取适当的措施,如制定并执行合理的知识搜索计划,以持续提高并保持创新能力。

表6.5 回归结果

因变量	协同效应	模型1	模型2
自变量	创新能力	0.725**	
	知识搜索宽度		0.852**
	知识搜索深度		0.035**
	知识搜索宽度^2		−0.176**
	知识搜索深度^2		−0.103**
	R^2	0.963	0.928
	$\triangle R^2$	0.962	0.925
	F	254.85**	835.253**

注:数据为回归分析标准化系数;* 表示 $P < 0.05$,** 表示 $P < 0.01$。

资料来源:作者根据统计结果整理。

模型 2 中,以知识搜索的两个维度,即知识搜索宽度和知识搜索深度为自变量,以协同效应为因变量进行回归分析。F 值表明回归方程具有显著性。知识搜索宽度 2 对协同效应的影响显著($\beta = -0.176, p < 0.01$),二次项的回归系数小于零,说明知识搜索宽度对协同效应的影响呈倒 U 型曲线状态,假设 H5a 得到验证。知识搜索深度 2 对协同效应的影响也是显著的($\beta = -0.103, p < 0.01$),二次项的系数小于零,说明知识搜索深度对协同效应的影响呈 U 型曲线状态,假设 H5b 得到数据支持。数据同时表明,相对于搜索深度而言,知识搜索宽度对协同效应的影响效应更大($|-0.176| > |-0.103|$),说明投入适量资源扩大知识搜索宽度更有利于提高协同效应。

(2)知识搜索对创新能力的影响

以知识搜索的两个维度为自变量,以创新能力为因变量进行多元回归,所得回归结果列入表 6.6。从表中数据可知,F 值表明回归方程具有显著性,知识搜索宽度 2 与知识搜索深度 2 的系数都小于零,说明知识搜索宽度对创新能力具有显著影响($\beta = -0.172, p < 0.01$),知识搜索深度对创新能力的影响亦显著($\beta = -0.101, p < 0.01$),表明知识搜索与创新能力之间存在倒 U 型关系,也就是说,只有适度的知识搜索,才能促进创新能力。

表 6.6 回归结果

因变量	创新能力	模型
自变量	知识搜索宽度	0.849^{**}
	知识搜索深度	0.031^{**}
	知识搜索宽度^2	-0.172^{**}
	知识搜索深度^2	-0.101^{**}
R^2		0.926
$\triangle R^2$		0.921
F		828.332^{**}

注:数据为回归分析标准化系数;* 表示 $P < 0.05$,* * 表示 $P < 0.01$。

资料来源:作者根据统计结果整理。

(3)创新能力的中介效应

表 6.5 与表 6.6 的结果已经能够证实知识搜索的变化能够解释创新能力的变化,知识搜索的变动也能解释协同效应的变动。将自变量(知识搜索宽度与知识搜索深

度)、中介变量(创新能力)与因变量(协同效应)同时纳入回归模型,回归结果详见表6.7所列。

　　由结果可知,F值表明回归方程具有显著性;作为中介变量的创新能力的影响最显著($\beta = 0.736$, $p < 0.01$),知识搜索宽度2的影响不再显著($\beta = -0.150$, $p > 0.05$),假设 H7a 得到验证,即创新能力在知识搜索宽度与协同效应之间具有中介作用;知识搜索深度的影响减弱但仍显著($\beta = -0.091$, $p < 0.05$),假设 H7b 得到部分验证,即创新能力在知识搜索深度与协同效应之间具有部分中介作用,说明深度搜索获取的一部分深层次知识能够成为促生协同效应的直接因素,这与某些创新主体将引进的先进技术设备(凝结着丰富的复杂知识)直接用于生产就能大幅度提高经营绩效的现象相符。

表6.7　回归结果

因变量	协同效应	模型	检验结果
自变量	知识搜索宽度	0.541	
	知识搜索深度	0.019	
	知识搜索宽度^2	-0.150	
	知识搜索深度^2	-0.091^*	不显著,$-0.150 > -0.172$,中介作用成立
中介变量	创新能力	0.736^{**}	显著,$-0.091 > -0.101$,部分中介作用成立
R^2		0.966	显著
$\triangle R^2$		0.963	
F		831.126^{**}	

注:数据为回归分析标准化系数;*表示 $P < 0.05$,**表示 $P < 0.01$。

资料来源:作者根据统计结果整理。

　　根据以上检验结果和研究假设之间的关系,可以将协同效应的内在机理模型绘制为图6.4:

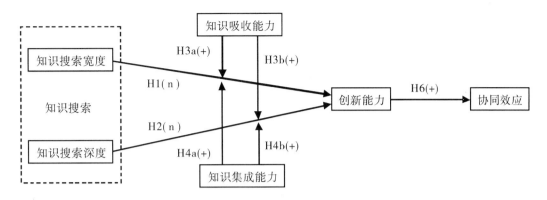

图6.4 协同效应的内在机理模型

资料来源:本研究绘制。

创新主体对动因与影响因素的综合作用效能做出整体评定,从而得知自身优势之处和劣势所在,从而在现有协同创新模式中选择适宜的模式为己所用,以尽可能地放大和发挥自身优势、弥补或削弱自身劣势,以此实现扬长避短或者取长补短的效果。如果现有模式中不能达成上述目的,协同创新主体就需要依据自身特点设计符合实际条件的协同创新模式。两个或多个异同性创新主体通过产学研协同创新模式、企业动态联盟协同创新模式或者"互联网+创新"协同创新模式,构建协同创新组织系统,借助互联网、云计算、大数据等各种技术手段,创建涵盖但不限于知识、技术等创新资源的网络,通过知识搜索获取创新所需的新知识,在知识吸收能力和知识集成能力的作用下进行知识创造、提高创新能力,进而产生协同效应,以更高的效率或更好的效果充分满足创新主体的利益诉求、目标诉求和信仰诉求,推动协同创新组织系统的持续运行和自我强化。

第七章　协同创新管理的改进策略

协同创新是各类创新主体,尤其是中小企业类创新主体,在激烈的市场竞争环境中谋求更好生存与更快发展的重要途径之一。创新的实质是产品知识、技术知识、市场知识和人文知识等一类或几类知识的创新,知识吸收与集成情境为知识视角的协同创新理论研究和管理实践的改进提供了一个新思路。本章从协同创新的动因、影响因素、协同创新模式及其运行机制,以及协同效应内在机理四个方面探讨协同创新管理的改进与优化问题,为创新管理者提供具有实践指导意义的参考与借鉴。

第一节　基于协同创新动因的改进策略

动因是导致创新主体参与协同创新的直接诱因,动因决定了创新主体参与协同创新的意愿强度,也决定着创新资源的投入力度,对协同创新组织系统创新能力和协同效应产生重要影响,基于动因思考协同创新管理实践的改进策略具有重要的现实意义。因此,创新主体既要以动因契合为条件甄选创新伙伴并构建协同创新组织系统,又要对自身的创新动因进行必要的管理,除此之外,还要根据创新主体占优目标,优化协同创新收益与动因的匹配。基于协同创新动因的改进策略涵盖内容如图7.1所示。

一、协同创新伙伴识别与选择的优化策略

协同创新伙伴的识别与选择,是创新主体参与协同创新过程的前期准备工作,只有从创新动因的角度思考,才能准确识别其他创新主体的合作意愿,进而根据利益诉求、目标诉求和信仰诉求的匹配程度选择创新伙伴,共同研讨协同创新组织的筹建和运行等问题。

（一）协同创新伙伴的识别策略

各种各样的创新主体将自身或者其他创新主体作为对象进行比较,为了在比较的过程中达到占优的目标,就需要通过两种途径,要么发展自己,要么削弱比较对象。由此可知,创新主体参与协同创新,要么是想通过协同创新将自身发展得更加强大,要么是想削弱比较对象,总之,就是为了在比较中占据相对优势。由第三章的论述可知,创新主体参与协同创新的动机包括利益诉求、目标诉求和信仰诉求三种,创新主体基于上述诉求中的一种或多种而产生参与协同创新的意愿。不同的诉求决定了不同强度的创新意愿,也决定了创新主体在协同创新过程中的努力程度。

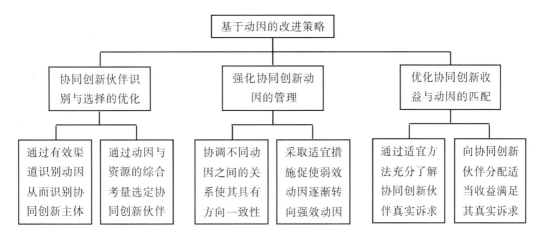

图 7.1　基于协同创新动因的改进策略概要图

资料来源:本研究绘制。

1. 协同创新伙伴的筛选策略

为了准确识别协同创新伙伴,必须首先分辨创新主体的动因,然后根据动因的不同进行区别对待。有的创新主体参与协同创新的真正目的,是为了抢在竞争对手之前占据协同创新网络的有利位置,阻碍竞争对手的进入,而不是在协同创新过程中付出真实的努力,创造出更有价值的创新成果。对于这种出于消极性动因的创新主体,应该将其排除在备选伙伴之外。还有一些创新主体,参与协同创新只是为了搭便车,想要在不付出努力或者付出很少努力的情况下,分享创新成果。这类创新主体,也应该将其筛选出去。有的创新主体,具有真实的积极性创新动因,但是由于自身实力不足而加入协同创新组织系统,想要通过实实在在的努力,创造并分享创新成果。这类创新主体,应该纳入协同创新伙伴的备选群体之内。

2.创新主体动因的识别策略

怎样准确识别创新主体的动因呢？本研究认为,应该同时从创新主体的内部和外部获取相关的真实信息。创新管理者可以通过合适的方式从创新主体的内部成员获得有用的信息,如创新主体的创新战略和创新计划,为创新而做出的实际准备工作有哪些等,通过这些信息可以判断创新主体参与协同创新的真实想法和目的。此外,创新管理者也可以考察创新主体以往参与的协同创新项目情况,通过该项目的其他合作方,了解创新主体的努力程度、积极性、资源投入力度以及实际创新能力等方面的有用信息,从而判断创新主体参与协同创新的动因。通过创新主体的内部和外部收集信息,是判别创新主体动因的、具有可行性和有效性的识别策略。

（二）协同创新伙伴的选择策略

创新主体是否具有积极性创新动因,是能否成为协同创新备选伙伴的前提条件。如果创新主体具有积极性动因,并且利益诉求、目标诉求或信仰诉求中的一种或多种能够相互契合,相互契合的诉求共同指向了同一个创新目标,就可以成为协同创新的备选合作伙伴。更进一步,假如这些备选伙伴在创新资源和其他相关能力等方面联合在一起、相互协作,具有实现共同创新目标的可能性,那么就可以结成真正的协同创新伙伴,共同开展协同创新工作。这里需要着重指出的是,以往的研究中强调协同创新伙伴应该在创新资源和能力等方面具有互补性,并认为这是结成协同创新伙伴的前提条件。本研究对这一观点持有异议,认为资源和能力等方面具有互补性并不能作为结为协同创新伙伴的必要条件,而仅仅是结成协同创新伙伴的一种情况。事实上,创新主体往往具有相同或相似的资源和能力,但也在同一协同创新组织体系内开展创新工作。这是因为,创新主体在协同创新中追求的是,基于协同效应而在效率或者效果上更有利于满足自身的动因需求。只要产生协同效应,就有利于目标的实现。至于是相同或相似资源和能力的强强联合,还是互补性资源与能力的相互协作,都不是创新主体关注的核心内容。因此,过分强调资源或能力等方面的互补性,是一种带有较强局限性的、对协同创新必要条件的错误认知。

二、强化协同创新动因的管理

（一）动因的引导与协调

创新主体的内部可能同时存在着多个动因。例如,有的企业既有利益诉求,也有目标诉求,多种动因并存的现象在差异化创新主体之间的表现更为普遍和明显。因此,协同创新组织系统的建立与否,以及协同创新的成功与否,都与动因的引导与协调息息相关,不可分割。协同创新主体,既包括企业或科研机构等组织型主体,也包括以自然人形式存在的主体。无论哪种类型的创新主体,在不同的阶段都具有不同的动因。以自然人创新主体为例,在涉世之初、经济较为拮据的阶段,其参与协同创新的动因主要表现为利益诉求,寄望于创新活动给其带来更好的经济收入,从而提高生活水平;待其事业渐入佳境,经济收入大为改观之后,其参与协同创新的动机就很可能转化为个人价值实现或者满足个人爱好等非经济属性的目标诉求;也有可能既有利益诉求,也有目标诉求,对于怀有某种信仰的个体,还可能同时兼有某种信仰诉求。组织类创新主体既包含组织层面,也包含个人层面,在动因方面具有更高的异同性。创新管理者需要在协同创新组织系统内采取合理的方法,对创新主体的多样化动因进行有效管理,协调动因之间的关系,使其具有方向上的一致性,对消极性动因进行必要的引导,使其向积极性动因转变。经过引导和协调的一组动因能够产生合力,使整个协同创新组织系统具有更高的活力和创造力,更好地克服协同创新过程中遭遇的各种困难,取得更有价值的创新成果。这是产生协同效应的重要保障,也是创新主体更好地实现自身动因的前提条件。

(二)动因的转化与巩固

不同的创新动因对协同创新的推动力不同,产生的作用效果也有很大不同。一般而言,基于利益诉求而形成的协同创新最为常见,但是,利益诉求对协同创新的推动力是相对最弱的,作用效果也是相对最小的。与利益诉求截然不同,信仰诉求产生的推动力最大,作用效果也最明显,但是,基于信仰诉求而产生的协同创新是相对最少的,而另一种动因,即目标诉求,其推动力和作用效果介于目标诉求和信仰诉求之间。创新管理者应该时常关注创新主体动因的变化情况,向创新主体提供必要的帮助,使其满足自身的利益诉求,并努力营造良好的创新氛围,使其创新动因逐渐向目标诉求和信仰诉求转化。动因是动态变化的,包含着退化和进化两种情形,动因也是可以共生共存的。多种动因的交织共存无疑增加了协同创新管理的复杂程度,对创新管理者提出了更高的要求。因此,创新管理者应该采取适当的措施,尽量促成动因的进化并使其逐渐稳固下来,形成一个相对稳定的思想意识形态。创新管理者制定并执行可行的策略,实现创新动因的转化与巩固,能够给协同创新进程注入持久而强劲的动力,这是动因管理的精妙之处,也是实质意义所在。

三、优化协同创新收益与动因的匹配

不同的创新主体对参与协同创新所得回报的关注重点不同,因此,基于协同创新收益而进行的收益分配,应该尽可能地与创新主体的动因相互匹配,这是协同创新管理极其重要的问题之一。企业类创新主体关注的重点在于协同创新经济收益的分配问题,高等院校类创新主体对经济收益并不十分敏感,但是对学术性创新成果的署名权问题尤为关注,科研院所类创新主体对技术性创新成果的归属更为关切,而个人类创新主体即注重经济收益,也注重爱好的满足程度。这就要求创新管理者必须切实分析各个创新主体的诉求重点是什么,进行系统的协调与分配,将协同创新取得的各种收益划分为不同的类别,使各种类型的利益份额尽可能地与各个创新主体的诉求重点相互匹配,在公平、公正、公开的原则下实现创新主体的各取所需,从而在效率角度或者效果角度能够更好地服务于创新主体的动因。协同创新收益与动因的有效匹配,既能收到激励创新主体的效果,也能为协同创新组织系统的循环演进和自我强化奠定基础。由此可见,创新管理者在进行创新收益时,必须高度重视收益类别与创新动因的匹配问题,在充分保证上述前提的情况下,将适当的收益份额划归各个不同的创新主体。

第二节 基于协同创新影响因素的改进策略

本研究根据影响因素的效性不同,将协同创新的影响因素划分为积极影响因素、消极影响因素和效性可变因素三个类别。针对不同效性的影响因素,应该采取不同的管理策略,以期尽量放大积极作用和削弱消极作用,为协同创新的路径选择营造相对较好的环境。创新管理者采取合理措施对影响因素进行管理,为了获得更好的管理效果,可以在适当的范围内扩大创新的开放度,并充分发挥信息技术的支撑作用,尽量做到取长补短或扬长避短。基于协同创新影响因素的改进策略指导思想如图 7.2 所示。

一、扩大协同创新的对外开放度

协同创新的过程本身具有开放性,正是因为开放性特征,使得协同创新组织系统突破单个创新主体的局限,能够在更广的范围和更深的层次获取知识、技术、经验和资金等

创新资源,借助这些创新资源进一步放大影响因素的积极作用、抑制和削弱消极作用。由此可见,扩大创新开放度有利于协同创新组织系统的资源获取,协同创新的绩效必然受到创新开放广度和深度的双重影响。

图7.2 基于协同创新影响因素的改进策略概要图

资料来源:本研究绘制

(一)拓宽协同创新的开放广度

协同创新的开放广度是指创新主体在协同创新过程中与外界的接触面,取决于创新主体对外交流与合作主体的数量。开放广度越大,协同创新团队成员就能够接触到更多的外部知识源。协同创新组织系统可以构建开放的创新知识网络,让创新主体在知识地图的作用下,将内、外部的知识关联起来,从而不断扩大外部知识网络的范围,这样,内部的创新知识网络就能够链接到更多的外部知识和知识源,整个创新系统就能得到更大规模的可用知识。创新团队成员借助知识地图寻找创新所需的外部知识源,规划获取知识的最佳路径,从而突破协同创新过程中遇到的难题。同时,创新主体与行业内外的企业、科研院所以及上下游供应链伙伴建立知识网络和关系网络,增强外部知识的储备,为己所用。此外,创新主体组建并动态调整虚拟研发团队,能够很好地吸纳外部创新人员参与协同创新。拓宽协同创新的开放广度,有利于协同创新组织系统在更广的范围内搜寻并获取创新所需的知识、能力和技术等资源,利用这些资源进一步激发并强化影响因素的积极效应,控制削弱影响因素的消极效应,从而达到扬长避短或取长补短的效果,为协同创新组织系统的创建和平稳运行创造良好的条件。

(二)强化协同创新的开放深度

协同创新的开放深度是指创新主体在协同创新过程中与外界各类主体合作的频率,即合作的深入程度。开放深度越大,创新主体与外部知识源之间的交流越频繁、紧密度越高,从外界获取的知识和技术等资源就越多,有利于推动协同创新的开展。创新主体根据以往的合作经历与合作成果等信息,选择一部分外界创新主体作为长期合作伙伴,共同开展协同创新。创新主体无论选择哪一种协同创新模式,都需要不同程度地与外部创新主体进行交流与互动,尽量实现资源共享、内外部知识吸收集成与创新,为协同创新提供更多有价值的异质性知识(高孟立,2018),助推创新目标的实现。强化协同创新的开放深度,有利于创新主体在更深的层次获取复杂程度更高的异质性新知识资源,也有利于获取技术和资金等其他类型的创新资源,为巩固影响因素的积极作用和抑制影响因素的消极作用提供更加有力的支持,从而发现并利用蕴藏丰富市场潜力的创新机会,取得更多、更有价值潜力的创新成果。

二、充分利用信息技术的支撑作用

由前面章节的研究结果可知,随着国家"互联网 +"战略的实施与新媒体技术的高速发展,为创新环境注入了新元素,带动协同创新模式的不断演进,正在发生影响深远的变化,在新时代的管理情境下,信息技术对协同创新的作用效果越发明显,要求创新管理者必须予以充分重视和有效利用(王金丽等,2018)。创新主体应该在"互联网 +"思维的指导下,充分利用信息技术改造并构筑协同创新的过程与模式,使信息技术在协同创新过程中发挥更大的助推作用,这是协同创新必然的发展趋势。"互联网 +"技术、新媒体技术以及数据挖掘技术能够为协同创新过程中的创意生成、虚拟创新团队组建以及创新成果的产业化和商业化提供强有力的技术支持,创新主体应该充分利用信息技术,发挥其支撑并放大协同创新收益的作用,对协同创新的过程模型建构和协同效应产生提供更加强大的推动力量。

此外,本研究提出的三种协同创新模式,即产学研协同、"互联网 + 创新"和企业动态联盟,从协同创新组织系统创建到运行,都需要在信息技术的支持下才能更加高效地降低创新成本、提高创新资源的利用效率、弥合与消除创新主体之间的分歧、加速创新资源的有效整合,从而持续推动协同创新进程向前发展。创新主体借助信息技术,通过常规性知识吸收集成和社会网络启发式搜索,有效汇集分散于众多网络节点的创新资源,将其融入协同创新过程并加以充分利用,从而加快协同创新进程,取得预期的创新成果。

因此,协同创新组织系统应该在整个系统中充分宣传并普及信息技术的有关知识、发展趋势和重要作用,对信息技术形成一个客观并具有前瞻性的广泛认知,对系统内成员,尤其是创新团队成员运用信息技术的行为进行适当的鼓励,营造一种重视并利用信息技术的良好氛围。创新主体合理有效地运用信息技术,使创新团队的内部知识交流更加高效而顺畅,能够有效提升知识资源在协同创新过程中的关键性作用。

第三节　基于协同创新模式及其运行机制的改进策略

本研究在前文详细阐述了协同创新三种主要模式及其运行机制,为创新主体根据自身和创新合作伙伴的实际条件,选择适宜的协同创新模式提供了参考依据。但是,创新主体具体选定的协同创新模式以及相应的运行机制,将对协同创新绩效的高低产生很大影响,甚至决定着协同创新的成败,鉴于此,分析协同创新模式选择的思路并提出改进策略很有必要。

一、充分借助国家方针与政策的利好

党和国家的多次重大会议均明确提出并实施了国家实施创新驱动发展、"互联网＋"以及产学研协同创新等重大战略举措,这是提升国家创新能力的具体路径,为各种类型的创新主体指明了创新的策略与发展方向。与此同时,国家出台了一系列推动、促进和引导协同创新的财政和税收等优惠政策和措施,并且逐年加大了扶持和引导的力度。在这样的利好形势下,创新主体应该审时度势,充分重视、研究并利用国家在方针和政策上的支持,在创新驱动发展的新常态下加快构建协同创新模式、设计运行机制,努力提高创新能力和创新成效,从而尽可能地得到政策支持并享受财政税收等方面的优惠。各类创新主体在国家发展方针和产业政策的有力支持下顺势而动(卞元超等,2017),根据自身和创新伙伴的实际情况,精心设计和选择协同创新模式,进行合理的机制与制度安排,能够显著降低创新成本、有效分散创新风险,推动创新进程快速前进。

二、优选创新模式及其组合

前文阐述了协同创新的三种主要创新模式,即企业动态联盟创新、产学研协同创新与"互联网＋创新"。由前文的论述可知,三种模式的框架体系、创新主体的任务分配以及知识的吸收集成都各不相同,相互之间存在着较大的异同。这就要求创新主体必须综合分析动因和影响因素的作用,充分了解优势与劣势、强项与弱点,从而对综合作用效果做出一个较为客观评定,然后在三种协同创新模式中选择最适宜模式或模式组合,也可以因地制宜地自行设计一种与实际条件更加匹配的新模式。选择协同创新模式组合时，创新主体应该充分考虑模式之间能否相互弥补，能否更进一步地发挥优势和更好地弥补不足，使协同创新组织系统的整体能力得到一个很大的提升。选定的协同创新模式，应该有利于创新主体之间的知识管理活动以及外部知识和技术等创新资源的汲取，这是激发协同效应的重要条件，也是协同创新能否取得成功的关键。

三、协调多种机制的作用效果

本研究的前面章节指出，协同创新的三种主要模式各自对应着多种运行机制，而且每种运行机制关注的重点各不相同，采取的管理策略和措施也存在较大异同，这就导致不同的机制之间，有可能在某些环节存在某种程度的相互交叉甚至相互矛盾，这对创新管理工作提出了更高的挑战。创新管理者在选定的某种协同创新模式下，应该采取有效措施尽可能地消除机制之的相互干扰甚至相互阻碍的不协同现象，必须充分协调多种机制之间的关系，从而实现更好的综合作用效果，为协同创新组织系统的高效运行创造良好的条件，这是产生协同效应并取得预期创新成果的重要保障。除此之外，如果协同创新组织系统选择了三种主要模式中的若干种形成模式组合，那么多种协同创新模式的运行机制就会交织在一起，相互作用并相互影响，不同机制之间的冲突和矛盾等不协同现象会进一步显现出来，如果得不到及时有效的处理，就会严重破坏协同创新，不但难以实现预期的创新目标，而且有可能导致协同创新组织系统的整体崩溃。因此，创新管理者必须充分重视多种机制之间的协调工作，通过不断的优化和调整来消除不协同现象，使多种机制相互配合，取得更好的综合作用效果，从而保障协同创新模式组合的正常运行，这是协同创新组织系统得以维系并自我强化的前提条件。

第四节　基于协同效应内在机理的改进策略

协同效应既是协同创新区别于其他创新形式的标志性特征，也是协同创新过程必须实现的关键目标，更是协同创新组织系统能够持续运行并不断自我强化的基础。因此，基于协同效应的内在机理思考创新管理策略的改进问题具有现实的重要意义。协同效应受到知识搜索、知识吸收能力、知识集成能力以及创新能力的重要影响，鉴于此，本研究从上述几个方面探讨协同创新管理的改进策略，以期为创新管理者提供有益的参考与借鉴。

一、基于知识搜索的改进策略

高质量的知识创新是协同创新的核心内容之一,知识创新必须建立在一定的知识基础之上(王尉东等,2017),丰富的知识基础需要不断获取和更新知识元素,获取知识元素的重要方法之一就是知识搜索,因此,从知识视角探讨协同效应问题,理所当然地需要考虑知识搜索策略的制定和执行,基于知识搜索对协同创新管理进行优化是一个具有启发和指导意义的思路。知识搜索包含知识搜索宽度和知识搜索深度两个维度,这两个维度对协同效应的作用效果有所不同,不能等同视之。因此,在制订知识搜索策略时,应该充分考虑并根据特定时期的特定条件以及过往的经验和数据等,适当兼顾知识搜索宽度与知识搜索深度的平衡,并结合实际情况,在资源投入方面作出适当倾斜,使效能较高的那个维度得到更多的资源,从而提高创新资源的产出效率。通常情况下,创新主体在发展初期,尤其是自身处于创新梯队的较低层级时,适当扩大知识搜索宽度对协同创新更加有利,而在经过一段时间的发展和成长,当创新主体逐渐进入创新梯队的高端层级时,强化知识搜索深度产生的促进效果更为显著。这是因为,在发展初期,创新主体自身的知识储备薄弱,而知识应用能力不强,扩大知识搜索宽度获取的复杂程度不高的外部知识,更容易被创新主体吸收集成,达到促进创新的效果,随着创新主体自身能力的增强,创新所需知识的复杂程度需要进一步提高,此时,深度知识搜索获取的复杂性更高的外部新知识,刚好符合创新主体的实际需要,因而能够更好地激发协同效应并促进协同创新。

二、基于创新能力的改进策略

创新能力是协同效应的重要决定因素,提升创新能力是促发协同效应的重要前提,因此,基于创新能力思考协同创新管理的优化问题,对创新管理者而言,是一个可供选择的上好视角。决定创新能力的重要因素主要包括创新人才、技术设备、创新资金和人文制度环境等。创新人才是创新能力的先导,没有创新人才,创新能力就无从谈起。创新人才的获取途径主要有两条,其一是内部创新人才的培养;其二是外部创新人才的引进。前者需要的时间长,但是对内部员工具有较强的激励作用;后者需要的时间短,但是,如果运用不当,容易对内部员工产生负激励,而且,如何留住引进的创新人才也是一个很大的问题。无论哪种途径得到的创新人才,都需要辅以有效的激励机制,才能取得较好的创新绩效。决定创新能力的另一个重要因素是创新所需的技术设备,离开创新技术设备,创新工作就无法开展,创新能力也就无法体现。协同创新组织系统在自有技术设备无法满足创新工作需要的情况下,可以购买、租用或者借用,后两者可以借助"互联网＋"创建设备网络链路,从而实现远程租用或借用,这是在互联网和新媒体等技术高度发展的新情境下产生的创新技术设备利用新方式。决定创新能力的第三个重要因素就是创新所需的资金,即使有创新人才,也有创新所需的技术设备,但是没有创新所需的资金,协同创新工作也难以正常开展。创新资金的筹集方式包括政府财政划拨、社会捐赠、借贷和投资获利等,创新主体为创新战略制定融资计划时,必须充分考虑融资方式、融资时效和融资成本等多种问题,既要筹得足够的创新资金,又要不被融资的各种成本压垮、拖垮,这对创新主体的财务管理能力而言是一个挑战。

三、基于知识吸收与集成能力的改进策略

对协同效应产生重要影响的因素除了知识搜索,还包括知识吸收能力与知识集成能力。创新主体通过制定并执行知识搜索策略获取的多样化、异质性新知识,必须在知识吸收能力和知识集成能力的作用下,才能成功转化为创新能力,进而促发协同效应。通过知识搜索获取的新知识,需要借助知识吸收能力才能内化为创新主体的内部可用知识,与原有的知识元素相互作用,产生具有创新意义的新知识;同样,通过知识搜索获取的新知识,尤其是复杂性很高的多源性新知识,必须在知识集成能力的作用下,才能有效整合为一个有机整体,知识元素经过重组或重构之后,产生协同创新所需的新知识。在创新主体的发展初期,知识吸收能力发挥的作用往往高于知识集成能力,这是因为发展初期所得的复杂程度相对较低的外源性知识,必须在有效内化之后进行进一步深化才能产生更有价值的新知识,从而促进协同创新;随着创新主体的持续发展,知识集成能力的积极作用逐渐凸显出来,这是因为富含创新价值和经济价值的复杂程度更高的新知识越来越多,在知识集成能力的作用下进行有效整合就能产生更有价值的新知识。鉴于此,创新管理者应该在不同的阶段采取不同的策略,各有侧重地培养和发展知识吸收能力与知识集成能力,以使其更符合不同阶段的实际需要。在发展初期,应该重视知识吸收能力,投入相对更多的资源培养和巩固知识吸收能力,但是不能完全忽视知识集成能力的培养,因为知识集成能力的巨大创新潜力在创新主体的未来发展阶段具有更加突出而重要的作用。这意味着,创新管理者在知识吸收能力和知识集成能力的管理方面不能偏废,而应兼顾,只是根据时局的不同而有所侧重而已。

第八章　研究结论与未来展望

本章基于前文的详细分析与论述,首先对研究结论进行系统的归纳总结,对部分蕴意不够明晰的结论进行必要的挖掘与讨论,然后,详细阐明本研究在理论层面做出的贡献,最后,指出本研究的局限与不足之处,并对未来的研究方向做进一步的展望,以期对后续的研究工作提供有益参考。

第一节　研究结论与讨论

对研究结论进行必要的总结,能够使研究成果得到清晰完整的呈现,有利于条理清晰地理解和掌握研究脉络和内在逻辑,对研究结论进行必要的分析与讨论,有利于进一步挖掘并阐明研究结论的深层含义。

一、研究结论

(一)识别并归纳出协同创新动因的三个类别

本研究对纷繁复杂的协同创新动因进行了全面而系统的识别,指出了协同创新动因包含利益诉求、目标诉求和利益诉求三个类别,详细阐述了三者之间的本质区别以及对协同创新的异同性作用强度,并基于动因视角提出了协同创新伙伴的甄别与筛选策略,为协同创新的理论研究者提供了有益借鉴,为创新管理者提供了操作性更强的工作思路。

(二)总结并划分了协同创新影响因素的类别与管理策略

本研究对繁杂多样的影响因素进行了系统而详细的考察,辨析了影响因素的效能属性,进而,以效能属性为标准将硬性因素划分为积极影响因素、消极影响因素和效性可变因素三个类别,并给出了具有针对性的管理策略。将可控影响因素区分出来,采取措施强化积极影响因素中的可控部分,削弱消极影响因素的可控部分,转化效性可变影响因素的可控部分,在满足经济性的情况下放大积极效能和减小消极效能。

(三)提出了协同创新模式的决策路径

本研究在协同创新模式选择和自行设计的决策方面,指出了以动因和影响因素的综合作用效能为根本依据的协同创新决策路径。在创新主体的动因契合度较高,共同指向了一个相同或相近的创新成果,并且影响因素的综合作用效果表现出一个有利于协同创新的总体态势,就可以在现有协同创新模式中选择一个既有模式或者自行设计一个新模式,与协同创新组织系统进行有效匹配。

(四)提出了协同创新的主要模式及其运行机制

本研究根据创新主体的特点以及协同创新的特征,结合协同创新环境的发展动向与趋势并充分考虑国家方针、政策的影响效应,提出了产学研协同创新、"互联网 + 创新"与企业动态联盟三种协同创新模式及其对应的运行机制,为协同创新组织系统在模式选择和机制设计方面提供有益参考。

(五)构建并证实了协同效应的内在机理模型

本研究从知识管理的视角出发,通过理论分析构建包含知识搜索、知识吸收能力、知识集成能力、创新能力和协同效应等变量的协同效应假设模型,选取高新技术中小企业为样本,采集数据对理论假设进行实证检验(理论假设的实证检验结果见表8.1),进而确立协同效应内在机理模型,得到主要结论如下:

表8.1 研究假设验证结果汇总表

研究假设	结论
H1:知识搜索宽度对创新能力的影响呈倒 U 型	支持
H2:知识搜索深度对创新能力的影响呈倒 U 型	支持
H3a:知识吸收能力对知识搜索宽度与创新能力之间的关系具有正向调节作用	支持
H3b:知识吸收能力对知识搜索深度与创新能力之间的关系具有正向调节作用	支持
H4a:知识集成能力对知识搜索宽度与创新能力之间的关系具有正向调节作用	支持

研究假设	结论
H4b:知识集成能力对知识搜索深度与创新能力之间的关系具有正向调节作用	支持
H5a:知识搜索宽度对协同效应的影响呈倒 U 型	支持
H5b:知识搜索深度对协同效应的影响呈倒 U 型	支持
H6:创新能力对协同效应具有积极的正向影响	支持
H7a:创新能力在知识搜索宽度与协同效应的关系中具有中介效应	支持
H7b:创新能力在知识搜索深度与协同效应的关系中具有中介效应	部分支持

资料来源:作者根据实证检验结果整理

1. 知识搜索与创新能力之间的作用效果呈现倒 U 型曲线状态

知识搜索宽度(和深度)与创新能力之间的关系呈现倒 U 型曲线状态,当知识搜索宽度和深度处于较低水平时,二者均与创新能力正相关,但水平过高时均与创新能力负相关。

2. 知识吸收能力对知识搜索与创新能力之间的关系具有调节作用

本研究发现,知识吸收能力会影响知识搜索对创新能力的作用效果,证实了知识吸收能力对知识搜索与创新能力之间关系的正向调节作用。

3. 知识集成能力对知识搜索与创新能力之间的关系具有调节作用

本研究发现,知识集成能力会影响知识搜索对创新能力的作用效果,证实了知识集成能力对知识搜索与创新能力之间关系的正向调节作用。

4. 知识搜索经由创新能力的中介作用对协同效应产生影响

本研究发现,知识搜索对协同效应的促进作用是在创新能力的中介作用下形成的,也就是说,创新能力是知识搜索和协同效应之间的中介变量。

二、研究结论的讨论

(一)知识搜索对创新能力作用效果的讨论

知识搜索宽度和知识搜索深度与创新能力之间的关系呈现倒 U 型曲线状态,当知识搜索宽度和深度处于较低水平时,二者均与创新能力正相关,但水平过高时均与创新能力负相关。研究结果验证了孙耀吾等（2018）的研究结论,并进一步延伸了 Leiponen（2010）的研究成果,说明知识搜索对创新能力的作用关系具有较高的复杂性,受到其他因素的重要影响,为进一步深入探讨其间的作用机制指明了研究思路。知识搜索既是获取新知识的过程,又是消耗资源的过程,而资源消耗意味着竞争力衰减,图8.1展示了知识、资源与创新能力之间的动态转化过程。当扩大知识搜索宽度和深度获取的新知识能够及时、高效地转化为有价值的异质性知识资源时,知识搜索对创新能力的作用效果表现为正向积极促进,知识搜索消耗的资源也能够得到新增创新能力的超额补偿,从而提高企业竞争力和推动企业成长。此时,强调异质性知识的战略作用、提倡知识搜索的知识基础观具有较强的解释力。然而,随着知识搜索的不断加强,获取的新知识超过知识管理能力的极限而无法有效转化为有价值的异质性知识资源,就不能提升反而会降低创新能力,知识搜索消耗的资源难以得到足额补偿,导致竞争力下降并阻碍企业成长。观察上述整个过程可以发现,知识搜索对创新能力的作用效果表现为先扬后抑。此时,强调权变因素的影响效应、提倡知识搜索应与内外环境相协调的知识权变观具有更强的解释力。可见,只有适度的知识搜索才能提升创新能力,原因在于:适度的知识搜索能够不断更新和丰富知识基础从而避免知识陈旧与结构失衡,有利于及时发现和利用创新机会;适度的知识搜索有利于实现资源消耗与超额补偿的良性循环。本研究基于知识权变观整合知识基础观和资源基础观构建的理论框架具有更强的解释力,为知识层面的创新能力研究提供了一个新的理论视角。

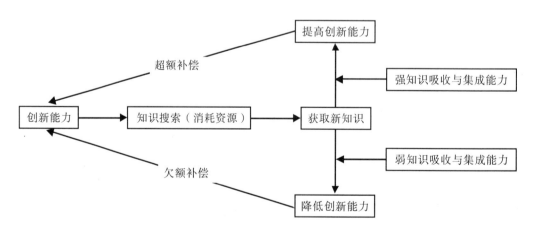

图8.1   知识、资源与能力之间的动态转化示意图

资料来源:秦鹏飞,申光龙,胡望斌,王星星.知识吸收与集成能力双重调节下知识搜索对创新能力的影响效应研究[J].管理学报,2019,16(02):219-228.

（二）知识吸收能力调节作用的讨论

本研究发现知识吸收能力会影响知识搜索对创新能力的作用效果,证实了知识吸收能力对知识搜索与创新能力之间关系的调节作用。知识吸收能力对知识搜索(宽度和深度)与创新能力之间的关系具有正向调节作用。这一研究结果说明在不同的知识吸收能力强度下,知识搜索的作用和潜力会得到不同水平的发挥,知识搜索对创新能力的作用效果呈现出显著不同。具体而言,在知识吸收能力较强时,扩大知识搜索宽度和深度能够在过度搜索之前更快地提升创新能力,而在知识吸收能力较弱时,知识搜索对创新能力的促进效率较低,甚至会削弱创新能力。该研究结论进一步支持了 Zahra 和 George (2002)的观点,并拓展了 Dyer 和 Singh(1998)研究成果。但是,知识吸收能力对知识搜索深度与创新能力之间关系的正向调节作用仅得到了实证结果的部分支持,一个可能的原因是:我国的高新技术中小企业起步较晚、研发实力较弱,在专业领域的科研深度尚浅,产生的新知识复杂度和新颖性不高,限制了知识吸收能力发掘创新机会并创造异质性新知识的作用。

（三）知识集成能力调节作用的讨论

本研究发现知识集成能力会影响知识搜索对创新能力的作用效果,证实了知识集成能力对知识搜索与创新能力之间关系的调节作用,进一步支持并延伸了张小娣和赵嵩正(2012)的研究成果。主要包括:第一,知识集成能力对知识搜索宽度与创新能力之间的关系具有正向调节作用。该研究结果说明宽度搜索获取的宽领域、多样化新知识需要借助知识集成能力的整合作用才能提升创新能力,知识集成能力越强,深度搜索对创新能力的促进效率越高,对创新能力衰减的抑制越有力,这一点与知识吸收能力的作用相似。第二,知识集成能力对知识搜索深度与创新能力之间关系的正向调节作用仅得到实证结果的部分支持,说明调节效应确实存在,但不够显著。可能的原因包括:我国在产业或行业类别的分类方面尚未达到足够的细致程度,领域交叠和融合情况较多,导致深度搜索获取的新知识同质化水平过高并且知识距离过大,导致知识集成能力的作用未能充分显现;处于发展初期的高新技术中小企业对相关专业领域把握不准,知识搜索的经验不足,导致深度搜索获取的新知识复杂性和新颖性过大,超出了知识集成能力的整合范围,因而未能有效提升创新能力。此外,这一未被充分证实的假设或许意味着知识集成能力对知识搜索与创新能力之间关系的调节机制存在更深的复杂逻辑,本研究构建的理论框架或有进一步完善的可能。知识搜索与企业创新等组织行为难以避免地受到地域文化、群体规范等因素的影响,因此,在后续研究中引入社会学和社会心理学领域的变量对深刻揭示知识搜索与创新能力之间的作用机制或许大有裨益。上述研究结果在一定程度上揭示了知识搜索与知识集成能力之间的作用关系,将知识搜索策略与企业内部能力因素联系起来,为知识视角的开放式创新战略与知识管理能力有机整合探究高新技术中小企业成长机制,进而揭开创新型增长的"黑箱"提供了一个新的研究思路。

(四)创新能力中介作用的讨论

本研究证实了创新能力在知识搜索和协同效应之间的中介作用,主要包含两个方面的内容:第一,创新能力在知识搜索宽度和协同效应之间发挥了完全中介作用,这说明广泛搜索获取的复杂程度相对较低的新知识必须完全转化为创新能力,才能促发协同效应,表明复杂程度相对较低的多源性知识具有的价值潜力相对较弱。第二,创新能力在知识搜索深度和协同效应之间发挥部分中介作用,这说明深度搜索获取的复杂程度相对较高的新知识具有更高的价值潜力和创新潜力,其中的一部分在不经创新能力中介的情况下,能够直接促发协同效应,这与某些创新主体引进新技术设备之后直接投入生产运营就能大幅度提高经营绩效的现象相一致。

第二节　理论贡献与实践启示

本研究基于细致观察与审慎思考,经过缜密的理论分析和严谨的实证检验,取得了富有启发性的研究结论,这些研究成果既有管理学理论层面的贡献,也有管理实践方面的启示,有必要进行简要的总结与陈述。

一、理论贡献

(一)拓展了知识基础观的适用边界

本研究基于知识权变观整合知识基础观和资源基础观提出并验证了知识搜索与创新能力之间的倒 U 形曲线关系,这一研究在理论上发展了知识基础观。知识基础观过分关注知识的战略性作用,却忽视了能力、资产等其他资源的重要功能,更忽视了新知识向异质化战略性知识资源转化的动态过程,因而仅仅注意并解释强化知识搜索对创新能力的促进作用,却无法解释强化知识搜索导致创新能力折损的现象。本文构建的理论模型突破了知识基础观的既有研究框架,导入能力和资源两类要素、通过解析知识、资源与创新能力之间相互转化的动态过程阐明了现有文献研究结论不一致的缘由,具有更强的解释力,为创新能力研究提供了新的理论视角和方向,拓展了知识基础观的适用边界。

(二)完善和巩固了知识权变观

本研究构建了整合型理论框架进一步完善和巩固了知识权变观。知识权变观虽然指出了内外部权变因素的重要作用,但是未对资产、能力等具体权变因素的影响效果展开深入细致的分类和探讨,而且现有文献对外部因素的关注较多,对内部因素(如能力、资产等)的关注不够。本研究在一定程度上弥补了这一不足。知识权变观认为人类以及组织系统的复杂性使得发展出一套普遍适用的知识管理理论十分困难,知识管理的最优策略决定于组织内外部环境因素的特殊属性,这一逻辑的延伸就是所有的管理情境都是独一无二的,探寻最优策略也是不现实的。假若当真如此,所有的管理实践就只能依靠直觉和判断,从而否定了先前所有知识和智慧的价值。这是针对知识权变观的一个尖锐批评。本研究所得结论为管理者从知识吸收与集成能力视角发现知识管理规律进而制定并优化知识搜索策略提供了思路,从而肯定了先前知识和智慧的价值,在回应上述批评的同时巩固了知识权变观。

(三)开拓了知识搜索对创新能力作用机制的研究框架

本研究在知识搜索与创新能力之间关系的研究中引入知识吸收能力和知识集成能力作为调节变量,证实了二者不同的调节作用。这一研究开拓了知识搜索对创新能力作用机制的研究框架,探索性地将知识层面创新能力的两大关键影响因素——知识搜索策略与知识管理能力纳入一个统一的研究模型,在理论上澄清了什么样的知识搜索策略在什么样的知识管理能力作用下更有可能取得更好的创新效果,这一发现超越了现有文献知识管理与知识能力相分离的分析框架,对知识管理理论和企业能力理论都是重要的补充。此外,本文超越了已有文献从知识吸收能力或知识集成能力单一维度探讨知识搜索策略与企业创新之间关系的研究,对于已有研究过分强调知识吸收能力而忽视知识集成能力的缺陷是一个有益补充,对知识管理理论是一个贡献。

(四)从知识管理和创新能力的视角澄清了协同效应的内在机理

本研究识别了协同创新的关键要素——知识,指出了知识经由知识搜索、知识共享、知识吸收与集成、知识创造和知识应用等一系列的知识管理活动转化为创新能力,并最终转化为协同效应的路径与流程,突破了以往的协同效应理论研究局限于"协同创新模式→协同效应""战略协同→协同效应""组织协同→协同效应""文化协同→协同效应""资源协同→协同效应""能力协同→协同效应"等思维框架,进一步丰富和深化了协同创新理论,并为协同创新和协同效应的理论研究开辟了一个新的参考视角。

二、实践启示

(一)知识搜索的资源投入应充分考虑知识管理能力

知识搜索的资源投入并非越多越好,知识搜索的强度应与知识吸收与集成能力相协调。适度的知识搜索能够有效促进创新能力的提升,在资源消耗的同时实现资源的超额补偿,因而有利于企业创新和成长。过度的知识搜索则难以实现资源消耗与补偿的良性循环,非但不利于企业创新,甚至会折损创新能力。只有根据知识吸收能力和知识集成能力的实际情况投入适量资源、制定并实施适度的知识搜索,才能有利于提高创新能力。

(二)知识搜索宽度与深度应当兼顾并适当倾斜

知识搜索应兼顾搜索宽度与搜索深度,并适度侧重搜索宽度。本研究的样本企业数据回归结果表明,现阶段高新技术中小企业的知识搜索宽度与深度对创新能力的作用效果整体上表现为正向促进,但搜索宽度的回归系数大于搜索深度,说明扩大知识搜索宽度对创新能力的作用效率更高。因此,在知识搜索宽度方面保持适度的资源倾斜力度,对创新能力的提升更有利。

(三)知识吸收能力与知识集成能力不可偏废

创新主体应该注重知识吸收能力和知识集成能力的培养,关注知识吸收能力现阶段创新实效的同时充分重视知识集成能力未来的创新潜力。知识搜索获取的多样化、新颖性和复杂性新知识要想转化为促进创新能力的异质性知识资源,既离不开知识吸收能力的内化作用,也离不开知识集成能力的整合作用。但本研究的数据回归结果表明,现阶段知识吸收能力的影响效应高于知识集成能力,这意味着知识吸收能力的重要作用应该得到重视(陈志军等,2019),但是随着研发的深入和创新层次的提高,产生的高新颖性和高复杂性的新知识必然更多、更深地依赖知识集成能力的整合作用才能转化为企业创新的有效知识要素。因此,企业应该在强化知识吸收能力的同时看到知识集成能力的巨大创新潜力,注重知识集成能力的培养。

(四)激发并促生协同效应的先决条件在于提高创新能力

协同效应是协同创新组织系统持续稳定运行并实现自我强化的前提条件,因此,协同创新管理者要想得到良好的协同效应,就必须对协同效应的内在机理形成深刻的认知,充分认识并重视提高创新能力的重要性。只有制定并执行科学合理的知识管理策略,利用各种有利的条件,尽可能地将知识转化为创新能力,才能形成更好的协同效应。在协同创新管理过程中,创新管理者必须提高对创新能力的认识,管理工作围绕着提高创新能力而展开,创新资源就能得到更加充分利用,创新效率就会进一步提高,就会取得更多更好的创新成果,协同效应就会随之而来。

第三节　不足之处与未来展望

本研究秉承科学严谨的态度,对协同创新理论与实践进行系统的考察与回顾,思考并确定研究内容,设计研究路径和逻辑架构,在理论分析的基础上推演出研究模型,选择样本并采集数据对研究假设进行实证检验,力求做到过程规范、结果可靠,以期对协同创新理论研究和管理实践做出一定的贡献。但是,本研究仍然无法达到尽善尽美,不足之处依然存在。

一、本研究的不足之处

(一)样本选择具有局限性

本研究的样本企业全部位于天津辖区之内,具有地域性局限,企业的组织行为会受到不同地域文化的影响,导致知识搜索和创新行为产生差异,社会性因素对创新行为的作用有待进一步深入研究。此外,协同创新过程中的创新主体包含企业、高等院校、科研院所和金融机构等众多类别的各种组织、团队和个体,但是,本研究出于样本选取便利性与可得性的考虑,将样本集中于高新技术中小企业,虽然这类企业在知识搜索、创新能力和协同创新方面具有更高的代表性,但是,样本类别的单一性较强、丰富性不足,有待进一步提高。

（二）研究方法具有局限性

本研究采用调查问卷的方式获取横截面数据进行变量测量,难以实现创新行为的动态研究,而且数据的主观性较强,未来的研究可以尝试多种途径收集数据,将主观数据与客观数据结合使用,以提高研究质量。另外,本研究的数据回归结果表明,相比知识集成能力,知识吸收能力对知识搜索与创新能力之间关系的作用效果更大。这是否意味着知识的内化既是创新的基础,又是创新的途径,而知识的整合仅仅是创新的途径,知识吸收能力与知识集成能力之间是否存在影响效应,本研究限于篇幅并未对此加以探析,这一内容可以在未来的研究中深入探讨。

二、未来研究的展望

本研究力求在研究过程中做到资料丰富详实、思考深入具体和研究系统全面,但是,受到个人研究能力和资源局限等多方面的限制,本研究在以下两个方面方面仍有进一步完善和探讨的空间:

（一）不同类型创新动因之间的相互作用和影响

本研究辨析并归纳了协同创新动因的三种类型,并探讨了动因契合的问题,但是,不同动因之间是否具有层级关系,是怎样相互影响的,以及其间的作用机制如何,本文并未述及。协同创新影响因素方面的研究,也存在上述问题。上述议题对于协同创新理论研究而言具有理论价值,对管理实践而言具有指导意义,是后续研究应该重点关注的内容。

（二）可以进一步尝试协同效应复杂机制的探讨

本研究基于知识管理的视角,阐释了知识搜索在知识吸收能力和知识集成能力的调节作用下,经由创新能力的中介作用,对协同效应的影响机制,揭示了协同效应的内在机理。然而,创新能力作为中介变量是否具有唯一性,创新能力对协同效应的作用效果是否受到某些其他因素的影响,知识搜索向协同效应的转化过程是否隐藏着某种更深层次的逻辑关系,这些议题都是未来研究的重点方向。

参 考 文 献

［1］卞元超，白俊红. 政府支持、产学研协同与技术创新绩效［J］. 南大商学评论，2017，14（03）：46 - 74.

［2］蔡猷花，黄娟，王丽丽. 产学研网络惯例、知识协同与创新绩效的关系［J］. 技术经济，2017，36（06）：40 - 45.

［3］曹青林. 协同创新与高水平大学建设［D］. 华中科技大学，2014.

［4］曹勇，蒋振宇，孙合林，阮茜. 知识溢出效应、创新意愿与创新能力——来自战略性新兴产业企业的实证研究［J］. 科学学研究，2016，34（01）：89 - 98.

［5］曹勇，向阳. 企业知识治理、知识共享与员工创新行为——社会资本的中介作用与吸收能力的调节效应［J］. 科学学研究，2014，32（01）：92 - 102.

［6］曾德明，周涛. 企业知识基础结构与技术创新绩效关系研究——知识元素间关系维度新视角［J］. 科学学与科学技术管理，2015，36（10）：80 - 88.

［7］曾建光，张英，杨勋. 宗教信仰与高管层的个人社会责任基调——基于中国民营企业高管层个人捐赠行为的视角［J］. 管理世界，2016（04）：97 - 110.

［8］陈国权，刘薇. 企业组织内部学习、外部学习及其协同作用对组织绩效的影响——内部结构和外部环境的调节作用研究［J］. 中国管理科学，2017，25（05）：175 - 186.

［9］陈劲，吴波. 开放式创新下企业开放度与外部关键资源获取［J］. 科研管理. 2012，33（9）：10 - 21.

［10］陈劲，阳银娟. 协同创新的理论基础与内涵［J］. 科学学研究，2012，30（2）：161 - 164.

［11］陈劲，阳银娟. 协同创新的驱动机理［J］. 技术经济. 2012，31（8）：6 - 11.

［12］陈丽丽，胡斌，杨坤. 创新网络中企业知识协同效能评价［J］. 科技管理研究，2019（03）：92 - 98.

［13］陈伟，张永超，马一博，等. 基于 AHP - GEM - Shapley 值法的低碳技术创新联盟利益分配研究［J］. 运筹与管理. 2012，21（04）：220 - 226.

［14］陈于. 动机理论视角下农民合作社产生机制探析——以广西上寨屯为例［J］. 农业经济问题，2015，36（07）：73 - 79 + 111.

［15］陈钰芬，陈劲. 开放式创新促进创新绩效的机理研究［J］. 科研管理. 2009，30（4）：1 - 9.

［16］陈钰芬，叶伟巍. 企业内部 R&D 和外部知识搜寻的交互关系——STI 和 DUI 产业的创新战略分

析[J]. 科学学研究, 2013, 31(2): 266 – 275.

[17] 陈志军, 马鹏程, 董美彤. 母子公司知识转移渠道、研发协同与产品创新绩效关系研究——吸收能力的调节作用[J]. 珞珈管理评论, 2019(01): 34 – 55.

[18] 程跃. 协同创新网络成员关系对企业协同创新绩效的影响——以生物制药产业为例[J]. 技术经济, 2017, 36(07): 22 – 28 + 133.

[19] 刁丽琳, 朱桂龙, 许治. 基于多权 Shapley 值的联盟利益分配机制[J]. 工业工程与管理. 2011, 16(4): 79 – 84.

[20] 董梦晨, 吴嵩, 朱一杰, 郭亚飞, 金盛华. 宗教信仰对亲社会行为的影响[J]. 心理科学进展, 2015, 23(06): 1095 – 1108.

[21] 董睿, 张海涛. 产学研协同创新模式演进中知识转移机制设计[J]. 软科学, 2018, 32(11): 6 – 10.

[22] 方钦. 经济结构的信仰基础——一个基于历史视角的综述[J]. 东岳论丛, 2007(03): 10 – 20.

[23] 方炜, 赵洁. 产学研协同创新治理风险分担机制研究[J]. 统计与决策, 2019(05): 64 – 67.

[24] 冯海燕. 产学研合作的协同效应及路径优化研究[D]. 北京交通大学, 2018.

[25] 奉小斌, 陈丽琼. 外部知识搜索能提升中小微企业协同创新能力吗？——互补性与辅助性知识整合的中介作用[J]. 科学学与科学技术管理, 2015, 36(8): 105 – 117.

[26] 高杰, 丁云龙, 郑作龙. 中国创新研究群体合作网络的形成与演化机理研究——科学共同体视阈下优秀创新群体案例分析[J]. 管理评论, 2018, 30(03): 248 – 263.

[27] 高杰, 丁云龙. 中国创新研究群体的深层合作机制研究[J]. 公共管理学报, 2018, 15(03): 78 – 90 + 157.

[28] 高孟立. 合作创新中互动一定有助于促进合作吗？[J]. 科学学研究, 2018, 36(08): 1524 – 1536.

[29] 高少冲, 丁荣贵. 首席专家项目匹配度、组织网络特征与协同创新绩效[J]. 科学学研究, 2018, 36(09): 1615 – 1622.

[30] 高太山, 柳卸林. 企业国际研发联盟是否有助于突破性创新？[J]. 科研管理. 2016, 37(01): 48 – 57.

[31] 高锡荣, 张嗣成. 制约产学研协同创新的障碍因素提炼及层级体系构建[J]. 科技管理研究, 2018, 38(24): 144 – 150.

[32] 谷生然. 社会信仰研究: 以社会认识论的视角探索信仰问题[J]. 哲学研究, 2012(08): 18.

[33] 郭斌, 谢志宇, 吴慧芳. 产学合作绩效的影响因素及其实证分析[J]. 科学学研究, 2003, (12): 14 – 147.

[34] 郭韧, 程小刚, 李朝明. 企业协同创新知识产权合作的动力学研究[J]. 科研管理, 2018, 39(11): 107 – 115.

[35] 何郁冰. 产学研协同创新的理论模式[J]. 科学学研究, 2012, 30(2): 165 – 174.

[36] 侯光文,薛惠锋.集群网络关系、知识获取与协同创新绩效[J].科研管理,2017,38(04):1 – 9.

[37] 胡保亮,方刚.网络位置、知识搜索与创新绩效的关系研究——基于全球制造网络与本地集群网络集成的观点[J].科研管理,2013,34(11):18 – 26.

[38] 胡刃锋.产学研协同创新隐性知识共享影响因素及运行机制研究[D].吉林大学,2015.

[39] 黄攸立,汪虹,李政.大学产业合作关系形成影响因素研究述评[J].科学学与科学技术管理,2010(6):131 – 136.

[40] 霍鹏,严如贺,阮荣平.宗教信仰与普遍信任:促进还是抑制？——基于CGSS2012的数据分析[J].世界经济文汇,2018(03):78 – 98.

[41] 菅利荣.国际典型的产学研协同创新机制研究[J].高校教育管理,2012,6(5):6 – 11 +32.

[42] 姜永常.知识融合转化集成多元认知的协同创新机制[J].科学学研究,2018,36(11):1946 – 1952 +2029.

[43] 蒋兴华.高校协同创新绩效影响因素研究[J].研究与发展管理,2018,30(06):138 – 143.

[44] 解学梅,方良秀.国外协同创新研究述评与展望[J].研究与发展管理,2015,27(04):16 – 24.

[45] 解学梅,刘丝雨.协同创新模式对协同效应与创新绩效的影响机理[J].管理科学.2015,28(2):27 – 39.

[46] 解学梅,孙科杰.产业技术创新战略联盟长效合作机制:基于144家联盟的实证研究[J].系统管理学报,2018,27(03):401 – 413.

[47] 解学梅,左蕾蕾.企业协同创新网络特征与创新绩效:基于知识吸收能力的中介效应研究[J].南开管理评论,2013,16(03):47 – 56.

[48] 雷光勇,刘茉,曹雅丽.宗教信仰、政治身份与企业投资偏好[J].财经研究,2016,42(06):110 – 120.

[49] 李朝明,黄利萍.动态能力、协同知识创新和企业持续竞争力的关系研究[J].科技进步与对策,2010,27(21):17 – 21.

[50] 李丹,杨建君.关系状态、信任、创新模式与合作创新绩效[J].科研管理,2018,39(06):103 – 111.

[51] 李久平,姜大鹏,王涛.产学研协同创新中的知识整合:一个理论框架[J].软科学,2013,27(5):136 – 139.

[52] 李培楠,赵兰香,万劲波.创新要素对产业创新绩效的影响——基于中国制造业和高技术产业数据的实证分析[J].科学学研究,2014,32(04):604 – 612.

[53] 李培哲,菅利荣,刘勇.知识转移视角下复杂产品产学研协同创新管理机制研究[J].科技管理研究,2019,39(02):203 – 208.

[54] 李鹏,李美娟,陈维花.企业R&D投入与产学研协同创新绩效分析[J].统计与决策,2019,35(02):183 – 185.

［55］李艳华. 中小企业内、外部知识获取与技术能力提升实证研究［J］. 管理科学, 2013, (5)：19 - 29.

［56］李永周, 权德衡, 吴礼雄. 基于创新人才网络嵌入的高校协同创新绩效评价［J］. 科技管理研究, 2018, 38(21)：99 - 106.

［57］刘丹, 闫长乐. 协同创新网络结构与机理研究［J］. 管理世界, 2013, (12)：1 - 4.

［58］刘和东, 钱丹. 产学研合作绩效的提升路径研究——以高新技术企业为对象的实证分析［J］. 科学学研究, 2016, 34(5)：704 - 712.

［59］刘旭光. 从信仰与宗教、理性的辩证关系论信仰的本质［J］. 理论月刊, 2017(01)：42 - 47.

［60］刘学元, 丁雯婧, 赵先德. 企业创新网络中关系强度、吸收能力与创新绩效的关系研究［J］. 南开管理评论, 2016, 19(01)：30 - 42.

［61］刘友金, 易秋平, 贺灵. 产学研协同创新对地区创新绩效的影响——以长江经济带 11 省市为例［J］. 经济地理, 2017, 37(09)：1 - 10.

［62］罗洪云. 知识整合视角下新创科技型小企业突破性技术创新研究［D］. 哈尔滨工业大学, 2017.

［63］罗琳, 魏奇锋, 顾新. 产学研协同创新的知识协同影响因素实证研究［J］. 科学学研究, 2017, 35(10)：1567 - 1577.

［64］罗炜, 唐元虎. 国内外合作创新研究述评［J］. 科学管理研究, 2000(04)：14 - 19.

［65］马永红, 苏鑫, 赵越. 区域创新系统协同演化机制与优化设计研究［J］. 运筹与管理, 2018, 27(12)：47 - 56.

［66］孟潇. 面向重大项目的跨组织科研合作过程研究［D］. 哈尔滨工业大学, 2016.

［67］齐善鸿, 孙继哲, 李宽. 至善理性信仰与企业家道德信仰的构建［J］. 管理学报, 2018, 15(10)：962 - 970.

［68］钱锡红, 杨永福, 徐万里. 企业网络位置、吸收能力与创新绩效［J］. 管理世界, 2010, (5)：118 - 129.

［69］秦鹏飞, 申光龙, 胡望斌, 王星星. 知识吸收与集成能力双重调节下知识搜索对创新能力的影响效应研究［J］. 管理学报, 2019, 16(02)：219 - 228.

［70］屈文建, 孙荣楠, 黄琪. 面向多维属性特征的协同知识共享模式研究［J］. 情报理论与实践, 2018, 41(01)：71 - 75.

［71］全利平, 蒋晓阳. 协同创新网络组织实现创新协同的路径选择［J］. 科技进步与对策, 2011, 28(9)：15 - 18.

［72］阮爱君, 陈劲. 正式/非正式知识搜索宽度对创新绩效的影响［J］. 科学学研究, 2015, 33(10)：1573 - 1583.

［73］阮荣平, 郑风田, 刘力. 信仰的力量：宗教有利于创业吗？［J］. 经济研究, 2014, 49(03)：171 - 184.

［74］芮正云, 罗瑾琏. 捆绑还是协同：创新联盟粘性对企业间合作绩效的影响——表达型与工具型关系契约的作用差异视角［J］. 系统管理学报, 2019, 28(01)：1 - 9.

[75] 史建锋. 互联网环境下产学研知识创新联盟合作研究[D]. 哈尔滨工业大学, 2017.

[76] 苏道明, 吴宗法, 刘臣. 外部知识搜索及其二元效应对创新绩效的影响[J]. 科学学与科学技术管理, 2017, 38(08): 109 - 121.

[77] 孙耀吾, 秦毓, 贺石中. 高技术中小企业知识搜索对创新能力的影响[J]. 科学学研究, 2018, 36(03): 550 - 557 + 576.

[78] 谭云清, 原海英, 马永生, 翟森竞. 资源约束、知识搜索对企业开放式创新影响[J]. 科研管理, 2017, 38(S1): 641 - 649.

[79] 佟泽华, 姜子元, 师闻笛. 网络柔性对创新绩效的影响研究: 个体知识协同行为(Id - KCB)、团队知识协同行为(T - KCB)的中介效应[J]. 情报科学, 2017, 35(09): 117 - 124.

[80] 王帮俊, 赵雷英. 基于扎根理论的产学研协同创新绩效影响因素分析[J]. 科技管理研究, 2017, 37(11): 205 - 210.

[81] 王海军, 成佳, 邹日崧. 产学研用协同创新的知识转移协调机制研究[J]. 科学学研究, 2018, 36(07): 1274 - 1283.

[82] 王金丽, 秦鹏飞. "互联网 +"经济性、非经济性与非经济性规避探析[J]. 现代管理科学, 2018(02): 118 - 120.

[83] 王进富, 张颖颖, 苏世彬, 等. 产学研协同创新机制研究: 一个理论分析框架[J]. 科技进步与对策, 2013, 30(16): 2 - 6.

[84] 王康, 王晓慧. 产业技术创新战略联盟的技术竞争情报协同服务模式研究[J]. 情报科学, 2018, 36(10): 54 - 57 + 83.

[85] 王璐, 黄敏学, 肖橹, 周南. 社会资本、知识利用与共有协同创新绩效[J]. 科研管理, 2018, 39(11): 79 - 87.

[86] 王尉东. 产业知识基础对产业创新绩效的影响研究[D]. 中国科学技术大学, 2017.

[87] 王玉梅, 刘伟, 罗公利, 边伟军. 高新技术企业成长创新要素协同分析与绩效测度研究[J]. 南大商学评论, 2017, 14(04): 193 - 210.

[88] 吴洁, 车晓静, 盛永祥, 陈璐, 施琴芬. 基于三方演化博弈的政产学研协同创新机制研究[J]. 中国管理科学, 2019, 27(01): 162 - 173.

[89] 吴梦颖, 彭正龙, 何培旭. 道德型领导及其追随者: 道德信仰的被中介的调节效应研究[J]. 预测, 2017, 36(02): 1 - 8.

[90] 吴晓波, 彭新敏, 丁树全. 我国企业外部知识源搜索策略的影响因素[J]. 科学学研究, 2008(2): 364 - 372 + 408.

[91] 吴杨, 苏竣. 科研团队知识创新系统的复杂特性及其协同机制作用机理研究[J]. 科学学与科学技术管理. 2012, 33(1): 156 - 165.

[92] 吴悦, 顾新. 产学研协同创新的知识协同过程研究[J]. 中国高校科技, 2012(7): 12 - 13.

[93] 武爱玲. 试论信仰的合理性[J]. 天津社会科学, 1997(05): 63 - 65.

[94] 夏丽娟, 谢富纪, 王海花. 制度邻近、技术邻近与产学协同创新绩效——基于产学联合专利数据的研究[J]. 科学学研究, 2017, 35(05): 782 - 791.

[95] 肖琳, 徐升华, 杨同华. 企业协同创新理论框架及其知识互动影响因素述评[J]. 科技管理研究, 2018, 38(13): 32 - 42.

[96] 谢洪明, 吴溯, 王现彪. 知识整合能力、效果与技术创新[J]. 科学学与科学技术管理, 2008(08): 88 - 93.

[97] 谢志宇. 产学合作绩效影响因素研究[D]. 浙江大学, 2004.

[98] 徐立平, 姜向荣, 尹翀. 企业创新能力评价指标体系研究[J]. 科研管理, 2015, 36(S1): 122 - 126.

[99] 徐宜青, 曾刚, 王秋玉. 长三角城市群协同创新网络格局发展演变及优化策略[J]. 经济地理, 2018, 38(11): 133 - 140.

[100] 杨浩昌, 李廉水. 高技术企业知识与产品创新协同的测度及启示[J]. 科学学研究, 2018, 36(10): 1889 - 1895.

[101] 杨林, 柳洲. 国内协同创新研究述评[J]. 科学学与科学技术管理, 2015, 36(04): 50 - 54.

[102] 杨星星, 杨永哲. 论负激励在企业管理中的运用[J]. 中国管理信息化. 2013, 16(18): 78 - 79.

[103] 杨阳. 面向复杂重大科技工程的协同创新联盟管理机制研究[D]. 北京理工大学, 2014.

[104] 杨颖, 李宇啸. 研发协同的影响因素和绩效评价: 文献综述[J]. 科研管理, 2017, 38(S1): 543 - 549.

[105] 姚山季, 来尧静, 金晔, 王万竹. 客户协同产品创新、转化式学习和新产品开发绩效: 一项实证研究[J]. 管理工程学报, 2017, 31(04): 63 - 71.

[106] 叶伟巍, 梅亮, 李文, 王翠霞, 张国平. 协同创新的动态机制与激励政策——基于复杂系统理论视角[J]. 管理世界, 2014(06): 79 - 91.

[107] 于超, 朱瑾, 张文倩, 张耀耀. 信息交互视角下在线社群协同进化耦合域构建机制研究[J]. 情报科学, 2018, 36(12): 111 - 117.

[108] 余维新, 熊文明, 魏奇锋, 王彬彬. 关系产权、知识溢出与产学研协同创新的稳定性研究[J]. 软科学, 2018, 32(12): 24 - 28.

[109] 余玉花. 道德信仰与价值共识[J]. 理论探讨, 2015(03): 42 - 46.

[110] 张峰, 刘侠. 外部知识搜寻对创新绩效的作用机理研究[J]. 管理科学, 2014, (1): 31 - 42.

[111] 张海滨. 高校产学研协同创新的影响因素及机制构建[J]. 福州大学学报: 哲学社会科学版. 2013, 27(3): 104 - 107.

[112] 张豪, 丁云龙. 论我国大学——产业合作关系的缘起、发展与嬗变[J]. 科技进步与对策, 2013, 30(11): 46 - 50.

[113] 张豪. 大学——产业合作组织协同创新研究[D]. 哈尔滨工业大学, 2016.

[114] 张洁瑶. 创业企业多维邻近性对协同创新关系影响研究[J]. 科研管理, 2018, 39(09): 78 - 85.

[115] 张敬文, 李一卿, 陈建. 战略性新兴产业集群创新网络协同创新绩效实证研究[J]. 宏观经济研究, 2018(09): 109 - 122.

[116] 张米尔, 武春友. 产学研合作的交易费用[J]. 科学学研究, 2001, (01): 89 - 92.

[117] 张千帆, 王程珏, 张亚军. 异业合作与口碑传播:客户体验及产品创新度的影响——以"互联网 +"背景下的企业合作为例[J]. 管理评论, 2018, 30(09): 132 - 142.

[118] 张小娣, 赵嵩正. 知识集成能力视角下企业组织结构对创新绩效的影响机理研究[J]. 研究与发展管理, 2012, 24(03): 66 - 73.

[119] 张学和, 宋伟, 方世建. 成就动机理论视角下的知识型员工个体创新绩效实证研究——基于部分科技型组织的调查数据分析[J]. 科学学与科学技术管理, 2013, 34(01): 164 - 171.

[120] 张在群. 政府引导下的产学研协同创新机制研究[D]. 大连: 大连理工大学博士学位论文, 2013: 49 - 75.

[121] 赵立雨. 基于协同创新的技术创新网络扩张研究[J]. 科技进步与对策, 2012, 29(22): 11 - 14.

[122] 郑刚, 朱凌. 全面协同创新:一个五阶段全面协同过程模型:基于海尔集团的案例研究[J]. 管理工程学报, 2008, 22(2): 24 - 30.

[123] 周飞, 孙锐. 吸收能力和网络惯例形成演化视角下的突破性产品创新研究[J]. 管理学报, 2015, 12(06): 873 - 879.

[124] 周晓. 组织学习对组织创新的影响研究[D]. 哈尔滨: 哈尔滨工业大学, 2007.

[125] 周莹莹, 高书丽, 陈建斌. 研发团队知识协同动机研究——基于组织学习的视角[J]. 科技管理研究, 2019, 39(02): 140 - 148.

[126] 周正, 尹玲娜, 蔡兵. 我国产学研协同创新动力机制研究[J]. 软科学, 2013, 27(7): 52 - 56.

[127] Alavi M, Leidner D E. Review: Knowledge management and knowledge management systems: Conceptual foundations and research issues[J]. *MIS Quarterly*. 2001, 25(1): 107 - 136.

[128] Arza V, López A. Firms´linkages with public research organizations in Argentina: Drivers, perceptions and behaviours[J]. *Technovation*, 2011, 31(8): 384 - 400.

[129] Ayoko O B, Konrad A M, Boyle M V. Online work: Managing conflict and emotions for performance in virtual teams[J]. *European Management Journal*. 2012, 30(2): 156 - 174.

[130] Barbosa J, Leit? o P, Adam E, et al. Dynamic self - organization in holonic multi - agent manufacturing systems: The ADACOR evolution[J]. *Computers in Industry*. 2015, 66(2): 99 - 111.

[131] Beise M, Stahl H. Public research and industrial innovations in Germany[J]. *Research Policy*, 1999, 28(4): 397 - 422.

[132] Belderbos R, Carree M, Lokshin B. Cooperative R&D and firm performance[J]. *Research Policy*, 2004, 33(10): 1477 - 1492.

[133] Bjerregaard T. Industry and academia in convergence: Micro – institutional dimensions of R&D collaboration[J]. *Technovation*, 2010, 30(2): 100 – 108.

[134] Bonte W, Keilbach M. Concubinage or marriage? Informal and formal cooperations for innovation[J]. *International Journal of Industrial Organization*, 2005, 23(3): 279 – 302.

[135] Boschma R. Proximity and innovation: A critical assessment[J]. *Regional Studies*, 2005, 39(1): 61 – 74.

[136] Botta A, de Donato W, Persico V, et al. Integration of Cloud computing and Internet of Things: A survey[J]. *Future Generation Computer Systems*. 2016, 56(4): 684 – 700.

[137] Caloghirou Y, Ioannides S, Vonortas N S. Research joint ventures[J]. *Journal of Economic Surveys*, 2003, 17(4): 541 – 570.

[138] Carvalho L F, Barbon Jr. S, Mendes L D S, et al. Unsupervised learning clustering and self – organized agents applied to help network management[J]. *Expert Systems with Applications*. 2016, 54(4): 29 – 47.

[139] Chang Y C. Benefits of co – operation on innovative performance: Evidence from integrated circuits and biotechnology firms in the UK and Taiwan[J]. *R&D Management*, 2003, 33(4): 425 – 437.

[140] Chesbrough H W. *Open innovation: The new imperative for creating and profiting from technology*[M]. Cambridge: Harvard Business Review Press, 2003: 113 – 134.

[141] Chiesa V, Giua F, Manzini R, et al. The externalisation of R&D activities and the growing market of productdevelopment services[J]. *R&D Management*, 2004, 34(1): 65 – 75.

[142] Cohen W, Levinthal D. Absorptive capacity: A new perspective on learning and innovation[J]. *AdministrativeScience Quarterly*, 1990, 35(1): 128 – 152.

[143] Cohen W M, Nelson R R, Walsh J P, et al. Links and impacts: The influence of public research on industrial R&D[J]. *Management Science*, 2002, 48(1): 1 – 23.

[144] Corning P A. "The synergism hypothesis": On the concept of synergy and its role in the evolution of complex systems[J]. *Journal of Social and Evolutionary Systems*, 1998, 21(2): 133 – 172.

[145] Dardeno T A, Chou S H, Moon H S, et al. Leptin in human physiology and therapeutics[J]. *Frontiers in Neuroendocrinology*, 2010, 31(3): 377 – 393.

[146] De Boer M, Den Bosch V, Frans A J, et al. Managing organizational knowledge integration in the emerging multimedia complex[J]. *Journal of Management Studies*, 1999, 36(3): 379 – 398.

[147] de Faria P, Lima F, Santos R. Cooperation in innovation activities: The importance of partners[J]. *ResearchPolicy*, 2010, 39(8): 1082 – 1092.

[148] De Shon R P, Gillespie J Z. A motivated action theory account of goal orientation[J]. *Journal of Applied Psychology*, 2005(90): 1096 – 1127.

[149] DeSarbo W S, Anthony Di Benedetto C, Song M, et al. Revisiting the miles and snow strategic frame-work: Uncovering interrelationships between strategic types, capabilities, environmental uncertainty, and firm performance[J]. *Strategic Management Journal*, 2005, 26(1): 47 – 74.

[150] Dyer J H, Singh H. The relational view: Cooperative strategy and sources of interorganizational compet-itive advantage[J]. *Academy of Management Review*, 1998, 23(4): 660 – 679.

[151] Escribano A, Fosfuri A, Tribó J A. Managing external knowledge flows: The moderating role of absorp-tive capacity[J]. *Research Policy*, 2009, 38(1): 96 – 105.

[152] Fawcett S E, Jones S L, Fawcett A M. Supply chain trust: The catalyst for collaborative innovation [J]. *Business Horizons*. 2012, 55(2): 163 – 178.

[153] Fawcett S E, Waller M A. Mitigating the myopia of dominant logics: On differential performance and strategic supply chain research[J]. *Journal of Business Logistics*, 2012, 33(3): 173 – 180.

[154] Fernández – Mesa A, Alegre J. Entrepreneurial orientation and export intensity: Examining the inter-play of organizational learning and innovation[J]. *International Business Review*. 2015, 24(1): 148 – 156.

[155] Fiaz M. An empirical study of university – industry R&D collaboration in China: Implications for tech-nology in society[J]. *Technology in Society*, 2013, 35(3): 191 – 202.

[156] Fritsch M, Franke G. Innovation, regional knowledge spillovers and R&D cooperation[J]. *Research Policy*, 2004, 33(2): 245 – 255.

[157] Fu L, Zhou X, Luo Y. The research on knowledge spillover of industry – university – research institute collaboration innovation network[C]. *The 19th International Conference on Industrial Engineering and Engineering Management*. Berlin: Springer Berlin Heidelberg, 2013: 361 – 371.

[158] Fusfeld H I, Haklisch C S. Cooperative R&D for competitors[J]. *Harvard Business Review*, 1985, 14 (11): 60 – 76.

[159] Garud R, Nayyar P R. Transformative capacity: continual structuring by inter temporal technology transfer[J]. *Strategic Management Journal*, 1994, 15(5): 365 – 386.

[160] Grant R. Toward a knowledge – based theory of the firm[J]. *Strategic Management Journal*, 1996, 17: 109 – 122.

[161] Gulati R. Network location and learning: The influence of network resources and firm capabilities on al-liance formation[J]. *Strategic Management Journal*, 1999, 20(5): 397 – 420.

[162] Guohong H H, P. D H. Team identification, trust and conflict: a mediation model[J]. *International Journal of Conflict Management*. 2010, 21(1): 20 – 43.

[163] Haken H. *Synergetics: Cooperative phenomena in multi – component systems*[M]. Stuttgart: B. G. Teubner, 1973: 9 – 21.

[164] Hanna V, Walsh K. Small firm networks: A successful approach to innovation? [J]. *R&D Management*, 2002, 32(3): 201 – 207.

[165] Haunschild P R, Miner A S. Modes of Inter Organizational Imitation: The Effects of Outcome Salience and Uncertainty[J]. *Administrative Science Quarterly*, 1997, (42): 472 – 500.

[166] Heller M A, Eisenberg R S. Can patents deter innovation? The anticommons in biomedical research [J]. *Science*, 1998, 280(5): 698 – 701.

[167] Hemmert M, Bstieler L, Okamuro H. Bridging the cultural divide: Trust formation in university – industry research collaborations in the US, Japan, and South Korea[J]. *Technovation*. 2014, 34(10): 605 – 616.

[168] Huber G P. Organizational Learning: The Contributing Processes and the Literatures[J]. *Organization Science*, 1991, (2): 88 – 115.

[169] James J. Casey. Developing Harmonious University – Industry Partnerships[J]. *University Dayton Law Review*, 2004: 245 – 264.

[170] Jehn K A. A qualitative analysis of conflict types and dimensions in organizational groups[J]. *Administrative Science Quarterly*. 1997, (5): 530 – 557.

[171] Jeong Y. A Study on Convergence Case in Philosophy and Engineering: centered on good engineering [J]. *Studies in Philosophy East – West*. 2012, 63(4): 271 – 291.

[172] Joseph Z. Shyu, Yi – Chia Chiu, Chao – Chen You. A cross – national comparative analysis of innovation policy in the integrated circuit industry[J]. *Technology in Society*. 2001, 23: 227 – 240.

[173] Kalmuk G, Acar A Z. The Mediating Role of Organizational Learning Capability on the Relationship Between Innovation and Firm's Performance: A Conceptual Framework[J]. *Procedia – Social and Behavioral Sciences*. 2015, 21(4): 164 – 169.

[174] Kaplan S, Vakili K. The double – edged sword of recombination in breakthrough innovation[J]. *Strategic Management Journal*, 2014, 36(10): 1435 – 1457.

[175] Katila R, Ahuja G. Something old, something new: A longitudinal study of search behavior and new product introduction[J]. *Academy of Management Journal*, 2002, 45(6): 1183 – 1194.

[176] Ketchen D, Ireland R, Snow C. Strategic entrepreneurship collaborative innovation and wealth creation [J]. *Strategic Entrepreneurship Jounal*, 2007(1): 371 – 385.

[177] Kogut B, Zander U. Knowledge of the firm, combinative capabilities, and the replication of technology [J]. *Organization Science*, 1992, 3: 383 – 397.

[178] Lane P J, Koka B R, Pathak S. The reification of absorptive capacity: A critical review and rejuvenation of the construct[J]. *Academy of Management Review*, 2006, 31(4): 833 – 863.

[179] Laursen K, Salter A. Open for innovation: The role of openness in explaining innovation performance a-

mong U. K. manufacturing firms[J]. *Strategic Management Journal*, 2006, 27(2): 131 – 150.

[180] Lazzarotti V, Manzini R. Different Modes of Open Innovation: A Theoretical Framework and an Empirical Study[J]. *International Journal of Innovation Management*, 200913(4): 615 – 636.

[181] Lee S, Park G, Yoon B, et al. Open innovation in SMEs—An intermediated network model[J]. *Research Policy*, 2010, 39(2): 290 – 300.

[182] Leiponen A, Byma J. If you cannot block, you better run: Small firms, cooperative innovation, and appropriation strategies[J]. *Research Policy*, 2009, 38(9): 1478 – 1488.

[183] Leiponen A, Helfat C E. Innovation objectives, knowledge sources, and the benefits of breadth[J]. *Strategic Management Journal*, 2010, 31(2): 224 – 236.

[184] Leiponen A, Helfat C E. Research notes and commentaries innovation objectives, knowledge sources, and the benefits of breadth[J]. *Strategic Management Journal*, 2010, 31(2): 224 – 236.

[185] Lichtenthaler, U. Absorptive capacity, environmental turbulence, and the complementarily of organizational learning process[J]. *Academy of Management Journal*, 2009, 52 (4): 822 – 845.

[186] Lichtenthaler U, Lichtenthaler E. A capability – based framework for open innovation: Complementing absorptive capacity[J]. *Journal of Management Studies*, 2009, 46(8), 1315 – 1338.

[187] Lopéz A. Determinants of R&D cooperation: Evidence from Spanish manufacturing firms[J]. *International Journal of Industrial Organization*, 2008, 26(1): 113 – 136.

[188] M. G R. Toward a knowledge – based theory of the firm[J]. *Strategic Management Journal*. 1996, 17 (s2): 109 – 122.

[189] Macher J T, Boerner C. Technological development at the boundaries of the firm: A knowledge – based examination in drug development[J]. *Strategic Management Journal*, 2012, 33(9): 1016 – 1036.

[190] Mahmood I P, Hongjin Zhu H J, Zajac E J. Where can capabilities come from? Network ties and capability acquisition in business groups[J]. *Strategic Management Journal*. 2011(8): 820 – 848.

[191] Mansfield E, Lee J Y. The modern university: Contributor to industrial innovation and recipient of industrial R&D support[J]. *Research Policy*, 1996, 25(7): 1047 – 1058.

[192] Martínez – Roman J A, Gamero J, Tamayo J A. Analysis of innovation in SMEs using an innovative capability – based non – linear model: A study in the province of Seville (Spain)[J]. *Technovation*, 2011, 31(9): 459 – 475.

[193] Miotti L, Sachwalsd F. Cooperative R&D: Why and with whom? An integrated framework of analysis [J]. *Research Policy*, 2003, 32(6): 1481 – 1499.

[194] Mora – Valentin E M, Montoro – Sanchez A, Guerras – Martin L A. Determining factors in the success of R&D co – operative agreements between firms and research organizations [J]. *Research Policy*, 2004, 33(1): 17 – 40.

[195] Narula R. R&D collaboration by SMEs: New opportunities and limitations in the face of globalisation [J]. *Technovation*, 2004, 24(2): 153 –161.

[196] Okamuro H, Kato M, Honjo Y. Determinants of R&D cooperation in Japanese start – ups[J]. *Research Policy*, 2011, 40(5): 728 –738.

[197] Oke A, Kach A. Linking sourcing and collaborative strategies to financial performance: The role of operational innovation[J]. *Journal of Purchasing and Supply Management*, 2012, 18(1): 46 –59.

[198] Ozcan S, Islam N. Collaborative networks and technology clusters—The case of nanowire[J]. *Technological Forecasting and Social Change*, 2014, 82(2): 115 –131.

[199] Pastor M, Sandonís J. Research joint ventures vs. cross licensing agreements: An agency approach [J]. *International Journal of Industrial Organization*, 2002, 20(2): 215 –249.

[200] Phelps C C. A longitudinal study of the influence of alliance network structure and composition on firm exploratory innovation[J]. *Academy of Management Journal*, 2010, 53(4): 890 –913.

[201] Pisano G P. Knowledge, integration and the locus of learning: an empirical analysis of process development[J]. *Strategic Management Journal*, 1994, 15(Winter Special Issue): 85 –100.

[202] Powell W W, Koput K W, Smith – Doerr L. Interorganizational collaboration and the locus of innovation: Net – works of learning in biotechnology[J]. *Administrative Science Quarterly*, 1996, 41(1): 116 –145.

[203] Puck J, Pregernig U. The effect of task conflict and cooperation on performance of teams: Are the results similar for different task types? [J]. *European Management Journal*. 2014, 32(6): 870 –878.

[204] Rothaermel F T, Deeds D L. Exploration and exploitation alliances in biotechnology: A system of new product development[J]. *Strategic Management Journal*, 2004, 25(3): 201 –221.

[205] Rothwell R, Robertson A B. The role of communication in technological innovation[J]. *Research Policy*, 1973, 2(3): 204 –225.

[206] Santoro M D, Bierly P E. Facilitators of knowledge transfer in university – industry collaborations: A knowledge – based perspective[J]. *IEEE Transactions on Engineering Management*, 2006, 53(4): 495 –507.

[207] Santorro M D, Chakrabarti A K. Firm size and technology centrality in industry – university interactions [J]. *Research Policy*, 2002, 31(7): 1164 –1180.

[208] Schmidt T. *Knowledge flows and R&D co – operation: Firm – level evidence from Germany*[R]. Deutsche Bundesbank – Research Center: ZEW Discussion Papers, 2005: 5 –22.

[209] Schwartz M, Peglow F, Fritsch M. et al. What drives innovation output from subsidized R&D cooperation? – Project – level evidence from Germany[J]. *Technovation*, 2012, 32(6): 358 –369.

[210] Serrano V, Fischer T. Collaborative innovation in ubiquitous systems[J]. *Journal of Intelligent Manu-*

facturing, 2007, 18(5):599 – 615.

[211] Simon Shohet, Martha Prevezer. UK biotechnology: institutional linkages, technology transfer and the role of intermediaries[J]. *R&D Management*, 1992, 26(3): 284 – 298.

[212] Smith K G, Collins C J, Clark K D. Existing knowledge, knowledge creation capability, and the rate of new product introduction in high – technology Firms[J]. *Academy of Management Journal*, 2005, 52(2): 346 – 357.

[213] Thorgren S, Wincent J, rtqvist D. Designing interorganizational networks for innovation: An empirical examination of network configuration, formation and governance[J]. *Journal of Engineering and Technology Management*, 2009, 26(3): 148 – 166.

[214] Tomlinson P R. Co – operative ties and innovation: Some new evidence for UK manufacturing[J]. *Research Policy*, 2010, 39(6): 762 – 775.

[215] Trigo A, Vence X. Scope and patterns of innovation cooperation in Spanish service enterprises[J]. *Research Policy*, 2012, 41(3): 602 – 613.

[216] Vathsala W, Sahan N. Diversity in team composition, relationship conflict and team leader support on globally distributed virtual software development team performance[J]. *Strategic Outsourcing*: An International Journal. 2015, 8(2/3): 138 – 155.

[217] Vuola O, Hameri A P. Mutually benefiting joint innovation process between industry and big – science [J]. *Technovation*, 2006, 26(1): 3 – 12.

[218] Wu J, Wu Z, Si S. The influences of Internet – based collaboration and intimate interactions in buyer – supplier relationship on product innovation [J]. Journal of Business Research. 2016, 69(9): 3780 – 3787.

[219] Xu Z, Frankwick G L, Ramirez E. Effects of big data analytics and traditional marketing analytics on new product success: A knowledge fusion perspective[J]. *Journal of Business Research*. 2016, 69(5): 1562 – 1566.

[220] Yayavaram S, Ahuja G. Decomposability in knowledge structures and its impact on the usefulness of inventions and knowledge – base malleability[J]. *Administrative Science Quarterly*, 2008, 53(2): 333 – 362.

[221] Zahra S A, George G. Absorptive Capacity: A Review, Reconceptualization, and Extension[J]. *Academy of Management Review*, 2002, (27): 185 – 203.

[222] Zeng S X, Xie X M, Tam C M. Relationship between cooperation networks and innovation performance of SMEs[J]. *Technovation*, 2010, 30(3): 181 – 194.

[223] Zenou Y. A dynamic model of weak and strong ties in the labor market[J]. *Journal of Labor Economics*. 2015, 33(4): 891 – 932.

附　　录

附录一　相关科研成果

一、主持的基金课题项目

1. 天津市哲学社会科学规划基金项目:资源拼凑视域下人工智能初创企业创新能力的生成机理、路径与政策研究(项目批准号:TJYJ21 - 004)

2. 天津社会科学院重点课题:人工智能发展与产业转型升级研究(项目编号:20YZD - 05)

3. 国家中医药管理局项目:"'一带一路'中医药国际化战略研究"(项目批准号:GZYYGJ2019051)的子课题"中医药接入全球创新网络研究"

二、参与研究的基金课题项目

1. 国家自然科学基金项目:创业者的创业认知能力形成机理及创业决策作用机制研究(项目编号:71672091)

2. 国家社会科学基金项目:新形势下朝鲜半岛状况与我国对策研究(项目编号:17BGJ053)

3. 教育部人文社会科学规划基金项目:整合营销传播在中国互益性非营利组织管理中国的应用(项目编号:12YJA630098)

4. 天津市人文社会科学规划基金项目:整合营销传播对大型购物网站营销传播效果的影响研究(项目编号:TJGL18 - 004)

三、发表的学术论文

1. 申光龙,林明政,葛法权,彭晓东,秦鹏飞,杨静.对天津市民办大学整合营销传播的行政管理者感知之实证研究[J],知性と創造(日本东京,日中人文社会科学学会学报),2015(6):182-196.

2. 申光龙,葛法权,秦鹏飞,彭晓东.基于创造共享价值的互益性非营利组织物流管理模式研究[J].物流技术,2015,34(02):33-37.

3. 申光龙,林明政,葛法权,秦鹏飞,彭晓东,柳志中,王金丽.中国社会企业互动式整合营销传播策略研究——基于利益相关者理论视角[J],知性と創造(日本东京,日中人文社会科学学会学报),2016(7):166-179.

4. 申光龙,彭晓东,秦鹏飞.虚拟品牌社区顾客间互动对顾客参与价值共创的影响研究——以体验价值为中介变量[J].管理学报,2016,13(12):1808-1816.

5. 申光龙,秦鹏飞,柳志中,王金丽.基于D-S证据理论的存货质押融资质押率决策[J].物流技术,2017,36(07):92-96.

6. 申光龙,柳志中,秦鹏飞,王金丽.采购BPO企业的大客户关系管理模式研究——以三星集团采购BPO公司为例[J].物流技术,2017,36(08):124-130.

7. 王金丽,申光龙,秦鹏飞,彭晓东.在线顾客满意、顾客惰性与顾客忠诚的一种动态权变作用机制[J].管理学报,2017,14(11):1681-1689.

8. Shin,Kwang Yong,Ge Fa-Quan,Qin Peng-Fei. Establishment path and management innovation of mutually beneficial nonprofit organization (MBNPO):A study based on integrated marketing communications (IMC) theory. *Asia Pacific Journal of Innovation and Entrepreneurship*,2017,11(1):63-80.(通讯作者)

9. 王金丽,秦鹏飞."互联网+"经济性、非经济性与非经济性规避探析[J].现代管理科学,2018(02):118-120.

10. 秦鹏飞,申光龙,胡望斌,王星星.知识吸收与集成能力双重调节下知识搜索对创新能力的影响效应研究[J].管理学报,2019,16(2):219-228.

11. 秦鹏飞,李文家.新冠肺炎疫情背景下的中韩人工智能合作[J].韩国研究论丛,2021(1):192-206.(CSSCI)

附录二　相关学术论文

知识吸收与集成能力双重调节下知识搜索对创新能力的影响效应研究

秦鹏飞[1]　申光龙[1]　胡望斌[1,2]　王星星[3]

（1.南开大学商学院；2.南开大学创业与中小企业管理研究中心；

3.韩国外国语大学全球安全合作中心）

摘　要：基于439家高新技术中小企业的调研数据，构建实证模型，探讨知识搜索宽度与深度对创新能力的影响机理，以及知识吸收能力与知识集成能力对上述过程的调节效应。研究表明，知识搜索宽度与知识搜索深度均对创新能力产生倒U型影响；知识吸收能力和知识集成能力正向调节知识搜索宽度与对创新能力的影响；知识吸收能力和知识集成能力正向调节知识搜索深度与创新能力之间关系的假设仅得到部分支持。

关键词：知识搜索宽度，知识搜索深度，知识吸收能力，知识集成能力，创新能力

一、研究背景

为了避免跌入"中等收入陷阱"，国家提出创新发展战略，形成了经济增长从要素驱动、投资驱动转向创新驱动的时代背景。作为创新的一支重要力量，高新技术中小企业在这一背景下迅速崛起，成为推动经济增长模式转型的重要组成部分。然而，高新技术中小企业兼具"小企业缺陷"和"资源约束"，自主创新能力较弱，因此，选择开放式创新策略，通过知识搜索提高创新能力具有重要意义。在实业界中，虽然企业在知识搜索方面投入大量资源，但所取得的创新成效却有天壤之别。鉴于此，在理论上识别关键要素，并澄清知识搜索对创新能力的影响机理，就具有现实的紧迫性和必要性。

在学术界，尽管学者们广泛认同知识搜索是影响创新能力的重要因素，但是针对二者之间的作用机理，却存在着基于知识基础观和知识权变观的两类争论性研究和观点。基于知识基础观视角的研究认为，强化知识搜索（扩大搜索宽度和深度）有利于新知识的

获取、积累和创造,可丰富企业的知识基础,进而提高创新能力和创新绩效[1,2]。基于知识权变观视角的文献认为,知识搜索受到企业内、外部环境因素动态变化的影响,导致知识搜索对创新能力和创新绩效产生增强与削弱的两种作用效果,而非单纯的正向促进[3~5]。知识基础观肯定了知识搜索对企业创新能力和竞争力的基础性作用,但忽略了情境因素的重要影响效应。知识权变观虽然考虑了企业内部或外部的情境因素会影响到知识搜索对创新能力的作用效果,但现有研究对内部情境特征把握不足,由知识管理能力产生的调节效应尚未受到充分关注,相关研究相对缺乏[6]。

综上,本研究提出并探讨如下问题:知识搜索对创新能力的作用效果不一而同的原因是什么,知识搜索与创新能力之间具有怎样的作用关系? 知识吸收能力与知识集成能力对上述作用关系是否产生以及产生怎样的影响效应? 基于此,本研究拟构建并实证检验知识搜索宽度与深度对创新能力的倒 U 型曲线作用关系理论模型,并探讨知识吸收能力和知识集成能力对上述关系的调节作用。

二、理论与文献回顾

(一)知识搜索与企业创新的关系研究

知识搜索被界定为:企业通过内外部渠道获取,并运用各类知识提升创新能力和创新绩效的活动与方法[7]。LAURSEN[4]认为,基于搜索渠道,可将搜索策略划分为搜索宽度和搜索深度两个维度。搜索宽度指企业搜索知识的外部渠道的多样性,搜索深度则指企业从外部渠道中获取知识的强度[8]。知识搜索的重要作用之一是促进知识创新,与知识基础观视角的创新能力之间具有天然的联系,因此,学者们开启了知识搜索与创新能力的关系研究,同时取得了诸多启发性的研究结论。如 LEIPONEN 等[1],PHELPS[2]与张峰等[9]认为,增强知识搜索对企业创新的积极作用有利于促进创新能力和提高创新绩效;另有一部分学者则持有不同的观点,如李艳华[10]和奉小斌等[11],其研究结果表明,增强知识搜索并不是促进企业创新的充分条件,知识搜索的强度应该保持在一个适当的范围内,否则不但不能促进企业创新,反而会起阻碍作用。

(二)知识基础观和知识权变观视角下的企业创新研究

知识基础观认为,知识兼具难以模仿性和社会复杂性,这些异质性知识是推动企业创新、创造并维护持续竞争优势的主要因素[12]。知识权变观认为,企业的知识获取和知识创新并不存在既定的最优策略,最优策略取决于企业内外部环境的各种要素和约束,这意味着,有效的知识搜索要求企业与环境相匹配[13]。LEIPONEN 等[1],PHELPS[2]探讨了通过知识搜索扩展并更新企业知识基础,进而提升企业创新能力的议题,证实了知识搜索对创新能力的正向促进作用。随着研究的深入,学者们发现了创新能力并非单纯地随着知识搜索的加强而持续提升,也有衰减的情况,这是知识基础观无法解释的现象。在此情况下,学者们推测知识搜索与创新能力呈现倒 U 型曲线关系,利用知识权变观思想较为有力地解释了上述现象,指出知识搜索对创新能力的作用效果受到企业内外部环境中权变因素的影响。受到这一研究思路的启迪,KATILA 等[3],LAURSEN 等[4]从知识权变观的视角出发,引入情境变量,开展知识搜索对创新能力的作用机制研究,取得了许多具有启发性的研究成果。然而,已有研究多从企业外部因素入手,如环境动荡性[9]、网络位置[14]等,对内部因素的考察多集中在资源约束[15]、知识基础[5]等方面,对企业能力的关注和研究不够[16,17]。

(三)知识吸收能力和知识集成能力与企业创新关系研究

LICHTENTHALER[18]与 LANE 等[19]认为,知识吸收能力是内化外部知识的能力。由此可见,知识吸收能力的核心功能是:企业将获取的外部新知识转化为内部知识,使之融合为内部知识的一部分。COHEN 等[7]认为,较强的吸收能力有助于企业从外部网络获取有价值的知识,进而促进企业创新。ZAHRA[20]认为,吸收能力有助于企业实时更新知识储备,及时深化并拓展内部知识基础,对企业创新具有促进作用。DYER 等[21]认为,吸收能力能够克服创新过程中的组织惰性和能力陷阱,有利于企业及时进行颠覆性技术变革,促进创新能力和创新绩效的提升。

SMITH 等[22]将知识集成能力定义为整合不同来源知识的能力。知识集成能力的核心作用是企业通过一系列学习行为,将不同来源的新知识与内部知识整合为一个有机整体。BOER 等[23]的研究表明,知识集成能力能够提升知识转移效率,有利于企业创新。PISANO[13]认为,较高的知识集成能力能够提高企业的知识匹配效率,对企业创新具有积极影响。张小娣等[24]则证实了知识集成能力对创新能力的促进作用。

(四)已有研究的不足

总体来看,知识搜索与创新能力之间的关系研究从广度和深度上取得了很大进展,但是仍有以下不足:一是既有文献并未取得广泛的一致性结论。二是对权变因素的考量"重外轻内",对知识吸收与集成能力的重视不够。事实上,对于高新技术中小企业而言,只有在知识吸收能力和知识集成能力的作用下,将知识搜索获取的多源性外部新知识内化为内部知识,并充分整合才能实现提高创新能力的目标。由此,将知识吸收能力和知识集成能力作为调节变量,引入知识搜索与创新能力关系的研究是很有必要的。

三、理论分析与研究假设

(一)知识搜索对创新能力的影响

第一,知识搜索宽度对创新能力的影响　虽然知识基础的丰富性越高,企业创新的风险越低,创新成功的可能性越大,但是本研究更赞同知识权变观视角的观点,认为知识搜索宽度并非越大越好。较大的知识搜索宽度提高了知识管理的复杂程度,需要投入更多的资源以维系较多的知识搜索渠道,因此,相比深度搜索,广泛搜索需要耗用更多财务与认知成本,对“资源约束”较重的中小企业而言,将产生更大的管理困难。此外,虽然远距离的知识蕴含着创新潜力和未来价值,而创新与价值的实现则需要更大规模的资源投入。高新技术产业的技术更新与换代频繁而快速,导致创新风险较高,受限于企业自身规模与资产实力,过大宽度的知识搜索推高了中小企业的经营风险并造成资源浪费,对企业的创新能力造成伤害。基于此,提出如下假设:

假设1:知识搜索宽度对创新能力的影响呈倒U型曲线关系。

第二,知识搜索深度对创新能力的影响　本研究基于知识权变观,认为知识搜索对创新能力的作用效果受到资源、能力等权变因素的影响。中小企业在进行搜索宽度与搜索深度的资源分配时,往往有意控制搜索宽度,而侧重于在当前领域内增强知识搜索深度。这是因为基于当前领域,深度知识搜索的创新结果可预见性更高,创新资源的投入具有更大的有效性:一是在相对熟悉的领域,加大知识搜索深度,有利于企业形成并积累大量具有潜在价值的隐性知识,这些隐性知识与企业所嵌入的社会环境和价值创造过程的惯例与规则相结合,产生复杂性更高的技术知识。这些高度复杂的知识难以模仿,能够强化企业的技术壁垒,形成价值隔绝机制,从而巩固企业的竞争优势。二是熟悉领域内的深度搜索能够显著降低管理复杂性,有助于提高企业整合内外部知识的速度,降低创新行为的风险与成本。三是特定知识领域的深度搜索,有利于深入理解其范式并洞察潜藏的弱点,使企业突破既有局限,在该领域中超越当前状态并实现领先。

尽管深度搜索基于可靠性和成本优势,往往被认为是最有效的知识搜索模式,但这并不能掩盖深度搜索的缺点,即缺乏启发性和多样性不足,单一的知识情境通常难以为知识重组与整合提供充分的机会。长期专注于当前知识领域的搜索,将会降低企业对外部环境变化的敏感性,不能快速感知顾客偏好,难以及时跟踪技术前沿,无法有效应对竞争动态,形成思维定式和组织惯性,诱使企业落入能力陷阱,将核心竞争力转变为核心刚性,阻碍中小企业创新能力的提高。基于此,提出如下假设:

假设2:知识搜索深度对创新能力的影响呈倒U型曲线关系。

(二)知识吸收能力的调节作用

第一,知识吸收能力对知识搜索宽度与创新 能力之间关系的影响知识搜索宽度的增加会提升知识来源与类型的多样性,这些多样性的知识本身和搜索渠道都具有差异化的标准、规则和惯例,导致知识的内化与融合难度很大,需要消耗大量人力、物力等资源去交叉验证、理解和领悟[4]。企业必须依靠较强的知识吸收能力,才能高效地管理这些多样化的外部知识流,将外源性知识与技术诀窍内化为企业知识基础的一部分,进而提高创新能力。扩大知识搜索宽度通常意味着跨越组织边界,知识来源的异同性降低了知识之间的连接强度,新知识之间存在较远的知识距离,要求企业具备更高的知识吸收能力,以识别不同领域的多样化知识之间隐藏的"空白地带",并发掘创新机会,才能产生新技术组合,淘汰旧技术组合,从而打破并重构知识结构,改变旧有知识组合中的多个元素。由此可见,知识吸收能力的提高,能够显著增强知识搜索宽度对创新能力的促进作用。基于此,提出如下假设:

假设3a:知识吸收能力对知识搜索宽度与创新能力之间的关系具有正向调节作用。

第二,知识吸收能力对知识搜索深度与创新能力之间关系的影响 高新技术中小企业的创新过程,需要借助深度搜索获取外部新知识来提高创新能力。深度搜索获得的新知识与企业原有知识基础之间的替代性较高,因而凝聚力较弱,要求企业必须具备较强的吸收能力,才有可能发现知识元素相互融合的契机,从而实现知识的协同效应并提高创新能力[7]。这意味着,深度搜索获取的高替代性新知识向创新能力的转化过程离不开知识吸收能力;知识吸收能力越强,深度搜索对创新能力的作用效果越显著。基于此,提出如下假设:

假设3b:知识吸收能力对知识搜索深度与创新能力之间的关系具有正向调节作用。

(三)知识集成能力的调节作用

第一,知识集成能力对知识搜索宽度与创新能力之间关系的影响 具有先天"小企业缺陷"的中小企业,因受制于"资源约束"难以实现完全自主研发,其创新过程必然兼用内外部知识,即借助知识集成能力整合多源知识才能促进创新能力[23,24]。扩大知识搜索宽度意味着知识搜索渠道和知识来源的增加,所获得的新知识将具有更高的多样性,不同来源的知识需要依靠知识集成能力实现有效耦合,才能促进创新。知识来源的多样化水平越高,对知识集成能力的依赖就越强[22]。知识集成能力为多样性新知识与既有知识元素的有效结合创造不同的选择方案,为新技术研发提供新视角,提高创新成功概率。在动态环境下,企业的知识集成能力越强,就越能充分利用知识基础的结构弹性,有效融合广泛搜索获得的多源化异质性知识元素,降低知识重构的成本[5]。换言之,知识集成能力越强,扩大知识搜索宽度对创新能力的促进作用越大。基于此,提出如下假设:

假设 4a:知识集成能力对知识搜索宽度与创新能力之间的关系具有正向调节作用。

第二,知识集成能力对知识搜索深度与创新能力之间关系的影响在知识复杂性较强的情况下,基于深度搜索而获取的新知识与企业已有的知识有效整合与重构的难度增加,不容易产生有用的新知识[4],只有具备强大的知识集成能力,才能将这些复杂性较强的知识有效匹配和重组,进而提高创新能力。由此,深度搜索获取的新知识,往往需要在知识集成能力的作用下才能对企业创新有所裨益;否则,就容易出现知识搜索成本飙升,但创新成效甚微的现象。可见,若要有效整合深度搜索获取的新知识,企业必须借助较强的知识集成能力,才能发现并利用潜在的创新机会。换言之,知识集成能力越强,深度搜索对创新能力的促进作用越大。基于此,提出如下假设:

假设 4b:知识集成能力对知识搜索深度与创新能力之间的关系具有正向调节作用。

综上分析,本研究提出如下理论模型,如图 1 所示。

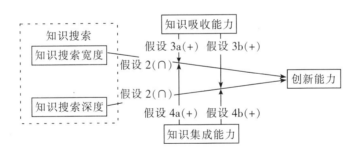

图 1　理论模型

四、研究设计

(一)数据收集与样本选择

本研究采用问卷调查的方式收集数据,选取国内外著名学术期刊使用过的量表。为了确保问卷的信度与效度,本研究的工作组邀请了3位创新管理领域的专业翻译人员对调查问卷进行翻译并回译,以确保中英文两个版本的调查问卷具有一致性。为了保证调查问卷适用于中国情境,本研究以天津区域的52家高新技术中小企业为样本,开展面对面的预调研。数据分析结果显示,量表的Cronbach's α系数均高于0.8,各题项因子载荷均高于0.5,表明问卷的信度与效度能够满足正式调研的需要。

本研究在天津市中小企业局和天津滨海高新技术开发区管理委员会的协助下,参照上述两个单位的官方统计数据,根据辖区内高新技术中小企业的行业类别及其所占比例,采用分层随机抽样的方法抽取样本企业收集数据。为了保证调查数据的真实性和准确性,本研究主要在3个方面采取了必要措施:一是确保问卷的填答者充分了解本企业、本企业所属行业和主要竞争对手的创新能力现状。二是采用"匿名填写"的方式填答问卷,有效消除填答者填写真实状况的担忧和顾虑。三是有效筛选采集到的劣质数据。问卷中设置了操控性检验题项,用以筛选敷衍了事、疏忽大意等原因导致的劣质数据。

本研究的工作组于2017年6—11月间,发放电子调查问卷673份,回收问卷562份。剔除无效问卷后,获得有效问卷439份,有效回收率为78.11%。在有效问卷的填答者中,中层管理者占56.26%,高层管理者占43.74%;受教育程度集中在本科与研究生(硕士及以上)两个层次,分别为61.05%和30.75%;行业内的从业工龄集中在6—10年,占78.82%,表明问卷的填答者具备较高的知识水平和较长的从业年限,对行业和本企业情况有充分的了解,能够保证问卷的填答质量。样本企业的年龄主要集中在4—6年和7—10年两个区间上,占比分别为22.32%和50.80%;企业规模主要集中在101—200人和201—400人两个区间上,占比分别为25.28%和49.89%;所属行业包含新能源、生物医药等9个类别,样本的基本信息统计结果见表1所列。

表 1　基本信息描述性统计结果（N = 439）

分类	概况	数量	占比/%	分类	概况	数量	占比/%
受访者职级	中层管理者	247	56.26	企业年龄/年	1～3	42	9.57
	高层管理者	192	43.74		4～6	98	22.32
受教育程度	专科及以下	36	8.20		7～10	223	50.80
	本科	268	61.05		≥11	76	17.31
	硕士及以上	135	30.75	所属行业	新能源	45	10.25
行业内工龄/年	≤5	24	5.47		生物医药	43	9.79
	6～10	346	78.82		人工智能	34	7.74
	>10	69	15.72		节能环保	44	10.02
企业规模/人	1～100	24	5.47		软件	51	11.62
	101～200	111	25.28		高端装备制造	62	14.12
	201～400	219	49.89		先进化工传统产业	63	12.53
	401～500	85	19.36		新一代信息技术	42	9.57

（二）变量测量

调查问卷必须达到或超过基本的信度与效度水平,才能保证研究质量,而本研究选用的 5 个量表曾被大量学者用于实证研究,研究结果均表明量表具有可靠的信度与效度。知识搜索宽度的测量借鉴 LAURSEN 等[4]以及苏道明等[25]的研究,包含 4 个题项。知识搜索深度的测量参考 LAURSEN 等[4]、吴晓波等[26]以及苏道明等[25]的研究,包含 5 个题项。创新能力的测量借鉴 DESARBO 等[27]的研究,包含 5 个题项。知识吸收能力的测量借鉴 LIGHTENTHALER 等[28]以及谭云清等[15]的研究,包含 3 个题项。知识集成能力的测量借鉴 MAHMOOD 等[29]以及谭云清等[15]的研究,包含 3 个题项。上述变量的测量均采用李克特 7 分量表,"1"表示"完全不同意","7"表示"完全同意"。既有研究表明,除了上述变量之外,企业创新和知识搜索还会受到企业规模、企业年龄以及研发投入等因素的影响[4]。由此,本研究将这些因素作为控制变量引入研究过程。

五、实证结果与分析

（一）非回应偏差与共同方法偏差检验

问卷调查法可能存在非回应偏差问题，需要对其进行检验。本研究按照问卷回收的先后顺序将全部问卷划分为两组，分别从企业年龄、企业规模和研发投入3个方面对两组样本进行独立样本T检验，数据分析发现两组样本在上述3个属性特征上不存在显著不同，表明非回应偏离问题较弱。

本研究在问卷设计和数据收集的过程中，采取了一系列措施尽量控制可能出现的共同方法偏离；此外，利用Harman单因素检验法，通过检视未旋转的因子分析结果研判共同方法偏离，以图尽量避免概念间相关性的缺失。检验结果显示，在旋转前抽取到的第一因子贡献率为20.113%，低于40%临界值，说明共同方法偏离不明显。

（二）信度与效度分析

信度的衡量和表征一般采用Cronbach's α、综合信度（CR）与平均提取方差（AVE），用以体现构念内部一致性水平的高低。本研究中各个变量的Cronbach's α和CR值均高于0.7，且AVE值都在0.5以上，表明各个构念具有较高的信度，信度检验结果见表2。

建构效度主要包括收敛效度（亦称聚合效度）与判别效度（亦称区分效度）两个层面。本研究中各个变量的AVE值介于0.556—0.846之间，并且因子载荷均高于0.5，说明量表的收敛效度能够满足实证研究的需要。量表的判别效度见表3所列，处于对角线位置的是各个主要变量平均提取方差平方根，该数值均明显大于对应变量与其他变量的相关系数，表明量表具有良好的判别效度。

表2　主要变量的均值、标准差与 Pearson 相关系数（N＝439）

变量	均值	标准差	1	2	3	4	5
1 知识搜索宽度	4.204	1.790	0.907				
2 知识搜索深度	4.430	1.672	0.437**	0.920			
3 创新能力	5.295	0.636	0.728**	0.221**	0.746		
4 知识吸收能力	4.491	1.049	0.283**	0.229**	0.695**	0.807	
5 知识集成能力	4.825	1.050	0.282**	0.229**	0.694**	0.699**	0.791

（三）相关性分析

本研究运用SPSS 19.0对主要变量进行分析发现,各变量之间的相关性较为显著(见表3)。在模型的检验过程中,方差膨胀因子(VIF)值均低于3,在 $0 < VIF < 10$ 范围之内,可以近似地认为不存在多重共线性,数据能够满足研究的要求。此外,本研究对交互项的自变量和调节变量采取了中心化处理,以此避免交互项的多重共线性问题。

表3　量表、Cronbach's α、CR 与 AVE 值(N = 439)

潜变量	题项	Cronbach's α	CR	AVE
知识搜索宽度	本企业对知识的搜索广泛使用了多个搜索与交流通道/媒介	0.927	0.948	0.822
	本企业能搜索到的研发、制造、营销等多个领域的知识			
	本企业能搜索到的技术、管理等多个方面的知识			
	本企业在对知识的搜索中获取了较多的知识数量			
知识搜索深度	本企业强烈而密集地使用一些特定的搜索通道进行知识搜索	0.955	0.965	0.846
	本企业能深度搜索并提取研发、制造、营销等特定领域知识			
	本企业能深度搜索并提取技术或管理等特定方面的知识			
	本企业能深度搜索并利用研发、制造或营销等特定领域知识			
	本企业能深度搜索并利用技术或管理等特定方面的知识			
创新能力	与主要竞争对手相比,本企业去年的产品与服务创新更多	0.726	0.831	0.556
	与主要竞争对手相比,本企业去年的生产流程创新更多			
	与主要竞争对手相比,本企业去年的管理创新更多			
	与主要竞争对手相比,本企业去年的市场创新更多			
	与主要竞争对手相比,本企业去年的营销创新更多			
知识吸收能力	我们能够很快吸收、掌握和运用引入的生产设备及工艺	0.739	0.825	0.652
	我们善于吸收和利用来自于外部的技术知识			
	我们具有较强的设备改进能力			

(四)数据回归与结果分析

1.回归分析方法

本研究运用 SPSS19.0 软件,采用层级多元回归的方法对数据进行分析,为了检验文中提出的假设,将控制变量、自变量、自变量与调节变量的交互项等逐步加入层级回归模型进行数据分析,回归结果见表 4 所列。

表 4　回归结果

类别	创新能力	模型 1	模型 2	模型 3	模型 4	模型 5
控制变量	企业规模	0.448***	0.421***	0.500***	0.004	0.005
	企业年龄	0.500*	0.450	−0.012	−0.006*	−0.006
	研发投入	0.060	0.006	0.020	0.000	0.000
自变量	知识搜索宽度		0.065***	0.850***	−0.005	0.008
	知识搜索深度		0.014	0.024***	0.027	0.035***
	知识搜索宽度^2			−0.161***	0.009	−0.015
	知识搜索深度^2			−0.092***	−0.069***	−0.089***
调节变量	知识吸收能力				0.525***	
	知识集成能力					0.460***
交互项	知识吸收能力×知识搜索宽度				−0.016**	
	知识吸收能力×知识搜索深度				0.015**	
	知识吸收能力×知识搜索宽度^2				0.031***	
	知识吸收能力×知识搜索深度^2				−0.049***	
	知识吸收能力×知识搜索宽度					−0.020***
	知识吸收能力×知识搜索深度					0.016**
	知识吸收能力×知识搜索宽度^2					0.034***
	知识吸收能力×知识搜索深度^2					−0.064***
R^2		0.323	0.363	0.931	0.990	0.989
ΔR^2		0.318	0.355	0.930	0.989	0.989
F		69.213***	49.303***	832.372***	3416.71***	3167.93***

注:数据为回归分析标准化系数;*、***分别表示 $p<0.1$、$p<0.01$,下同。

2.回归模型

由表 4 可知,模型 1 作为基础模型,仅包含 3 个控制变量和因变量(创新能力);模型

2 是控制变量与自变量对因变量的主效应模型;模型 3 在模型 2 的基础上加入自变量的平方项;模型 4 与模型 5 是加入了调节变量和交互项之后构成的全效应回归模型。表 4 中的 F 值表明 5 个模型均显著。

3. 回归结果分析

由模型 1 可知,企业规模与创新能力之间具有显著的正相关关系($\beta = 0.448$, $p < 0.01$),而企业年龄与研发投入两个控制变量对创新能力的影响并不显著($\beta = 0.500$, $p > 0.05$; $\beta = 0.060$, $p > 0.1$),这说明企业规模越大,就越有能力实施创新。但在相同或相似规模下,企业年龄越大并不意味着研发能力越好或者创新绩效更优。很多企业实例表明,一些成立时间不长的高新技术中小企业确实具有更强的创新能力。同样,研发投入的增加并不一定导致创新能力的显著提高。这是因为,中小企业的资产实力相对较弱,研发投入的数额不会太大,企业会更加注重研发投入的产出效率和质量,比如,更加注重协调知识搜索宽度与深度之间关系的平衡,关注吸收能力和集成能力内化与整合外部新知识的效率和效果。

由模型 2 的检验结果表明,知识搜索宽度与创新能力之间具有显著的正相关关系,知识搜索深度与创新能力之间存在正相关关系,但不显著。模型 3 的检验结果显示,知识搜索宽度的二次项系数为 -0.161)($p < 0.01$),说明知识搜索宽度与创新能力之间呈现倒 U 型关系,假设 1 得到支持;知识搜索深度的二次项系数为 -0.092($p < 0.01$),说明知识搜索深度与创新能力之间具有倒 U 型关系,假设 2 通过验证。数据分析结果同时表明,知识搜索与创新能力之间的关系在整体上表现出正向相关,说明高新技术中小企业的知识搜索宽度和知识搜索深度整体上处于倒 U 型曲线顶点的左侧,知识搜索尚未过度。知识搜索宽度与深度对创新能力的作用关系示意图如图 2 所示。

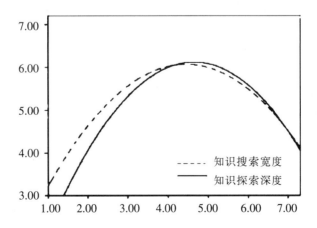

图 2　知识搜索宽度与深度对创新能力的作用曲线

由模型 4 的检验结果显示,发挥主要调节作用的交互项知识吸收能力×知识搜索宽度 2 表现出明显的调节作用($\beta = 0.031, p < 0.01$),说明知识吸收能力对知识搜索宽度与创新能力之间的倒 U 型关系具有显著的正向调节作用,即假设 3a 通过验证;同时,交互项(知识吸收能力×知识搜索深度 2)的正向调节作用没有得到支持($\beta = -0.049, p < 0.01$),但是,发挥次要调节作用的交互项(知识吸收能力×知识搜索深度)却表现出较高的正向调节作用($\beta = 0.015, p < 0.05$)。假设 3b 仅得到部分验证。

由模型 5 可知,发挥主要调节作用的交互项(知识集成能力×知识搜索宽度 2)的正向调节作用得到验证($\beta = 0.034, p < 0.01$),假设 4b 通过验证;同时,交互项(知识集成能力×知识搜索深度 2)的正向调节作用没有得到支持($\beta = -0.064, p < 0.01$),但是,发挥次要调节作用的交互项(知识吸收能力×知识搜索深度)却表现出较高的正向调节效应($\beta = 0.019, p < 0.05$)。假设 4b 仅得到部分验证。

此外,为了进一步检验两个调节变量的调节效应,本研究以知识吸收能力的均值加、减一个标准差作为知识吸收能力的高、低调节状态,运用 SPSS19.0 做出知识搜索宽度(知识搜索深度与之相似)与创新能力的回归分析图像,然后,将高、低调节状态图像中具有相同数值横坐标部分截取出来,交叠放置,构成高低调节效应的对比示意图,如图 3 所示。由图 3 表明,知识吸收能力对知识搜索与创新能力之间的关系具有正向调节作用(知识集成能力的调节作用与之近似),知识吸收能力的强弱不同能够显著影响知识搜索对创新能力的作用效果。由图 3 还可知,在知识吸收能力较高时,知识搜索宽度与创新能力的关系曲线极大值点更高,说明在高知识吸收能力的作用下,提高知识搜索宽度能够收到促进创新能力的更佳效果(极大值点更高),企业可以利用相对更广的知识搜索宽度来提升创新能力。

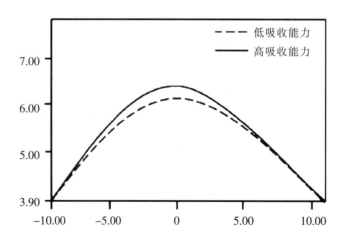

图 3   吸收能力对"知识搜索宽度 – 创新能力"关系的调节作用

（五）稳健性检验

关于创新能力的内涵与测度,学术界主要有两类争论性的观点:其一,基于创新过程理论,创新能力包括创新决策能力、生产能力、R&D 能力和市场营销能力等几个方面。其二,基于"投入—产出"视角,将创新能力解构为创新投入能力、创新维持能力和创新产出能力 3 个维度[30]。本研究对创新能力的测量更侧重于创新过程理论视角而非"投入—产出"视角,虽然创新过程理论视角得到了众多学者的认同,但也有研究指出"投入—产出"也是衡量创新能力的重要角度。为了消除这一争论,本研究重新选择"投入—产出"视角测量创新能力作为因变量进行数据分析,借鉴曹勇等[30]的研究,通过"贵公司拥有足够的研发资金"和"贵公司拥有雄厚的知识和技术人才储备"2 个题项测量创新投入能力维度;通过"贵公司拥有独立的研发机构或完善的研发体系"1 个题项测量创新维持能力维度;通过"贵公司能够运用较少的研发资金获取较高的创新绩效"和"贵公司能够运用有限的知识资源获取较高的创新绩效"2 个题项测量创新产出能力维度。重复表 4 中的回归分析过程,所得检验结果见表 5 所列,当因变量变换为"投入—产出"视角的创新能力时,所得结论与表 4 保持一致。可见,无论创新能力从"创新过程"还是"投入—产出"角度衡量,研究结果都具有较好的稳健性。鉴于此,本研究的实证结果稳健地表明:一是知识搜索宽度和知识搜索深度对创新能力的影响效果均呈现倒 U 型曲线状态,但搜索宽度对创新能力的作用效果更显著。二是知识吸收能力与知识集成能力对上述影响效果具有显著的正向调节作用,但知识吸收能力的作用效果表现更为明显。

表 5　稳健性检验的回归结果

类别	创新能力	模型 1	模型 2	模型 3	模型 4	模型 5
控制变量	企业规模	0.444***	0.416***	0.045***	0.000	0.000
	企业年龄	0.056	0.051	− 0.007	0.000	0.000
	研发投入	0.004	0.005	0.000	− 0.001	− 0.010
自变量	知识搜索宽度		0.067***	0.860***	0.006	0.019***
	知识搜索深度		0.016	0.027***	0.029***	0.036***
	知识搜索宽度^2			− 0.160***	− 0.007	− 0.029
	知识搜索深度^2			− 0.093***	− 0.068***	− 0.088***
调节变量	知识吸收能力				0.500***	
	知识集成能力					0.440***
交互	知识吸收能力×知识搜索宽度				− 0.013**	

类别	创新能力	模型1	模型2	模型3	模型4	模型5
项	知识吸收能力×知识搜索深度				0.015**	
	知识吸收能力×知识搜索宽度^2				0.027***	
	知识吸收能力×知识搜索深度^2				-0.049***	
	知识集成能力×知识搜索宽度					-0.016***
	知识集成能力×知识搜索深度					0.019***
	知识集成能力×知识搜索宽度^2					0.030***
	知识集成能力×知识搜索深度^2					-0.062***
R^2		0.321	0.363	0.934	0.993	0.992
ΔR^2		0.316	0.356	0.933	0.993	0.992
F		68.475***	49.402***	870.297***	5014.900***	4548.800***

六、结论

（一）研究结论与讨论

本研究证实了知识搜索宽度和知识搜索深度均与创新能力呈现倒 U 型曲线关系,而且这种作用关系受到知识吸收能力和知识集成能力的重要影响。

第一,知识搜索宽度和知识搜索深度与创新能力之间的关系呈现倒 U 型曲线状态,当知识搜索宽度和深度适中时促进创新能力,过高时则削弱创新能力。知识搜索获取新知识以消耗资源为前提,知识、资源与创新能力之间的动态转化过程如图 4 所示。当强化知识搜索获取的新知识能够及时、高效地转化为有价值的异质性知识资源时,知识搜索能够正向促进创新能力,消耗的资源也能够得到新增创新能力的超额补偿,从而促进企业成长。此时,强调异质性知识的战略作用,提倡知识搜索的知识基础观具有较强的解释力。然而,知识搜索获取的新知识如果超过知识管理能力的极限,而无法有效转化为有价值的异质性知识资源,就会削弱创新能力,消耗的资源难以得到足额补偿,不利于企业成长。知识搜索对创新能力的作用效果表现为先扬后抑,此时,强调权变因素的影响效应,提倡知识搜索应与内外环境相协调的知识权变观具有更强的解释力。可见,只有适度的知识搜索,才能避免知识陈旧与结构失衡并提升创新能力,实现资源消耗与超额补偿的良性循环。

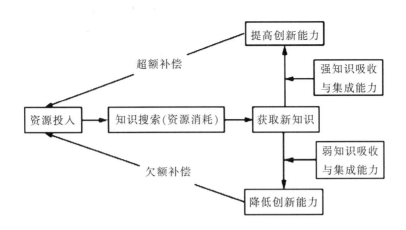

图 4　知识、资源与能力之间的动态转化示意图

第二,知识吸收能力对知识搜索与创新能力之间的关系具有正向调节作用。强化知识搜索能在知识吸收能力较强的前提下高效地提升创新能力,而在知识吸收能力较弱的情况下缓慢地提升甚至削弱创新能力。然而,知识吸收能力对知识搜索深度与创新能力之间关系的正向调节作用仅得到了实证结果的部分支持,一个可能的原因是:我国的高新技术中小企业起步晚、研发实力弱、科研深度尚浅,产生的新知识复杂度和新颖性不高,限制了知识吸收能力发掘创新机会并创造异质性新知识的作用。

第三,知识集成能力会影响知识搜索对创新能力的作用效果,证实了知识集成能力对知识搜索与创新能力之间关系的调节作用,主要包括:一是知识集成能力对知识搜索宽度与创新能力之间的关系具有正向调节作用。知识集成能力越强,搜索宽度对创新能力的促进效率越高,对创新能力衰减的抑制越有力,这一点与知识吸收能力的作用相似。二是知识集成能力对知识搜索深度与创新能力之间关系的正向调节作用仅得到实证结果的部分支持,说明调节效应确实存在,但不够显著。可能的原因包括:我国的产业或行业类别划分尚不精细,领域交叠和融合情况较多,深度搜索获取的新知识同质化水平过高并且知识距离过大,导致知识集成能力的作用未能充分显现;处于发展初期的高新技术中小企业对相关专业领域把握不准,知识搜索的经验不足,导致深度搜索获取的新知识复杂性和新颖性过大,超出了知识集成能力的整合范围,因而未能有效提升创新能力。此外,这一未被充分证实的假设,或许意味着知识集成能力对知识搜索与创新能力之间关系的调节机制存在更深的复杂逻辑,本研究构建的理论框架或有进一步完善的可能。

(二)理论贡献与实践启示

本研究的理论贡献主要包括以下几点:第一,本研究基于知识权变观整合知识基础观和资源基础观,提出并验证了知识搜索与创新能力之间的倒 U 型曲线关系,在理论上发展了知识基础观。第二,本研究构建了整合型理论框架,进一步完善和巩固了知识权变观。第三,本研究在知识搜索与创新能力之间关系的研究中,引入知识吸收能力和知识集成能力作为调节变量,证实了二者的差异化调节作用。

研究结论对高新技术中小企业基于知识搜索的创新决策具有重要启示:第一,知识搜索的资源投入并非越多越好,知识搜索的强度应与知识吸收与集成能力相协调。第二,知识搜索应兼顾搜索宽度与搜索深度,并适度侧重搜索宽度。第三,注重知识吸收能力和知识集成能力的培养,既要关注知识吸收能力现阶段的创新实效,也要充分重视知识集成能力的创新潜力。

(三)研究不足与预期方向

本研究既有局限,又有进一步研究的前景:一是样本企业全部位于天津辖区之内,具有地域性局限,企业的组织行为会受到不同地域文化的影响,导致知识搜索和创新行为产生异同,社会性因素对创新行为的作用有待进一步深入研究;二是采用调查问卷的方式获取横截面数据进行变量测量,难以实现创新行为的动态研究,而且数据的主观性较强,未来的研究可以尝试多种途径收集数据,将主观数据与客观数据结合使用,以提高研究质量;三是本研究的数据回归结果表明,相比知识集成能力,知识吸收能力对知识搜索与创新能力之间关系的作用效果更大。这是否意味着知识的内化既是创新的基础,又是创新的途径,而知识的整合仅仅是创新的途径,知识吸收能力与知识集成能力之间是否存在影响效应,这一内容可以在未来的研究中深入探讨。

参考文献

[1] Leiponen A, Helfat C E. Research notes and commentaries innovation objectives, knowledge sources, and the benefits of breadth[J]. *Strategic Management Journal*, 2010, 31(2): 224 – 236.

[2] Phelps C C. A longitudinal study of the influence of alliance network structure and composition on firm exploratory innovation[J]. *Academy of Management Journal*, 2010, 53(4): 890 – 913.

[3] Katila R, Ahuja G. Something old, something new: A longitudinal study of search behavior and new product introduction[J]. *Academy of Management Journal*, 2002, 45(6): 1183 – 1194.

[4] Laursen K, Salter A. Open for innovation: The role of openness in explaining innovation performance among U. K. manufacturing firms[J]. *Strategic Management Journal*, 2006, 27(2): 131 – 150.

［5］孙耀吾,秦毓,贺石中.高技术中小企业知识搜索对创新能力的影响［J］.科学学研究,2018,36
　　（03）:550 - 557 + 576.

［6］曹勇,向阳.企业知识治理、知识共享与员工创新行为——社会资本的中介作用与吸收能力的调节
　　效应［J］.科学学研究,2014,32（01）:92 - 102.

［7］Cohen W M,Levinthal D A. Absorptive capacity:a new perspective on learning and innovation［J］. *Admin-istrative Science Quarterly*,1990,35（1）:128 - 152.

［8］Garud R,Nayyar P R. Transformative capacity:continual structuring by inter temporal technology transfer
　　［J］. *Strategic Management Journal*,1994,15（5）:365 - 386.

［9］张峰,刘侠.外部知识搜寻对创新绩效的作用机理研究［J］.管理科学,2014（1）:31 - 42.

［10］李艳华.中小企业内、外部知识获取与技术能力提升实证研究［J］.管理科学,2013（5）:19 - 29.

［11］奉小斌,陈丽琼.外部知识搜索能提升中小微企业协同创新能力吗?——互补性与辅助性知识整
　　合的中介作用［J］.科学学与科学技术管理,2015,36（8）:105 - 117.

［12］Grant R. Toward a knowledge - based theory of the firm［J］. *Strategic Management Journal*,1996,17:
　　109 - 122.

［13］Pisano G P. Knowledge,integration and the locus of learning:an empirical analysis of process development
　　［J］. *Strategic Management Journal*,1994,15（Winter Special Issue）:85 - 100.

［14］胡保亮,方刚.网络位置、知识搜索与创新绩效的关系研究——基于全球制造网络与本地集群网络
　　集成的观点［J］.科研管理,2013,34（11）:18 - 26.

［15］谭云清,原海英,马永生,翟森竞.资源约束、知识搜索对企业开放式创新影响［J］.科研管理,2017,
　　38（S1）:641 - 649.

［16］刘学元,丁雯婧,赵先德.企业创新网络中关系强度、吸收能力与创新绩效的关系研究［J］.南开管
　　理评论,2016,19（01）:30 - 42.

［17］周飞,孙锐.吸收能力和网络惯例形成演化视角下的突破性产品创新研究［J］.管理学报,2015,12
　　（06）:873 - 879.

［18］Lichtenthaler,U. Absorptive capacity,environmental turbulence,and the complementarily of organizational
　　learning process［J］. *Academy of Management Journal*,2009,52（4）:822 - 845.

［19］Lane P J,Koka B R,Pathak S. The reification of absorptive capacity:A critical review and rejuvenation of
　　the construct［J］. *Academy of Management Review*,2006,31（4）:833 - 863.

［20］Zahra S A,George G. Absorptive capacity:A review,reconceptualization,and extension［J］. *Academy of Management Review*,2002,27（2）:185 - 203.

［21］Dyer J H,Singh H. The relational view:Cooperative strategy and sources of interorganizational competitive
　　advantage［J］. *Academy of Management Review*,1998,23（4）:660 - 679.

［22］Smith K G, Collins C J, Clark K D. Existing knowledge, knowledge creation capability, and the rate of new product introduction in high – technology Firms［J］. *Academy of Management Journal*, 2005, 32（2）: 346 – 357.

［23］Boer D M, Den Bosch V, Frans A J, et al. Managing organizational knowledge integration in the emerging multimedia complex［J］. *Journal of Management Studies*, 1999, 36（3）: 379 – 398.

［24］张小娣, 赵嵩正. 知识集成能力视角下企业组织结构对创新绩效的影响机理研究［J］. 研究与发展管理, 2012, 24（03）: 66 – 73.

［25］苏道明, 吴宗法, 刘臣. 外部知识搜索及其二元效应对创新绩效的影响［J］. 科学学与科学技术管理, 2017, 38（08）: 109 – 121.

［26］吴晓波, 彭新敏, 丁树全. 我国企业外部知识源搜索策略的影响因素［J］. 科学学研究, 2008（2）: 364 – 372 + 408.

［27］DeSarbo W S, Anthony Di Benedetto C, Song M, et al. Revisiting the miles and snow strategic framework: Uncovering interrelationships between strategic types, capabilities, environmental uncertainty, and firm performance［J］. *Strategic Management Journal*, 2005, 26（1）: 47 – 74.

［28］Lichtenthaler U, Lichtenthaler E. A capability – based framework for open innovation: Complementing absorptive capacity［J］. *Journal of Management Studies*, 2009, 46（8）, 1315 – 1338.

［29］Mahmood I P, Hongjin Zhu H J, Zajac E J. Where can capabilities come from? Network ties and capability acquisition in business groups［J］. *Strategic Management Journal*. 2011（8）: 820 – 848.

［30］曹勇, 蒋振宇, 孙合林, 阮茜. 知识溢出效应、创新意愿与创新能力——来自战略性新兴产业企业的实证研究［J］. 科学学研究, 2016, 34（01）: 89 – 98.

通讯作者: 王星星（1981— ）, 女, 辽宁沈阳人, 韩国外国语大学（韩国首尔 02450）全球安全合作中心研究员、副教授, 研究方向:东北亚经济与管理、东北亚区域问题等。

基金项目: 国家自然科学基金资助项目（71672091, 71532005, 71472098, 71872165）; 中央高校基本科研业务费专项资金资助项目（NKZXA1411）; 天津市社会科学规划基金资助项目（TJGL18 – 004）

（作者:秦鹏飞、申光龙、胡望斌、王星星, 2018 年 8 月成稿, 刊发于《管理学报》2019 年第 2 期）

互联网+经济性、非经济性与非经济性规避探析

王金丽　秦鹏飞

摘　要:互联网+的本质是要发挥互联网在资源配置中的主导作用,反映了资源基础观,兼具长尾效应并颠覆了传统二八原则。互联网+的经济性主要体现在是中国产业升级耗散结构的动力与引擎、促成了交易费用的显著降低及商业世界变革并蓬勃了物流业、互联网金融及创业。外部非经济性主要体现在网络安全问题、政府监管难度加大。非经济性规避措施包括完善和细化互联网法律法规、加强信息基础设施建设、培养互联网+时代信息与技术人才、完善互联网+信息安全保障、提升网络参与者的安全意识。

关键词:互联网 +,资源基础观,长尾效应,经济性,非经济性

一、引言

互联网将整个世界连结为一个全球大市场,各种参与主体,如供应商、各级中间商、终端零售商、顾客以及其他为各个主体服务的其他参与者参与其中,从某种程度上说,整个世界都是相互影响、相互渗透、相互依赖的。

2015 年 3 月 5 日,我国政府首次提出互联网+行动计划,将互联网+上升为国家战略。互联网+是一种新经济发展方式,主旨是发挥互联网在经济发展中对资源的优化配置作用,将互联网技术与相关成果与特定行业、特定要素、特定资源进行高度融合,使其深入到经济与社会发展各个领域,提升生产力、创造力与创新力(苏郁锋等,2015)。

互联网+的内涵涵盖两个层面,战略层面的互联网 +,即互联网+行业,以互联网为中介而与特定行业融合。如传统商业通过互联网中介成就了淘宝,银行业通过互联网成就了支付宝,交通运输业通过互联网中介就成就了滴滴打车等一系列互联网行业。值得注意的是,互联网+绝非是与特定行业的简单叠加,更是一种融合,甚至诞生出很多新的盈利模式与商业模式。

战术层面的互联网+即匹配。BAT 即是人与互联网匹配的典范,腾讯是人与人之间的匹配,阿里巴巴是消费者与卖方的匹配而百度则是信息与需求的匹配。现今的成功企业无一例外做的就是匹配。B2B,B2C,C2C,O2O,P2P 这些商业模式无疑也都是在供方与需方之间通过互联网而实现的资源匹配,正逐步由产品转向服务业。战略层面的互联

网+考虑行业与互联网融合,以期实现战略发展。战术层面的互联网+则是执行层面,战略层与执行层的融合才是互联网+真正的意义所在。

二、互联网+实质是要发挥互联网在资源配置中的主导作用

中国的市场经济经过数十年的发展,虽然也取得了举世瞩目的成绩,但是随着全球竞争的加剧,投资增长乏力等问题逐渐凸显出来,稳增长及速率也难以为继。中国政府逐渐意识到仅仅依靠传统产业的加速与改善已无力支撑国家高速度发展,亟待需要为经济注入新的动力。至此,互联网+不仅仅是一种提法更上升为国家战略。如果说传统的互联网是"消费互联",那么新型的互联则是"产业互联",其实质是要发挥"互联网"在传统产业整合与资源配置中的主导作用(徐赟,2015)。

互联网+配置资源与政府配置和市场配置机制都不同。传统的政府配置资源机制,从方向上而言多注重垂直化、集权式,但依据互联网进行的资源配置则多以扁平化为主,与传统的市场机制以利益来配置资源也有很大不同。除此之外,市场机制以价格为手段进行资源配置,但是网络机制则以信息为资源配置手段。在网络时代,拥有信息、占有信息、创造信息、利用信息等程度将决定竞争优势,即网络成为新兴的竞争优势来源。

三、互联网+的经济学解释

(一)互联网+反映了资源基础观

在经济交换中,交换价值之所以存在的根本原因在于不同的市场主体拥有的资源禀赋与分工是不一样的。互联网+经济之所以存在,也不外于此。互联网使得市场的交易费用大大降低,惠于各行各业,因此各行各业都有利用互联网获得经济优势的潜质。但是各行各业对于互联网优势的利用是不同的。因此,各行各业都需要找到应用互联网的诀窍。

互联网+经济以互联网用户为基础,这是中国的互联网+经济的先决条件。中国有近14亿人口,互联网用户也随着网络的普及尤其是移动互联的覆盖与日俱增,这就为中国发展互联网+经济创造了良好的资源基础。41.43%的网民比例是促进经济发展以及发挥网络效应的临界值(郭家堂、骆品亮,2016),而我国的网民比例为50.3%(李海舰等,2014),达到并超过临界值,对于发挥互联网+效用极为有利。随着互联网的日益普

及,尤其是移动互联经济的发展,以移动互联为媒介的经济形式蓬勃发展(李俊生、姚东旻,2016)。各行各业都需要考虑如何利用移动互联时代扩大自己的竞争优势。而中国所提出的互联网＋经济就是利用中国庞大的互联网群这样的资源基础的典型。

(二)互联网＋长尾效应颠覆传统二八原则

经济中的二八定律已广为人知,大致的涵义是80%的财富由20%的人创造,而仅占20%的人口却享有80%的财富。应用于行业或企业,即对于某个行业、某个企业而言80%的收益是由20%的大客户创造的,而构成"长尾"的小客户却只创造20%的收益(郝身永,2015)。由于经济领域的二八原则,企业在其商业活动中将主要精力专注于20%的大客户成为了商业准则。企业忽略80%的这些小客户的原因在于获得这些小客户的成本比较高,而且维护成本可能更为高昂,而其对利润的贡献度却很低,这就使得管理大客户比管理小客户要经济得多。

伴随着互联网的出现,越来越多的企业发现,互联网显著的降低了管理这80%小客户的成本,使得挖掘并利用这些小客户成为了新的利润源泉。在消费领域,已广为人知的对于小客户的服务和管理创造了互联网消费经济,成就了大大小小的工业和商业企业,同时使传统上备受忽略与冷淡的小客户乃至个体消费者终于找到了作为上帝的感觉,同时也获得了大大的实惠。在金融领域,传统小微企业融资难、贷款难、农户农贷难的问题(杜松华等,2017),基于互联网大数据,不再高度依赖于家庭资产,而是基于还贷的信用数据,不用资产抵押即可获得贷款,大大地繁荣了市场经济。很显然,在这种互联网经济下,80%的长尾小客户颠覆了传统的二八原则。

四、互联网＋的外部经济性

(一)互联网＋是中国产业升级耗散结构的动力与引擎

普里戈金于1969年提出耗散结构理论:一个处于非平衡状态的开放系统,无论是物理的、生物的、化学的还是社会、经济等大系统,当经过与外界的持续的物质与能量交换,其系统内某个参量达到特定阈值时,系统发生突变,可能会由无序突然转向有序状态。而为了维持这种新的、有序的相对稳定状态,该系统还需要不断地维持与外界的物质和能量交换,也因此被称为"耗散结构"。

中国的互联网＋实质是产业升级与经济转型,其以互联网＋作为外推力。中国的经济一直保持着高速增长,但是如何维持这一高速成长才是中国经济发展的关键。依据耗散理论,欲维持高速成长必须持续与外界进行物质与能量的交换。互联网+提供了中国经济高速发展这一耗散结构必要的能量与引擎。

以互联网+为经济发展的引擎,颠覆了许多传统行业,例如,"互联网+媒体"诞生了网络媒体;"互联网+广告"催生了网络广告;"互联网+零售"繁荣了电子商务;"互联网+电信"成就了即时通信等(徐赟,2015)。除此之外,与消费者距离愈近的行业,与互联网融合的程度愈高,其被重构和颠覆的速度和程度也愈高。总而言之,互联网+是中国产业升级的动力与引擎。

(二)互联网+的主旨是促成了交易费用的显著降低

第一,从"信息不对称"到"信息趋于对称"。一切经济问题,包括存在于买卖双方的信用问题,各个行业交易中合同契约的形成等等问题都可以归咎于信息不对称。信息不对称问题是遍布于各行各业、各个领域的一大顽疾。众所周知,以消费领域为例,自从互联网诞生及其在消费领域的广泛应用,使得买方有了更多的选择,消费者在面对卖方的过程中从"几近完全的信息不对称"到"信息趋于对称",着实让消费者获得了实实在在的好处(戴德宝等,2015)。互联网带给消费领域的根本变革是改变了买卖双方的地位,同时更颠覆了厂商之间的关系,促进了商业领域的全新变革,传统高高在上的实体商业,不得不在面对网络商店、电子商务的竞争中不断地调整自己的定位。第二,去中介化。众所周知,我们刚刚经历并且也还在一定程度上经历着充满中介的时代,在消费领域中,商品的流通路径大致是制造商、批发商、中间商(各个级别的)、零售商以及消费者,在这一商品传播路径中,商品到最终消费者手中经历了太多的中间环节而使购买成本高度攀升。由于互联网的出现,我们切实感受到了去中介化的强大力量。除了购物环节领域,其他各领域的变化也都令我们印象深刻。如互联网+旅游业,使得基于途牛网、携程网等为旅游服务以及提供咨询的网站迅速兴起与发展,也颠覆了传统的旅游业发展模式。互联网+医疗业,医院开通了网络预约、网络挂号甚至是网络问诊等新型医疗服务模式,大大节省了患者的就医等候时间,也提升了医疗服务的效率。第三,其最终实质就是解决了交易费用问题。1937年科斯提出了关于企业在市场进行交易中存在的交易费用问题,并进行了清晰的界定。交易成本界定为在经济交换过程中所产生的成本,具体包括:信息搜寻的成本、议价和决策成本以及执行成本,而后拓展到了协调成本、监督成本以及机会成本。

探究交易费用产生的根源在于交易过程中的信息是有成本的,并且主要源于其在交易双方中的分布不均衡以及非对称性(道格拉斯,2014)。还有一些其他因素可能产生交易成本,也可以说是强化了交易成本,比如不确定性、机会主义,更加源于我们的有限理性,市场之所以能够存在和发展,主要源于可以大大降低交易成本。在某些情况下,可以通过社会关系弱化这种交易成本,比如社会信用、信誉与信任,而小团体之所以存在,就是因为在某些情况下,他们提供了最低的交易成本。互联网+从本质上而言是大大的降低了交易成本,包括消费者的转换成本,促使企业组织朝着更加多样化灵活化转变,比如组织扁平化、从线上走向线下到从线下走到线上,以及线上与线下企业的融合。

(三)互联网+促成了商业世界变革

首先,促成了买卖双方的互动。互联网为消费者和商家搭建了一个快捷、实用的互动平台,物品从买方向卖方传递的过程中,许多中介环节被跳过,供方与需方直接构成了流通环节,甚至成就了"私人订制"(姜奇平,2015)。其次,消费范围无边界性。第一,互联网的出现尤其是互联网+时代的到来,无论企业、个人、学者还是各种经营形态都日渐倾向于互联网思维,进而推动了商业模式、经营形态等的推陈出新。第二,消费者的消费日益呈现非本国化,竞争和消费要素在全世界范围内互动和分配,这一切打破了原有的资源配置,驱动着全球资源竞争,也推动了优势资源的全球扩张。第三,互联网+时代就是效率时代。消费者从产生消费意愿到搜集信息、完成支付和物流投递过程越来越高效,这既得益于物联网的发展同时也促动物联网的扩张。再次,促成了消费者间的互动。互联网+的时代,消费者间有了更多的交流平台,如网络评价,这甚至成为消费者网购选择的第一把标尺。同时,消费者也乐于向其他的消费者推荐自己最为满意的商品和购物体验,这就驱使着信息逐渐趋向完全对称,甚至最后发展成了有着共同消费倾向与偏好的虚拟社区,这是传统购物所无法匹敌的优势。

(四)蓬勃了物流业、互联网金融以及创业

近年来随着互联网技术的发展,网络购物更加盛行,与此同时加剧了物流业的竞争,物流业的蓬勃发展让许多创业者看好这一行业,除了传统的四通一达(申通、圆通、中通、汇通、韵达)和顺丰外,物流业悄然兴起了许多行业新秀。互联网+时代另一个引领时代发展的行业就是互联网金融业。近年来实体金融随着互联网+的发展,网络银行逐渐兴起,且伴随着各种网络支付形态的出现,互联网金融蓬勃发展,大有超越实体银行业的趋势,可以预见的是这一趋势必将持续下去。另一个伴随着互联网+出现的新趋势就是互

联网创业（辜胜阻，2016）。随着就业压力越来越大，越来越多的劳动力倾向于自我创业，而互联网为这些创业企业提供了新的平台，包括信息交流平台、技术支持平台以及将创业与互联网＋结合的创业新渠道。

五、互联网＋的外部非经济性

（一）网络安全问题

目前网络安全问题主要体现在以下几个方面：第一，信息泄露。随着网络的软硬件设施的完善和发展以及信息公开化和人际交互，使得信息泄露问题逐渐凸显。第二，隐私泄露。网络购物物流环节泄露了消费者联系方式、家庭住址，不仅如此，消费者在线购物网络痕迹被传入消费数据库，其中不乏违法乱用风险。第三，网络安全陷阱。合法用户却可能被引导进入不法网络，带来安全威胁。第四，网络黑客的针对性攻击更成为互联网＋时代企业经营新的威胁。

（二）政府经济监管难度加大

随着互联网＋的兴起，尤其是互联网金融的出现使得网络交易逐渐盛行，然而对互联网交易进行监管的难度可想而知，这就为互联网交易的政府监管提出了更新的要求和更大的挑战。

六、"互联网＋"非经济性规避探析

（一）完善和细化互联网法律法规

传统法律都是在传统情境下的法律体系，随着互联网＋时代的到来，急需出台有关互联网法律法规。与此同时，对待新鲜事物也必须保持一种宽容的态度，因而有关法律法规也要把握好尺度。

（二）加强信息基础设施建设

互联网＋时代，要推动互联网＋的运营，基础设施是必备的。这些基础设施包括如公路、铁路、航空、金融、能源等交通运输便利性设施。随着互联网的进一步发展，对这些交通运输设施也提出了更高的要求。与此同时,与网络相关的设施如信息与通讯技术、宽带、云计算等网络软硬件设施也亟待配套发展。

（三）培养互联网＋时代信息与技术人才

互联网＋战略的提出无疑对人才也提出了更高的要求。互联网技术的发展,首先需要的就是懂得信息技术的高端人才,而短期内的培养似乎也不现实,因而也需要经过长远考虑充实技术人才。其二,创新是动力之源,因而新一代的互联网人才也需要具备创新能力,既包括业务创新,当然更重要的是战略创新。第三,随着就业压力的增大,创业将成为解决劳动力的另一大出口,即需要大量创业创新人才。

（四）完善互联网＋信息安全保障

互联网＋时代,网络安全首要任务是制度性构建,主要涉及互联网法律法规、网络技术手段应用以及对信息的适度监管,需要政府与企业集团合作开发,让互联网＋发挥其应有的优势,使我国成为真正的网络强国。防火墙、数据加密、防病毒包括访问控制等是目前较为成熟和适用的网络安全技术。

（五）提升网络参与者的安全意识

互联网＋时代网络参与者可谓多元化。无论是以卖方还是买方身份、无论是企业还是个人,无论是政府机构还是其他组织都是互联网＋时代参与者。要想保障网络参与者的信息安全,单靠政府的法律法规和监管恐怕是不够的,要想方设法提升参与者对网络安全的防范意识。

参考文献

[1] 苏郁锋,吴能全,周翔.企业协同演化视角的组织场域制度化研究——以互联网金融为例[J].南开管理评论,2015,18(5):122-135.

[2] 徐赟."互联网＋":新融合、新机遇、新引擎[J].电信技术,2015(4):6-9.

[3] 郭家堂,骆品亮.互联网对中国全要素生产率有促进作用吗?[J].管理世界,2016(10):34-49.

[4] 李海舰,田跃新,李文杰.互联网思维与传统企业再造[J].中国工业经济,2014(10):135-146.

[5] 李俊生,姚东旻.互联网搜索服务的性质与其市场供给方式初探[J].管理世界,2016(8):1-15.

[6] 郝身永."互联网＋"商业模式的多重竞争优势研究[J].经济问题探索,2015(1):41-44.

［7］杜松华,陈扬森,柯晓波,蒋瑞新."互联网＋生态农业"可持续发展——广东绿谷模式探究［J］.管理评论,2017,29(6):264－272.

［8］戴德宝,刘西洋,范体军."互联网＋"时代网络个性化推荐采纳意愿影响因素研究［J］.中国软科学,2015(8):163－172.

［9］道格拉斯G·诺斯著.杭行译.制度、制度变迁与经济绩效［M］.上海:格致出版社、上海三联书店、上海人民出版社,2014.

［10］姜奇平."互联网＋"与中国经济的未来形态［J］学术前沿,2015(5)52－63.

［11］辜胜阻,曹冬梅,李睿.让"互联网＋"行动计划引领新一轮创业浪潮［J］.科学学研究,2016(2):161－165.

作者简介:王金丽(1980—　),女,汉族,黑龙江省齐齐哈尔市人,南开大学商学院企业管理博士生,研究方向为网络营销;秦鹏飞(1980—　),男,汉族,黑龙江省海伦市人,南开大学商学院博士生,研究方向:供应链管理。

基金项目:国家社科基金项目"基于供给侧改革的中国零售业态结构优化与创新研究"(项目编号:16BJY125)

(作者:王金丽、秦鹏飞,2017年9月成稿,刊发于《现代管理科学》2018年第2期)

虚拟品牌社区顾客间互动对顾客参与价值共创的影响研究
——以体验价值为中介变量

申光龙[1]　彭晓东[1,2]　秦鹏飞[1]

（1.南开大学商学院；2.延边大学经济管理学院）

摘　要：根据层次体验模型，将虚拟品牌社区中的顾客体验价值划分为功能体验价值、情感体验价值和社会体验价值，并以顾客体验价值为中介变量探究了顾客间互动对顾客参与价值共创的影响。通过结构方程模型对 374 份来自虚拟品牌社区成员的问卷进行了分析。结果表明：产品互动对 3 种体验价值都有正向影响；人际互动则对情感体验价值和社会体验价值有正向影响；同时情感体验价值和社会体验价值对顾客参与价值共创有积极影响；而体验价值在顾客间互动对参与价值共创的影响中发挥中介作用。

关键词：顾客间互动，体验价值，价值共创，虚拟品牌社区

近些年，虚拟社区已经成为企业吸引顾客参与产品创新的场所。在虚拟社区中，顾客不仅能够通过彼此互动来满足自身对信息、情感等内容的需求，还能参与到企业的产品创新中实现价值共创[1,2]。特别是以企业品牌产品为中心的虚拟品牌社区[3]，成员对品牌和产品具有更加浓厚兴趣和丰富知识，更有利于在互动中形成新的创新思想[4]，目前已经成为顾客参与价值共创的重要平台[5]。戴尔、苹果、小米等公司的实践表明，顾客参与价值共创能够增强企业的创新能力，提高顾客的品牌忠诚，有利于企业的竞争优势的建立[6]。

企业通过虚拟社区进行价值共创的效果也吸引了学术界的关注，学者们从多个角度对其驱动因素进行了研究。NAMBISAN 等[1]从顾客需求的角度，运用使用满足理论证实顾客的认知利益、个人整合利益、社会整合利益和娱乐利益是顾客参与价值共创的驱动因素。FULLER 等[4]则将虚拟品牌社区看作是企业创新的重要资源，并发现顾客的技能、创造力、品牌知识等对顾客参与企业产品创新有积极影响。同时，学者们还发现社区成员与品牌社区相关内容的关系，如对社区的责任感、与公司的伙伴感[2]以及品牌的信任[4]也会正向影响其参与企业产品创新活动。

尽管学者们对顾客参与虚拟社区价值共创进行了广泛的研究，但仍然存在一些不

足。首先,学者们忽视了虚拟社区中顾客体验价值对其参与价值共创影响的研究。顾客体验价值是顾客互动的、相对的体验。现有对虚拟品牌社区的研究已经发现,顾客体验价值对成员的行为倾向有积极影响[7],因而可能对参与价值共创也具有正向影响。其次,目前对于顾客间互动对价值共创的影响过程尚缺乏研究。互动是虚拟品牌社区的重要内容[8],是顾客创造价值和获取价值的重要手段[9],PARKER 等[10]的研究已经证实顾客间互动会对顾客及企业产生的积极影响。但目前对于虚拟环境下顾客间互动的研究还比较缺乏,顾客在虚拟社区中从同其他顾客进行互动到最后参与价值共创的过程还是一个"黑箱"。

鉴于以上研究现状,本研究构建虚拟品牌社区环境下的顾客间互动—体验价值—顾客参与价值共创的理论模型,力求在虚拟品牌社区环境中探究以下问题:第一,顾客间互动对顾客体验价值的影响? 第二,顾客体验价值对顾客参与价值共创的影响? 第三,顾客体验价值在顾客间互动对顾客参与价值共创的影响中是否存在中介作用?

一、文献综述

(一)价值共创

价值共创是指顾客和企业在互动中对各自提供的资源进行整合,最终实现创造价值的活动[11]。这一概念最初只是对顾客参与生产领域价值生产进行的描述,因而被称为共同创造。后来随着顾客体验创造价值理念的提出延伸到消费领域,强调顾客体验及其重要意义[12,13]。在虚拟社区中顾客参与企业产品创新的活动是生产阶段的价值共创。这种价值共创是由企业发起的,B2C 之间的价值共创[14],主要表现为顾客参与企业新产品的开发行为,包括顾客为企业提供新产品创意、设计和推广等活动[15]。现有对虚拟社区的研究发现顾客参与价值共创会受到顾客认知、个人整合等利益的驱动[1],也会受到自身知识、技能、创造力因素的影响[4]。同时,顾客与社区、公司[2]以及品牌[4]的关系也会对其参与价值共创产生积极促进作用。

(二)顾客间互动

在虚拟社区中顾客间互动是指个体间的沟通和交流[16],它是虚拟品牌社区的重要内容[8],也是顾客创造价值和获取价值的重要手段[9]。目前,对虚拟社区中顾客间互动的维度存在不同的划分,ADJEI 等[16]将顾客间互动设定为单一维度的变量。MASSEY

等[17]则认为虚拟环境中顾客间互动应划分为产品互动和人际互动两个维度。NAM-BISAN 等[1]的研究将其划分为产品互动、人际互动和认知互动。同时虚拟品牌社区中顾客间互动也会对顾客态度、产品创新和行为等因素产生影响。现有的研究发现,在虚拟品牌社区中顾客间的互动会减少顾客对产品的不确定性,进而对顾客的购买行为产生积极影响[16]。FULLER 等[4]则认为虚拟品牌社区中顾客间的互动交流能够实现资源的整合并有利于产品创新。而李永贵等[9]在虚拟品牌社区的研究发现,顾客间互动能够正向影响顾客的社区满意。

(三)顾客体验价值与层次体验模型

顾客体验价值是与顾客自身偏好相关的体验,它具有互动性和相对性。顾客体验价值并不是只能顾客自己独有,它可以通过与其他人的互动实现共同创造[18]。同时一些学者认为顾客体验与顾客不同层次的需求有着密切关系,并将需求层次理论纳入体验价值的研究中,从纵向的角度,建立了不同体验价值维度与不同体验需求的对应关系[19]。SWEENEY 等[20]和范秀成等[21]根据需求层次理论将体验价值划分为功能体验价值、情感体验价值和社会体验价值,并将顾客 5 个层次的需求归属到体验价值的 3 个维度之中。而 GENTILE 等[22]研究则进一步细化了顾客各个层次需求与体验价值之间的关系,张凤超等[19]则在此基础上提出了层次式体验价值结构维度模型(简称层次体验模型)。

(四)相关评述

目前,学者对于以上相关变量的研究存在不足:第一,学者忽视了顾客在虚拟社区的体验价值对其顾客参与价值共创影响的研究。以往学者将参与价值共创的驱动因素归结为顾客能力[5]、期望获得的利益[1]以及顾客与公司、社区等的关系[2],而忽视顾客在虚拟社区的体验价值对参与价值共创的影响研究。现有的研究已经证实,顾客在虚拟品牌社区中的体验价值能够对顾客行为产生影响[7],因而有必要对顾客体验价值与顾客参与价值共创的关系进行研究。第二,目前对于虚拟品牌社区中顾客间互动的研究存在不足。对虚拟品牌社区顾客间互动研究文献的数量较少且相对分散[9]。不仅对顾客间互动维度的划分存在分歧,对顾客间互动影响因素的研究也尚显不足,尤其是顾客间互动对顾客参与价值共创影响中介变量的挖掘尚需深入研究。第三,缺乏虚拟环境下层次式体验价值的研究。层次式体验价值由于具备便于理解和使用的优势,已在企业的体验营销中受到广泛应用,因此学者也在餐饮、旅游、电信等多个领域进行了研究[19],但目前对虚拟环境中的层次式体验价值尚缺乏研究,急需进行补充。

二、模型建立

(一)研究变量的选择和研究模型的构建

虚拟品牌社区是以企业品牌产品为中心[3],顾客之间会经常围绕这一中心内容进行互动,以达到获取或创造价值的目的[1]。同时,虚拟品牌社区作为虚拟社区的一个类型,也具有虚拟社区顾客进行人际互动这一特征[1,9,17]。即在虚拟品牌社区中顾客间的互动是通过产品内容和相互沟通实现的[23]。因此,本研究将虚拟品牌社区顾客间的互动划分为产品互动和人际互动两个维度。这与 MASSEY 等[17]对虚拟社区顾客间互动的维度划分相一致,而与 NAMBISAN 等[1]在虚拟品牌社区中提出的顾客间互动三维度划分中缺少了认知互动的维度。这是由于目前中国作为发展中国家,在网上个人的隐私往往不能受到有效保护,顾客间认知的互动还不普遍[9]。产品互动是指顾客间以品牌产品相关信息(如产品技术、使用情况、品牌市场等)为沟通内容进行的互动,以实现获得或共享相关信息的目的[1]。人际互动是指顾客间以建立关系、情感为目的所进行的交流和沟通[1,9]。

顾客在一些行业中(如旅游、餐饮服务等)的需求是具有层次性的,因而学者可以从纵向建立顾客不同需求与不同体验价值的对应关系,从而实现基于顾客需求的层次式体验价值的研究[20,21]。而新近的研究发现,顾客在虚拟品牌社区中的需求也具有层次性。功能性需求、自我表现需求、社会需求、尊重需求和自我实现需求是社区成员在虚拟品牌社区内由低到高的需求[24]。因此,本研究根据层次体验模型及虚拟品牌社区中的顾客5个层次需求,借鉴 SWEENEY 等[20]对顾客体验价值的划分,将顾客在虚拟品牌社区中的体验价值划分为功能体验价值、情感体验价值和社会体验价值。顾客的功能体验价值对应是对其功能性需求的满足,包括获得企业产品信息和经验以及效率或便利[25]。情感体验价值是顾客自我表现和社会需求的满足,主要体现为获得成员之间信任和对社区的认同。社会体验价值是对顾客尊重需要和自我实现需求的满足,表现为社区内声望和个人成就感提升。

互动是虚拟品牌社区的重要内容,根据互动理论(包括符合互动理论和互动仪式链论),互动会对个体的体验价值产生影响[26,27]。同时体验价值对顾客的行为也会产生影响[16]。因此,本研究以虚拟品牌社区为研究背景,建立顾客间互动、体验价值及顾客参与企业产品创新行为的概念模型,如图 1 所示,探究顾客间互动对体验价值,体验价值对顾客参与价值共创以及体验价值为中介的顾客间互动对顾客参与价值共创的影响作用。

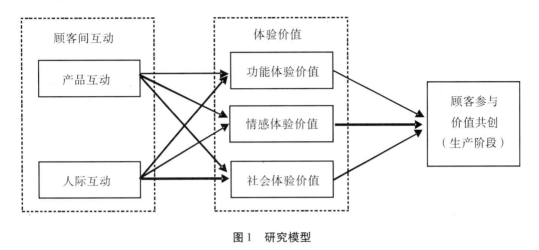

图1　研究模型

(二)研究假设的提出

1.顾客间互动对体验价值的影响

第一,顾客间产品互动提升顾客的体验价值在虚拟品牌社区中,顾客会经常以产品的知识、使用经验等相关内容进行互动。这种互动进行的越频繁,顾客获得产品知识的机会就会越大[28],并且顾客也能够更好的理解产品并更有效的使用产品[1],从而更多的获得顾客功能体验价值。同时随着顾客间关于产品互动的不断深入,也加深了顾客彼此之间关于产品相关内容的深入理解[29],而这种相互理解是顾客彼此之间建立友好感或社会认同的关键因素。而且产品互动也促进了顾客间的知识分享。对于获取知识的顾客,这会使其自身具备了完成一定任务的能力,从而提升了自我能力感[30]。而对于知识分享一方的顾客而言,分享产品知识为其展示自我能力提供了平台,这将提升分享者的自信和自我能力感[31]。由此提出以下假设:

假设1a:产品互动对功能体验价值具有显著正向影响。

假设1b:产品互动对情感体验价值具有显著正向影响。

假设1c:产品互动对社会体验价值具有显著正向影响。

第二,顾客间人际互动提升顾客的体验价值顾客在虚拟品牌社区中进行产品内容互动的同时也进行着人际的互动。从顾客学习产品知识的角度而言,顾客间的人际互动能够吸引顾客的注意并关注产品相关的内容,从而促进积极学习的过程。并且顾客间互动水平的提高也会增强顾客学习活动和学习活动的效率。这都将对顾客的功能体验价值产生积极影响。同时,人际互动也能让顾客感知到其他顾客真实的理解他们的特别问题,促进了相互的理解和社会认同[1],因而将使顾客的情感体验价值得到提升。而顾客在与其他成员进行沟通时,也有助于他们表现自我和展示自我,这将有利于提升在社区的自我形象和地位[32]。由此提出以下假设:

假设 2a:人际互动对功能体验价值具有显著正向影响。

假设 2b:人际互动对情感体验价值具有显著正向影响。

假设 2c:人际互动对社会体验价值具有显著正向影响。

2. 体验价值对顾客参与价值共创的影响

顾客功能体验价值的增加会对其参与价值共创产生积极影响。顾客通过互动获得更多的功能体验价值,也意味着其关于品牌产品知识和技能的增加。而对知识管理的研究发现:当社区成员认为他的知识是有价值的和有用的,他将乐于和他人进行分享[4]。同时 WASKO 等[33]的研究也发现:当顾客认为他们的知识的不够时,不太可能和他人分享知识或为社区做出贡献的。因此,顾客价值的增加会使其更乐于将知识分享并对社区做出贡献,从而更可能参与虚拟品牌社区的价值共创。由此提出以下假设:

假设 3:功能体验价值对顾客参与价值共创具有显著正向影响。

虚拟品牌社区中顾客的情感体验价值是对认同、归属、联系等相关需求的满足。其中,顾客社区认同会增加顾客与品牌社区的紧密程度,顾客的社区认同程度越高,将越会认为社区能够代表自己的自尊和形象。以往的研究已经发现,社区认同对顾客参与品牌社区的活动有积极影响,这种积极影响不仅体现在顾客与顾客之间信息的交流、疑问的解答活动中,也体现在顾客对企业就产品创意、产品测验等活动中。NAM-BISAN[34]认为顾客对虚拟社区的认同是驱动其参与企业新产品开发的重要因素,而FULLER 等[4]则通过实证证明了社区认同对顾客参与产品创新有积极影响。由此提出以下假设:

假设 4:情感体验价值对顾客参与价值共创具有显著正向影响。

虚拟品牌社区中,顾客通过分享知识等互动活动提升顾客的社会体验价值,实现顾客对自尊等需求的满足,而这将使顾客具有一种自信的感知,感觉自己在世界上具有价值、力量、能力和位置[24]。LIN 等[35]在对虚拟品牌社区的研究发现,社区成员体会到的自我能力感是对自己能力的自信感知,这种感知将促进社区成员对社区的积极态度和贡献。而在虚拟社区中,参与企业产品创新是对社区贡献的重要内容[2]。因此,顾客很有可能在企业在自我效能感的影响下参与企业的产品创新活动。由此提出以下假设:

假设5:社会体验价值对顾客参与价值共创具有显著正向影响。

3. 体验价值的中介作用

顾客间的互动不仅是虚拟品牌社区的重要内容,也是顾客创造价值的重要手段[9]。虚拟品牌社区由于是以品牌产品为中心,顾客经常会就产品相关内容进行互动。这种互动不仅能够实现知识的共享,使顾客体验解决实际问题的功能价值,而且彼此的沟通交流也增进了相互间的关系以及对社区的认同,体会到了情感价值。同时,通过解答其他顾客的疑问也能够提升顾客的社区地位和自尊,使顾客体验到社会价值。而另一方面,顾客间的人际互动也会对顾客价值体验产生积极影响。顾客间情感的交流不仅会加速产品内容交流的效率,而且还能够对顾客与其他顾客和社区的情感产生积极影响。并且,和其他顾客进行人际沟通时,也有利于自我表现,使其获得社会体验价值。而当顾客在虚拟品牌社区体验价值增加时,会对顾客参与价值共创行为产生正向影响。具体而言,功能体验价值的增加会使顾客认为自己具有更多的知识,而情感体验价值的增强也意味着顾客具有更多的社区认同,社会体验价值的提升则使其具有了更多的参与社区活动的自信心,而这都将会对顾客参与虚拟品牌社区的价值共创产生促进作用。由此,提出以下假设:

假设6:体验价值在产品互动对顾客参与价值共创的影响中发挥中介作用。

假设7:体验价值在人际互动对顾客参与价值共创的影响中发挥中介作用。

三、研究方法

(一)调查方法和样本构成

本研究的调查对象为虚拟品牌社区的注册会员。结合之前对虚拟品牌社区的调查,确定数据收集的虚拟品牌社区应具备以下条件:第一,虚拟品牌社区具备一定知名度。第二,会员人数众多(超过50万)。第三,社区成员互动频繁,累计发帖数量多(超过300万条)。本研究选取了小米社区、魅族社区和威锋网为研究样本进行数据收集。采用了虚拟品牌社区发放和滚雪球两种方式发放问卷。为确保调查对象是论坛的注册会员,通过论坛注册会员的方式利用论坛短消息或会员邮箱进行调查。如在滚雪球方式中,首先在虚拟品牌社区注册会员,然后采用在社区内会员朋友介绍他的社区会员朋友的方法进行扩散,并通过论坛的短消息和邮箱来实现沟通和问卷收集。问卷发放从2015年7月上旬开始,至2015年10月上旬结束。共发放问卷500份,实际收回437份,有效问卷为374份,问卷有效回收率为74.8%。样本分布情况见表1所列。

表1 样本信息(N=374)

变量	指标	数量(占比/%)
性别	男	195(52.1)
	女	179(47.9)
年龄/岁	18—25	92(24.6)
	26—35	190(50.8)
	36—45	61(16.3)
	45以上	31(8.3)
会员时间/月	小于3	82(21.9)
	3—6	79(21.1)
	7—12	103(27.6)
	12以上	110(29.4)
学历	初中及以下	5(3.1)
	高中及中专	87(23.3)
	专科	118(31.5)
	本科	146(39.1)
	研究生	18(4.8)
登陆频率	每月1次或更少	5(1.3)
	每月2—3次	53(14.2)
	每周1次	64(17.1)
	每周2—3次	118(31.6)
	每天1次或以上	134(35.8)

(二)测量变量

本研究构念的测量均采用虚拟品牌社区、顾客间互动、体验价值、参与价值共创等相关文献的测量量表,并结合国内虚拟品牌社区具体情况对表述习惯整理而来。所有变量测量均选用了李克特 7 点量表,1 代表非常不同意,7 代表非常同意。

自变量为顾客间互动,包括产品互动和人际互动两个变量。产品互动衡量顾客间产品相关知识技能的获取和分享行为。产品互动借鉴了 NAMBISAN 等[1]和刘新等[36]的信息互动量表,包括 2 个方面 4 个题项。人际互动衡量顾客间沟通交流的反应等内容的互动。人际互动的测量借鉴了 PREECE 等[37]的人际互动的量表。因变量为顾客参与价值共创,是衡量顾客参与产品创新的行为。顾客参与价值共创借鉴了 ZWASS[14]和李朝辉等[15]开发的价值共创的量表。

中介变量为体验价值,包括功能体验价值、情感体验价值和社会体验价值 3 个变量。功能体验价值是衡量顾客间互动过程中,顾客的产品知识技能等内容变化的主观感知。功能体验情感体验价值是衡量这一过程中,顾客对彼此情感和社区认同等内容变化的主观感知。社会体验价值则是衡量顾客在这一过程中,对自尊和自我实现等内容变化的主观感知。体验价值 3 个变量的测量借鉴了 SWEENEY 等[20]的体验价值量表,并结合严新锋等[24]对虚拟品牌社区顾客需求的研究,编制的测量量表。功能体验价值包括产品知识和产品效用 2 个方面 4 个题项。情感体验价值包括顾客情感和社会认同 2 个方面 4 个题项,社会体验价值包括自尊满足和自我实现 2 个方面 4 个题项。

四、数据分析及结果

(一)效度与信度分析

本研究在问卷发放前选择部分虚拟品牌社区的资深网友进行深入访谈,并根据访谈结果,对问卷的题项进行了修改;然后对修改后的问卷进行了前测,对表述不够清晰的题项进行了修改,形成最后问卷。

为了确认体验价值的具体维度,本研究运用 SPSS22.0 软件对测量量表的体验价值子量表进行了探测性因子分析。选择特征根大于 1 并进行主成分法分析,结果显示样本适宜进行因子分析(KMO 检验值为 0.817,Bartlett 球形检验的近似卡方值为 2360.056,显著水平为 0.000)。运用方差极大法进行因素旋转,见表 2 所列,每一维度中的题项因子载荷均高于 0.5,在其他维度的载荷不超过 0.4,且共同因子方差均大于 0.6。并且这 3 个因子累计解释全部题项 70.925% 的信息。

表2 体验价值的探索性因子分析结果

题项	因子1 （功能体验价值）	因子2 （情感体验价值）	因子3 （社会体验价值）	共同度
V1	0.869	0.144	0.171	0.756
V2	0.873	0.140	0.162	0.762
V3	0.914	0.145	0.168	0.835
V4	0.886	0.140	0.187	0.785
V5	0.108	0.841	0.332	0.709
V6	0.101	0.838	0.306	0.704
V7	0.205	0.808	0.331	0.660
V8	0.116	0.769	0.338	0.592
V9	0.172	0.272	0.837	0.705
V10	0.213	0.306	0.835	0.700
V11	0.094	0.380	0.830	0.699
V12	0.155	0.366	0.777	0.608

最后对量表的聚敛效度、区分效度和信度进行了分析。本研究运用 AMOS17.0 软件对调查问卷做了验证性因子分析,并结合 SPSS22.0 软件计算出各变量的 Cronbach's α、组合信度(CR)及平均提取方差(AVE)。调查问卷的验证性分析结果显示: $\chi 2/df = 1.269$,小于2;RMR $= 0.048$,小于0.050;GFI $= 0.939$,CFI $= 0.988$,NFI $= 0.944$,NNFI $= 0.985$,均大于0.900;RMSEA $= 0.027$,小于0.050,均在临界标准范围以内,表明测量模型具有较好的拟合度。变量的信度见表3,各变量的 α 值介于0.821—0.909,CR 值介于0.828—0.898,均在0.800以上,表明本研究采用的量表具有良好的内部一致性。同时各个指标因子的平均提取方差和载荷均在0.500以上,表明量表的收敛效度也符合要求。量表的判别效度见表4,各变量的平均提取方差大于该变量与其他变量的相关系数,说明量表的辨别效度也达到可接受水平。

表3 变量信度和收敛效度检验

变量	题项	载荷	组合信度
产品互动 α = 0.896	我常与社区及其成员沟通,获得不少产品信息	0.864	0.898
	从社区获得的信息对我有很大帮助	0.838	
	我经常在社区里将自己了解的产品知识和大家分享	0.817	
	我经常向社区及其成员提供信息,帮助解决问题与困难	0.794	

变量	题项	载荷	组合信度
人际互动	我会在社区里发帖,并会得到他人响应	0.803	0.883
α＝0.891	我经常参与网友的话题,共同讨论,相互帮助	0.807	
	社区中,我遇到很多值得交往的人	0.846	
	我经常与社区网友对话沟通,交流感情,建立关系	0.777	
功能体验价值	参加品牌社区让我觉得产品更好用了	0.714	0.896
α＝0.909	参加品牌社区让我发现更便捷的使用方法	0.721	
	参加品牌社区让我学到了产品的知识和技能	0.952	
	参加品牌社区让我产品知识和技能提高了	0.899	
情感体验价值	参加品牌社区让我体验到大家庭的温暖	0.794	0.834
α＝0.833	参加品牌社区让我不再孤独和无聊	0.778	
	参加品牌社区符合我的社会身份	0.727	
	在该群体中使顾客对群体有归属感	0.618	
社会体验价值	在品牌社区中让我更有自尊	0.755	0.839
α＝0.838	在该群体中让我更有地位	0.790	
	参加品牌社区让我找到了生活的意义	0.762	
	在该群体中顾客觉得实现了自身的价值	0.699	
参与价值共创	我经常参加企业或社区发起的新产品创意征集活动	0.768	0.828
α＝0.821	我经常参加企业或社区发起的新产品设计征集活动	0.743	
	我经常参加企业或社区发起的新产品评测活动	0.713	
	我经常参加企业或社区发起的新产品推广活动	0.714	

表4　变量的均值、方差及判别效度检验结果

	均值	方差	1	2	3	4
产品互动	4.430	1.124	0.829			
人际互动	4.382	1.068	0.356***	0.809		
功能体验价值	4.099	1.178	0.292***	0.156**	0.828	
情感体验价值	4.289	0.912	0.305***	0.464***	0.173**	0.746
社会体验价值	4.146	0.944	0.472***	0.279***	0.210***	0.474***
参与价值共创	4.067	0.912	0.359***	0.332***	0.184**	0.607***

注：*、**、***分别表示 P＜0.05,P＜0.01,P＜0.001,下同。

(二)主效应检验

为了验证顾客间互动对体验价值以及体验价值对参与价值共创的影响,本研究采用结构方程模型软件 AMOS17.0 对结构模型进行分析。结果显示,$\chi^2/df = 1.314$,GFI = 0.936,CFI = 0.985,NFI = 0.941,RMSEA = 0.029,NNFI = 0.983,均在临界标准以内,表明结构模型拟合度较好,可以进行路径分析。

由表5可知:在顾客间互动对体验价值的影响中,除了假设2a人际互动对功能体验价值的影响未通过检验,假设1和假设2中其他假设均得到数据支持。在体验价值对顾客参与价值共创影响中,假设4情感体验价值对参与价值共创的影响和假设5社会体验价值对参与价值共创的影响得到数据支持,而假设3功能体验价值对参与价值共创的影响未通过检验。

表5　结构模型检验结果

假设路径	标准化路径系数	CR	结论
假设1a:产品互动→功能体验价值	0.295	4.750***	支持
假设1b:产品互动→情感体验价值	0.163	2.699**	支持
假设1c:产品互动→社会体验价值	0.426	6.528***	支持
假设2a:人际互动→功能体验价值	0.086	1.414	不支持
假设2b:人际互动→情感体验价值	0.408	6.140***	支持
假设2c:人际互动→社会体验价值	0.131	2.177*	支持
假设3:功能体验价值→参与价值共创	0.011	0.233	不支持
假设4:情感体验价值→参与价值共创	0.351	5.751***	支持
假设5:社会体验价值→参与价值共创	0.545	8.092***	支持

(三)中介检验

本研究采用 ZHAO 等[38]提出的中介效应检验程序,运用 SPSS 软件的 BootStrap 方法检验体验价值的中介效应。样本量选择5000,根据间接效应在95%置信区间是否包括0来判断中介效应是否显著。

通过分析表明(见表6):体验价值在产品互动对参与价值共创的影响中发挥的总体中介作用显著,95%置信区间为(0.158,0.283),不包含0。其中,情感体验价值和社会体验价值的中介效应显著,间接效应分别为0.069和0.144;而功能体验价值的间接效应不显著,在 95% 置信区间为(-0.017,0.029),包含 0。与此相似,体验价值在人际互动对参与价值共创的影响中的总体中介效应也显著,95% 置信区间为(0.135,0.265),不包含 0。并且情感体验价值和社会体验价值的中介效应也显著,但中介效应相对之前偏小,分别为 0.105 和 0.094;功能体验价值的间接效应仍然不显著,在 95% 置信区间为(-0.009,0.021),包含 0。

接下来对 3 个中介变量的中介路径作用大小进行对比。体验价值在产品互动对参与价值共创的影响中,通过对 3 个中介变量中介作用的相互比较,社会体验价值的中介作用显著高于功能体验价值(-0.197,-0.089)和情感体验价值(-0.133,-0.020)的中介作用。而体验价值在人际互动对参与价值共创的影响中,情感体验价值和社会体验价值(-0.061,0.069)的中介作用并没有显著差异。

表 6　中介效应检验的 BootStrap 分析

中介效果	产品互动→体验价值→参与价值共创			人际互动→体验价值→参与价值共创		
	效果	95% 置信区间		效果	95% 置信区间	
		下限	上限		下限	上限
总体效果	4.216	0.158	0.283	0.198	0.135	0.265
功能体验价值	0.003	-0.017	0.029	0.003	-0.009	0.021
情感体验价值	0.069	0.036	0.114	0.101	0.061	0.152
社会体验价值	0.144	0.102	0.193	0.904	0.053	0.143
中介作用比较						
功能体验价值/情感体验价值	-0.064	-0.115	-0.020	-0.098	-0.149	-0.054
功能体验价值/社会体验价值	-0.141	-0.197	-0.089	-0.091	-0.143	-0.045
情感体验价值/社会体验价值	-0.077	-0.133	-0.020	0.007	-0.061	0.069

五、讨论

(一)研究结论

本研究构建了顾客间互动—体验价值—顾客参与价值共创的机制模型,以虚拟品牌社区成员为样本对假设进行了验证。研究结果显示:顾客间的产品互动对功能体验价值、情感体验价值和社会体验价值;人际互动对情感体验价值和社会体验价值;情感体验价值和社会体验价值对参与价值共创具有显著正向影响。同时,情感体验价值和社会体验价值在顾客间互动对参与价值共创的影响中发挥中介效应。

在对假设验证的过程中,假设 2a 人际互动对功能体验价值的影响,以及假设 3 功能体验价值对参与价值共创的影响并未得到数据支持。对此,本研究认为,假设 2a 未被数据支持的原因可能是由于顾客对功能体验价值需求的急切性与顾客人际互动影响的长期性之间的矛盾所致。顾客的功能体验价值主要表现为顾客在企业产品信息、效率或便利方面获得的提升[25],与情感体验价值和社会体验价值不同,它往往是顾客在生活中正在面临的问题,需要快速找到解决问题的办法,因而具有一定的急切性。而顾客间的人际互动是以建立双方情感为目的[1,9],往往需要一个较长的时间,才能对顾客产品知识等内容的获得产生积极影响,因而出现了人际互动对功能体验价值影响不显著的情况。而假设 3 未被数据支持则可能是由于功能需求属于顾客满意的保健因素的原因。在本研究中,功能性需求的满足,包括获得企业产品信息和经验以及效率或便利。在虚拟品牌社区中这属于顾客低层次的需求[24],功能体验价值的获得可以避免顾客产生不满的情绪,但不能让顾客达到满意,从对顾客行为激励的角度来讲,功能体验价值可以看做是双因素理论中的保健因素[24],即这一需求的满足并不会对顾客产生激励效果,因而造成了功能体验价值对顾客参与价值共创影响的未被数据支持的情况。

(二)研究意义

在理论方面,目前顾客在虚拟环境下参与价值共创的研究尚处于起步阶段[6],对于顾客进入社区后,为什么参与到企业的价值共创活动[1],尤其在国内虚拟品牌社区环境下,对顾客参与价值共创的过程,目前尚缺乏清晰的认识。本研究通过实证研究发现,顾客在虚拟品牌社区内的体验价值对顾客参与价值共创有积极影响,并揭示了顾客间互动对顾客参与价值共创的影响机制,填补了相关研究的不足,丰富了顾客参与价值共创驱动因素的研究。同时本研究将层次型体验价值的研究拓展到了虚拟环境中,证实顾客中、高层次需求是虚拟社区中主要需求,加深了对层次型体验价值理论的研究。

实践方面,本研究对企业通过虚拟品牌社区吸进顾客进行价值共创具有一定的启示:第一,企业在对虚拟品牌社区进行管理过程中,要对品牌社区的顾客类型进行分析,根据顾客的特征合理设置虚拟品牌社区论坛的结构和内容,使具有相近兴趣、背景、需求、能力的顾客能够聚集在一起,增强他们的认同感,这将有利于顾客间进行产品和情感的互动。第二,企业应该重视对顾客的自尊、自我实现等中高层次需求的满足,确保在虚拟品牌社区中积极进行顾客间互动的顾客能够得到社区管理者及时的奖励。如采用增加积分、级别等方式提升积极进行互动成员的体验价值,在增大参与企业活动机率的同时,也使顾客的体验价值实现进一步提升,形成顾客体验与参与社区互动的良性循环。

(三)研究不足与未来展望

本研究存在以下不足,在今后的研究中需要做进一步改进。第一,本研究根据层次体验模型对顾客在虚拟品牌社区的体验价值进行划分,但并未对需求层次理论中,低级需求的满足会引起对上一级需求的内容进行验证,关于这部分内容需要进行后续研究。第二,本研究验证了人际互动对顾客体验价值及参与价值共创的影响,而实际上人际互动可能在这过程中具有调节效应,对于这部分内容的验证则需要在以后的研究中进一步探究。第三,本研究对于假设检验采用的是截面数据,因而只能获得变量间的相关关系,对于因果机制的论证需要在以后的研究中进一步探究。

参考文献

[1] NAMBISAN S, BARON R. Virtual Customer Environment:Testing a Model of Voluntary Participation in Value Cocreation Activities[J]. *Journal of Product Innovation Management*, 2009,26(4):388 – 406.

[2] NAMBISAN S, BARON R. A Different Roles, Different Strokes:Organizing Virtual Customer Environments to Promote Two Types of Customer Contributions [J]. *Organization Science*, 2010, 21(2): 554 – 572.

[3] MUNNIZ JR A M, O'GUINN T C. Brand Community[J]. *Journal of Customer Research*, 2001, 27(4): 412 – 432.

[4] FULLER J, MATZLER K, HOPPE M. Brand Community Members As a Source of Innovation[J]. *Journal of Product Innovation Management*, 2008, 25(6), 608 – 619.

[5] SCHAU H J, MUNIZ JR A M, AROUND E J. How Brand Community Practices Create Value[J]. *Journal of Marketing*, 2009, 73(5):30 – 51.

[6] 许军,梅姝娥. 虚拟顾客共同创造影响因素的实证研究[J]. 管理学报,2014,12(11):1841 – 1849.

[7] 金立印. 虚拟品牌社群的价值维度对成员社区意识、忠诚度及行为倾向的影[J]. 管理科学, 2007, 20(2):36 – 45.

[8] ZHU R, DHOLAKIA U M, CHEN X, et al. Dose online Community Participation Foster Risky Financial Behavior?[J]. *Journal of Marketing Research*, 2012, 49(3):394 – 407.

[9] 李永贵,马双. 虚拟品牌社区顾客互动的驱动因素及对顾客满意影响的实证研究[J]. 管理学报, 2013, 10(9):1375 – 1383.

［10］PARKER C, WARD P. An Analysis of Role Adoptions and Scripts During Customer – to Customer Encounters［J］. *European Journal of Marketing*, 2000, 34(3/4): 341 – 359.

［11］COVA B, PACE S, SKALEN P. Brand Volunteering: Value Co – creation with Unpaid Consumers［J］. *Marketing Theory*, 2015, 5(1): 1 – 21.

［12］PRAHALAD C K, RAMASWAMY V. *The Future of Competition: Co – creating Unique Value with Customers*［M］. Boston: Harvard Business School Press, 2013.

［13］PRAHALAD C K, RAMASWAMY V. Co – creation Experiences: The Next Practice in Value Creation ［J］. *Journal of Interactive Marketing*, 2004, 18(3): 5 – 14.

［14］ZWASS V. Co – creation: Toward a Taxonomy and an Integrated Research Perspective［J］. *International Journal of Electronic Commerce*, 2010, 15(1): 11 – 48.

［15］李朝辉, 金永生, 卜庆娟. 顾客参与虚拟品牌社区价值共创对品牌资产影响研究品牌体验的中介作用［J］. 营销科学学报, 2014, 10(4): 109 – 124.

［16］ADJEI M T, NOBLE S M, NOBLE C H. The Influence of C2C Communications in Online Brand Communities on Customer Purchase Behavior［J］. *Journal of the Academy of marketing Science*, 2010, 38 (5), 634 – 653.

［17］MASSEY B L, LEVY M R. Interactivity, Online Journalism, and Englishi – language Web Newspapers in Asia［J］. *Journalism & Mass Communication Quarterly*, 1999, 76(1): 138 – 151.

［18］TYNAN C, MCKECHNIE S. Hedonic Meaning Creation Through Christmas Consumption: A Review and Model［J］. *Journal of Customer Behaviour*, 2009, 8(3): 237 – 255.

［19］张风超, 尤树洋. 体验价值结构维度理论模型评介［J］. 外国经济与管理, 2009, 31(8): 46 – 52.

［20］SWEENEY J C, SOUTAR G N. Consumer Perceived Value: The Development a Multiple Item Scale ［J］. *Journal of Retailing*, 2001, 77(2): 203 – 220.

［21］范秀成, 李建州. 顾客餐馆体验的实证研究［J］. 旅游学刊, 2006, 21(3): 56 – 61.

［22］GENTILE C, SPILLER N, NOCI G. How to Sustain the Customer Experience: An Overview of Experience Components That Co – create Value With the Customer［J］. *European Management Journal*, 2007, 25(5): 395 – 410.

［23］WU S C, FANG W C. The Effect of Consumer – to – Consumer Interactions on Idea Generation in Virtual Brand Community Relationships［J］. *Technovation*, 2010, 30(11): 570 – 581.

［24］严新锋, 王炳旭, 刘春红, 等. 网络品牌社群参与的需求层次模型——基于扎根理论的探索性究 ［J］. 经济经纬, 2015, 32(1): 90 – 95.

［25］WANG Y, FESENMAIER D R. Modeling Participation in an Online Travel Community［J］. *Journal of Travel Research*, 2004, 42(3): 261 – 270.

［26］柯林斯 R. 互动仪式链［M］. 林聚任, 译. 北京: 商务印书馆, 2009: 207 – 208.

[27] 王新新, 万文海. 消费领域价值共创的机理及对品牌忠诚的作用研究[J]. 管理科学, 2012, 25(5):52 – 65.

[28] HERTEL G, NIEDNER S, HERMANN S. Motivation of Software Developers in Open Source Project[J]. *Research Policy*, 2003, 32(7):1159 – 1177.

[29] ALGESHEIMER R, DHOLAKIAU, HERRMANN A. The Social Influence of Brand Community: Evidence from European Car Clubs[J]. *Journal of Marketing*, 2005, 69(3):19 – 34.

[30] KOHLER C F, ROHM A J, RUYTER K D, et al. Return on Interactivity: The Impact of Online Agents on Newcomer Adjustment[J]. *Journal of Marketing*, 2011, 75(2):93 – 108.

[31] HSU M H, YEN C H, et al. Knowledge Sharing Behavior in Virtual Communities: The Relationship Between Trust, Self – efficacy, and Outcome Expectations[J]. *International Journal of Human – Computer Studies*, 2007, 65(2):153 – 169.

[32] LIM N, YEOW P H P, YUEN Y Y. An Online Banking Security Framework and a Cross Cultural Comparison[J]. *Journal of Global Information Technology Management*, 2010, 3(13): 39 – 62.

[33] WASKO M M L, FARAJ S. Why Should I Share? Examining Social Capital and Knowledge Contribution in Electronic Networks of Practice[J]. *MIS Quarterly*, 2005, 29(1): 35 – 57.

[34] NAMBISAN S. Designing Virtual Customer Environments for New Product Development: Toward a Theory[J]. *Academy of Management Review*, 2002, 27(3): 392 – 413.

[35] LIN M J J, HUNG S W, CHEN C J. Fostering the Determinants of Knowledge Sharing in Professional Virtual Communities[J]. *Computers in Human Behavior*, 2009, 25(4): 929 – 939.

[36] 刘新, 杨伟文. 消费者参与虚拟品牌社群前定因素研究[J]. 软科学, 2011, 25(3): 135 – 139.

[37] PREECE J. Sociability and Usability in Online Communities: Determining and Measuring Success[J]. *Behavior & Information Technology*, 2001, 20(5):347 – 356.

[38] ZHAO X, LYNCH J G, CHEN Q. Reconsidering Baron and Kenny: Myths and Ruths about Mediation Analysis[J]. *Journal of Consumer Research*, 2010, 37(2):197 – 206.

通讯作者:彭晓东(1976—　),男,吉林延吉人,南开大学(天津市 300071)商学院博士研究生,延边大学(吉林省延吉市 133002)经济管理学院讲师,研究方向:品牌管理、网络营销。

基金项目:国家自然科学基金资助项目(71232008);教育部人文社会科学研究规划基金资助项目(14YJC63059)

(作者:申光龙、彭晓东、秦鹏飞,2015 年 3 月成稿,刊发于《管理学报》2016 年第 12 期)

在线顾客满意、顾客惰性与顾客忠诚的
一种动态权变作用机制

王金丽　申光龙　秦鹏飞　彭晓东

（南开大学商学院）

摘　要：基于特定网络商店在线顾客忠诚研究情境，探讨了在线顾客满意、顾客惰性对在线顾客忠诚的前置作用，并关注替代选择吸引力、在线卷入度的调节效应。基于354份淘宝网在线顾客调研数据，运用结构方程模型与层级回归分析，发现在线顾客满意、顾客惰性与在线顾客忠诚正相关；在线卷入度正向调节在线顾客满意与在线顾客忠诚正相关关系，替代选择吸引力负向调节在线顾客满意、顾客惰性与在线顾客忠诚正相关关系。其涵义在于，在线顾客满意、顾客惰性导致在线顾客忠诚锁入效应，甚至在线卷入度会强化这一效应，但替代选择吸引力作为负向驱动因素却可能弱化上述锁入效应，在线顾客忠诚作用机制是一种动态权变机制。

关键词：在线顾客满意，在线顾客惰性，在线顾客忠诚，在线卷入度，替代选择吸引力

稳住老顾客比赢得新顾客需要更少的营销资源，探求顾客忠诚的原因、方式及其情境依然是重要而有趣的课题[1]。近年来对顾客忠诚的研究从传统制造业向服务业、零售业等领域延伸，随着网络时代的到来，许多研究也转向了网络购物这一新兴领域。网络购物除了可以低成本地向顾客传递产品和服务之外，与传统购物相比，一个至关重要的因素就是为消费者提供了更为广阔的选择空间。然而，本研究关注到一个新现象，越来越多的消费者不再为多样化选择而欣喜，反而表现出对众多提供同类商品的某一家网络商店的重复购买、在线正向口碑以及推荐行为，即对特定网络商店的在线顾客忠诚。团队成员自身购物经历结合在线消费者访谈发现：大多数消费者都有在特定网络商店重复购买的经历，且对所购买的产品和服务满意度较高；许多消费者表示，重复目前购物模式简单而便利，认为没必要考虑转换。就消费者购物特征而言，一些消费者在购物之前倾向于多样化搜寻，对于失败的购物体验，情感更为强烈，一旦购物体验满意，也更倾向于重复购买；一些消费者在重复购买的同时，会不定期地搜寻同类商品，如果发现更优的交易机会，会选择尝试。结合文献回顾，本研究认为，在线顾客满意与顾客惰性可能是在线顾客忠诚的两个重要的影响因素，与此同时，卷入度代表顾客对购物过程和结果更为关

注,在初次购物中也多倾向全面的信息搜寻,而消费者是否持续忠诚,替代选择吸引力将发挥重要作用。本研究即从对特定网络商店在线顾客忠诚这一现象的前置因素与权变因素的挖掘而展开。

一、理论回顾与述评

(一)在线顾客忠诚流派及观点

顾客忠诚一直是营销学者关注的研究课题,成果丰硕。关于顾客忠诚,代表性的概念界定是对重复购买偏好产品/服务以及正面口碑的一种持续承诺[2]。综合已有研究发现,对于顾客忠诚概念界定主要有 3 种流派:第一,行为忠诚流派,认为顾客忠诚表现为一系列行为,称之为行为忠诚;第二,态度忠诚流派,主要指对品牌、企业等的情感依赖,是一种行为意愿;第三,综合流派,态度忠诚反映行为意愿,行为忠诚反映实际行为[3]。AN - DERSON 等[4]在电子商务情境下研究了顾客满意对顾客忠诚的影响,顾客忠诚被界定为:"顾客对电商企业持支持态度进而导致的重复购买行为"。本研究采用 EI - MAN-STRLY 等[3]所提出的契合网络购物情境的顾客忠诚概念,将顾客忠诚界定为一种意向性行为。本研究认为,无论将在线顾客忠诚理解为行为表现还是仅仅理解为是一种态度都无法表达在线消费者一系列行为倾向与实际行为,在线顾客忠诚是意向与行为表现的融合。结合在线购物情境消费者行为表现,本研究将在线顾客忠诚界定为一种在线消费者重复购买、在线正向口碑以及推荐等意向性行为。

(二)在线顾客满意

已有研究成果广泛关注顾客满意对顾客忠诚的重要前置作用。LIN[5]的研究指出,好的服务质量将真正满足消费者多样化需求,顾客满意是消费者基于过去体验对产品和服务的总体评价。当服务提供商提供的实际服务高于顾客服务期望,消费者就会非常满意,反之,消费者不满,顾客满意是顾客期望与体验比较的结果。根据不同时间点,满意又有两种概念化方式:交易满意与总体(累积)满意。当满意被视为对特定服务体验具体特征的情感反应时,可被概念化为交易特定满意。当满意基于重复交易时,被概念化为累积或者总体满意[6]。已有研究认为,总体满意可能是对顾客忠诚更好的预测变量[2]。随着研究的不断深入,学者们开始关注服务情境,顾客满意被界定为对服务提供商所提供服务净价值的总体正向或负向情感[7]。伴随着 B2B 与 B2C 业务的蓬勃发展,学者们也开始关注在线购物情境顾客忠诚,一般称为在线顾客忠诚。本文借鉴 ANDERSON 等[4]的观点,将在线顾客满意界定为消费者对于特定网络商店源于以前购买体验的满足。消费者在线顾客忠诚行为是消费者对是否重复光顾某家网络商店的决策,基于消费者过去对产品、服务等的满意,基于过去累积购物体验,亦是一种总体满意概念化方式。总体满意概念化方式相较于交易特定满意概念化方式更加适用于在线顾客忠诚研究情境。

(三)在线顾客惰性观点

关于顾客惰性有两种代表性观点:行为观点与态度倾向观点。行为观点将顾客惰性界定为:一种由于备选吸引力不足、高感知转换成本或者其他转换障碍而导致的"缺乏实际积极情感、惯常而稳定的购买行为"[8]。后者代表性的观点有:由于消极或不行动而维持现状的态度倾向[9];YANAMANDERAM 等[10]将顾客惰性理解为缺乏目标导向、受制于太多时间和精力困扰而不愿转换的"消费者一种懒惰、不活跃或是消极态度倾向"。本研究采用第二种观点将在线顾客惰性界定为在线购物情境中懒惰、不积极、偏好现状的一种态度倾向。行为观点认为导致顾客忠诚的惰性前置具备无意识特征,并非消费者有意识的行为,然而,本研究持有不同观点,在线顾客惰性是消费者在转换问题上的一种自主态度倾向。

(四)在线卷入度概念与特征

ZAICHKOWSKY[11]将卷入度分为产品卷入度、广告卷入度以及购买卷入度,将其界定为"基于内在需求、价值观及兴趣,个体感知到的(品牌、物品、决策等)相关度",反映了个体对物品的兴趣与重要性或者物品处于个体自我结构的中心化程度。此后关于卷入度的研究大都沿用此概念界定,如 O'CASS[12]将卷入度视为个体与对象交互关联的构念,指的是消费者认知结构对核心对象的相对强度等。学者们认为卷入度具备本质稳定性,环境特征以及消费者所面临的购买情境并不会直接影响或改变卷入度水平,卷入度水平只会因消费者价值体系的改变而变化[12]。

(五)替代选择吸引力及其重要性

替代选择吸引力定义为消费者从替代选择关系中可能获得满意的一种评价[13],有 4 个维度的特征:可得替代选择数量;替代选择差异度;理解这些替代选择困难程度;比较替代选择困难程度。即如果替代选择数量多、差异大、理解和比较替代选择比较容易,替代选择吸引力就是强势的。

因服务失败而不满意的顾客有动力去寻求替代服务提供商,但也可能因为替代选择不可得或者无法感知而选择留下[13]。YANAMANDRAM 等[10]经定性研究发现替代选择吸引力是决定顾客保留的第一要素。COLGATE 等[14]的研究发现,缺乏替代选择吸引力是顾客保留的重要原因。可见替代选择吸引力对顾客保留和顾客忠诚的重要作用。

二、研究模型与研究假设

(一)研究模型

关于顾客忠诚前置因素的探讨一直都是学术研究的重点。从最初研究者关注消费者对传统企业的顾客忠诚,到对服务企业、零售业的顾客忠诚,直至目前对网络商店的在线顾客忠诚,根据承诺信任理论、认知、情感、行为理论,大量研究显示顾客满意是至关重要且不可或缺的因素[2,15-17]。然而,一些研究也显示顾客满意对于提升客户忠诚是必要但非充分条件,二者关系的强度在不同情境下区别很大[4]。本研究认为,对于在线购物情境而言,顾客满意依然是不可或缺甚至更为重要的促进在线顾客忠诚的前置因素。

商业世界企业行为与消费者行为从来都是在互动中动态发展着。随着网络时代的到来,改变了商业世界的企业行为,同时也改变着消费者行为,消费者顾客忠诚行为背后的原因也正发生着悄然变化。以往文献中,顾客惰性被认为是不满意顾客保留的因素[10],是基于习惯的一种无奈行为,少数学者将其作为顾客忠诚的前置变量[18]。然而本研究认为,在在线顾客忠诚情境下,顾客惰性是消费者在线情境因素驱动下的一种自主行为,日益成长为在线顾客忠诚的又一至关重要的因素。

在线顾客忠诚行为是消费者在线购物情境下对网络商店重复购买、在线正向口碑以及推荐等意向性行为[3]。在线顾客忠诚行为除了受控于顾客满意、顾客惰性等因素影响外,因为是消费者自身行为,因而也受控于消费者本身特性——在线卷入度影响。卷入度被广泛用于各种研究情境,如产品卷入度[19-22]、广告卷入度[23]以及决策卷入度等[24,25],甚至是话题卷入度[26],探讨其对新产品研发、销售量、广告效果等的影响。本研究认为,消费者在线购物个体卷入度这一消费者特质因素,将会对消费者在线顾客忠诚行为发挥着不可小觑的作用。

毋庸置疑,消费者的行为是复杂的,受控于多种因素影响,包括行业环境、企业因素与消费者特质等。传统购物情境中,学者关注到替代选择吸引力对消费者顾客忠诚行为的作用[1]。在网络时代,消费者之所以从线下转到线上购物,至关重要的因素就是网络为其提供了传统购物无法匹敌的多样化替代选择。因此,本研究认为在在线购物情境下,替代选择吸引力依然对企业顾客忠诚起着至关重要的作用,替代选择吸引力对消费者在线顾客忠诚行为将发挥更为显著的影响。

在已有顾客忠诚研究文献中,主要探讨顾客满意前置作用[2,15-17],少数研究探讨顾客惰性作为顾客忠诚的前置因素[18]。本研究认为在在线购物情境下,在线顾客满意与顾客惰性都是在线顾客忠诚重要的前置变量,因而同时探讨在线顾客满意与在线顾客惰性对在线顾客忠诚的前置作用将更为合理。与此同时,本研究认为替代选择吸引力作为行业环境要素,个体卷入度作为消费者个人特质因素将同时调节在线顾客满意、顾客惰性与在线顾客忠诚之间的关系,因而,本研究根据权变理论视角建立了图1的理论模型,以期揭示在线购物情境下消费者在线顾客忠诚动态作用机制。主要关注在线顾客忠诚的关键前置变量和界定在线顾客忠诚边界条件。本研究试图回答如下问题:第一,在线情境下,在线顾客满意、顾客惰性是否是促进在线顾客忠诚的重要前置要素? 第二,在线卷入度作为消费者特质要素是否会强化在线顾客满意、顾客惰性对在线顾客忠诚正向效应? 第三,替代选择吸引力作为竞争要素是否会弱化在线顾客满意、顾客惰性对在线顾客忠诚正相关效应?

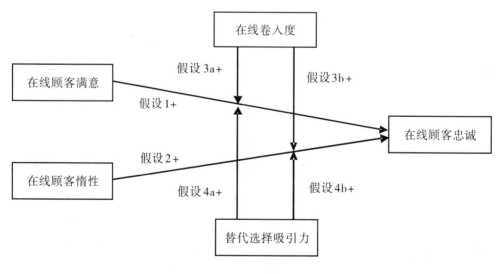

图1　研究模型

（二）研究假设

1. 在线顾客满意与在线顾客忠诚

从传统企业顾客忠诚、对服务企业顾客忠诚,直至在线情境顾客忠诚,顾客满意都被认为是不可或缺的前置变量。就顾客满意这一要素而言,已有研究显示,不满意的顾客更可能发生转换行为,反之,满意顾客转换可能性更低;满意顾客更可能重复购买和正面口碑[2]。一些研究探讨惰性、便利动机、转换成本、购买规模对满意与在线顾客忠诚之间正相关关系的调节作用[27]。传统购物情境研究显示由于转换成本的存在,即使不满意的顾客也可能选择顾客保留或顾客忠诚[28]。然而,于在线购物情境中,在线顾客面对的转换成本相较于传统购物情境要小得多,基于此,本研究认为,在线情境中不满意顾客选择顾客保留的可能性极低,在线顾客忠诚基于在线顾客满意,许多研究也证实顾客满意与顾客忠诚[29,30]、在线顾客满意与顾客忠诚正相关[2,15~17]。基于认知、情感、行为理论,结合上述分析,本研究假设:

假设1:在线顾客满意与在线顾客忠诚正相关。

2. 在线顾客惰性与在线顾客忠诚

根据计划行为理论,顾客实施特定行为(在线顾客忠诚)的意愿将影响特定行为[31]。顾客对特定网络商店(网络零售商)所表现出来的行为有两个方向,要么选择保留可能最终发展成为忠实性顾客,表现出在线顾客忠诚的一系列行为,正向口碑、推荐、重复购买等;要么背离原有网络零售商,形成顾客转换。顾客保留或转换决策取决于意愿,即消费者转换在线产品或服务提供商意愿的强度,顾客惰性代表顾客转换意愿较低。根据计划行为理论,消费者对于转换网络商店表现出的不积极、不主动、懒惰的意愿(在线顾客惰性),将正向影响行为(在线顾客忠诚)。ZEELENBERG 等[9]在服务情境中将顾客惰性进行了高低惰性划分,认为高惰性顾客在考虑转换时是消极的,由此导致他们与其服务供应商维持现状,低惰性顾客积极寻求并比较交易,结果导致背离。LEE 等[32]认为,高惰性即是对积极搜寻或者顾客转换有较低倾向;反之,低惰性则有较高倾向去积极搜寻或者转换。YANAMANDRAM 等[10]经定性研究发现,在线顾客惰性是在线顾客忠诚重要的影响因素,消费者似乎逃避做新的购买决策,避免学习新服务过程和实践,避免在选择间进行价格比较[28],容忍区域内惰性顾客选择保留是因为顾客倾向于不行动或者消极[33]。WU[18]通过实证研究证实顾客惰性与顾客忠诚正相关。基于计划行为理论,结合上述分析,本研究假设:

假设2:在线顾客惰性与在线顾客忠诚正相关。

3. 在线卷入度、顾客满意、顾客惰性与顾客忠诚

卷入度作为一种消费者特质,被应用到各种研究情境,如新产品开发、品牌忠诚、购买决策等。卷入度被认为会影响消费者对决策重要水平的感知,COLGATE 等[14]呼吁未来的研究应该审视卷入度对转换行为的影响。消费者卷入度有高低之分,具有较高卷入度的消费者被描述为受到激励去搜集产品信息,比较产品并愿意购买某种特定类型的产品,其购物决策更为复杂,许多因素都会影响购买行为[34]。换言之,相对于低卷入度消费者,高卷入度消费者将在购物过程中花费大量的时间、精力及情感,由此,对所购买的产品和服务效果也更为关注。值得注意的是,本研究情境为顾客忠诚研究,欲探求卷入度对消费者购物决策的影响,借鉴管理学按决策解决问题的性质,将决策分为初始决策(初次购买)与追踪决策(在线顾客忠诚)是必要且重要的。上述对高低卷入度消费者的行为分析,均适用初始决策情境,即对于高卷入度消费者而言,其在线购物初始决策非常审慎,全方位考虑各种要素以做出购物决策,将比他人付出更多的时间和精力在众多替代选择中进行比较。然而,本研究认为,在面对如顾客忠诚这样的追踪决策,基于对所获得的产品和服务满意前提下,消费者将不愿意付出与初始决策同样的时间和精力,会偏好简单决策——对原有网络商店顾客忠诚。

受惰性倾向驱动的在线顾客忠诚行为与受满意驱动的在线顾客忠诚行为作用机制趋同。高卷入度顾客在惰性驱动下也会偏好简单决策——在线顾客忠诚。这一分析的逻辑是,无论对于由在线满意还是由于在线惰性而导致的在线顾客忠诚,相较于低卷入度顾客,高卷入度顾客特征都会强化这一在线忠诚倾向。基于上述分析,本研究假设:

假设3a:在线卷入度正向调节在线顾客满意与在线顾客忠诚之间的关系。

假设3b:在线卷入度正向调节在线顾客惰性与在线顾客忠诚之间的关系。

4. 替代选择吸引力、在线顾客满意、顾客惰性与在线顾客忠诚

就顾客满意而导致的顾客忠诚而言,SHARMA[35]的研究指出,如果低竞争存在或者服务提供商之间的消费者感知差异过小,那么消费者就很可能选择保留在原有服务提供商,即使他们对目前的服务提供商不甚满意。反过来说,即使顾客对目前服务提供商比较满意,如果替代选择具有很强吸引力,消费者也会在目前满意与将来可能的满意间作比较,即替代选择吸引力负向调节满意与顾客忠诚之间的关系。本研究认为这种逻辑无论在任何消费情境下都适用,当然也适用于本文在线研究情境。

就顾客惰性而引发的顾客忠诚而言,CHENG 等[36]的研究指出,从以往消费中体会到收益,进而形成转换惰性,最后使重复购买行为得以继续。在缺乏强势替代选择或者没有强势多样化选择动机前提下,消费者就会继续维持与现有商家的关系;然而若竞争对手提供较低价格,就会提升消费者转换可能性,将会侵蚀消费者对原有企业的消费惰性。言外之意,顾客惰性与顾客忠诚之间正相关关系将大大受控于替代选择吸引力。LEE 等[32]的研究也指出顾客只是出于习惯(惰性)而对于服务提供商维持,结果,这样的顾客关系脆弱且易受竞争对手影响从而打破习惯行为。由此可以推断,替代选择吸引力将负向调节顾客惰性与顾客忠诚之间的关系。

下面从替代选择吸引力概念界定入手,进一步阐述替代选择吸引力对在线顾客满意、顾客惰性的负向调节机制。替代选择吸引力定义为消费者对从替代选择关系中可能获得满意的一种评价[13],有 4 个维度的特征:可得替代选择数量;替代选择差异度;理解这些替代选择的困难程度;比较替代选择的困难程度。即如果替代选择数量多、差异大、理解和比较替代选择比较容易,替代选择吸引力就是强势的。在在线购物情境中,能够满足消费者同种需求的网络商店可谓众多,造就了足够的品类宽度和广度,且网络便利了消费者对替代选择的比较,可见在在线购物情境中,替代选择吸引力是强势的。如果说在线顾客满意与在线顾客惰性代表顾客锁入效应驱动因素,那么替代选择吸引力则代表顾客转换驱动因素。由此,本研究认为替代选择吸引力将负向调节在线顾客满意、顾客惰性与在线顾客忠诚之间的关系。

假设 4a:替代选择吸引力负向调节在线顾客满意与在线顾客忠诚之间的关系。

假设 4b:替代选择吸引力负向调节在线顾客惰性与在线顾客忠诚之间的关系。

三、研究设计

(一)问卷设计

本研究构建了在线顾客满意、在线顾客惰性、在线顾客忠诚、替代选择吸引力与在线卷入度五因子研究模型,构念测量均采用成熟量表,Likert 7 点测量方法,"1" = 完全不同意,"7" = 完全同意。契合研究情境,采用 TSAI 等[37]提出的在线顾客满意 4 条目量表;借鉴以往学者研究成果,采用 LEE[32]提出的惰性量表;目前在线顾客忠诚研究还很不深入,测量方法也很多样。鉴于在线顾客忠诚与传统顾客忠诚在行为上表现高度一致,如重复光顾、积极的正面口碑甚至向自己的亲戚朋友推荐等,这里采用 EIMANSTRLY[3]的成熟量表。替代选择吸引力定义为消费者对从替代选择关系中可能获得满意的一种评价[13],依据替代选择吸引力四个特征,结合在在线购物情境,强替代选择吸引力可能来源于有很多替代选择、替代选择可以提供更为优异的产品和服务、替代选择可能比目前的网络商店离消费者更近,进而能够满足消费者积极消费需要等,这里采用 SHARMA 等[35]的 5 条目量表;采用 ZAICHKOWSKY[11]提出的 10 条目量表对在线卷入度进行测量,该量表被证明有着很高的效度和信度。因量表均来自国外文献,为了保证量表的信效度及其适用性,通过如下步骤形成最终问卷:第一,邀请两位营销专业精通英语的博士研究生对量表进行翻译,对语言语义进行反复核对校正,最终确定语言表达;第二,根据研究情境对量表从语义上进行细化修改;第三,邀请 3 位相关研究领域专家对问卷从内容、语言及结构上进行指导,之后交给营销从业人员进行探讨修正,同时邀请普通消费者对问卷表达提出意见和建议,形成初始问卷。选取 30 名研究生对初始问卷进行了前测,根据反馈以及对量表信效度的初步统计并修改,形成最终调研问卷。具体题项见表 1 所列。

(二)样本选择

本文研究对象为在线顾客忠诚,其必要要素是在线重复购买行为,因而在问卷中设置了一个题目,询问被调查对象是否在淘宝网某个网络商店有一次以上,即重复购买经历。同时为了排除品牌、企业规模、企业信誉、经营产品类别、行业等可能对在线顾客忠诚造成影响的因素,契合特定网络商店在线顾客忠诚研究情境,本研究以中国典型 B2C 兼 C2C 平台企业淘宝网用户为调查对象。以往研究认为人文变量,如年龄、性别以及收入,可能影响消费者在线购物行为,因而本研究问卷设计中对这些消费者特征也进行了调查。本研究数据来源于两部分:一部分是工作人士,地域分布于北京、天津、青岛、上海及黑龙江省一些城市;职业分布广泛,包括公务员、公司职员、工程师、个体创业者等。另一部分主要针对东北部某高校在校大学生。共回收问卷 411 份,剔除无淘宝网购物体验、无重复购买经历及一些无效问卷后,剩余有效样本 354 份。354 份样本中,频率分析显示男性占比 35.6%,女性占比 64.4%;19—29 岁样本占比 55.4%,30—39 岁样本占比 32.8%,40 岁以上样本占比 11.9%;已婚样本占比 54.7%,未婚样本占比 45.3%;大专及以下学历样本占比 16.1%,本科学历占比 78.8%,研究生学历占比 5.1%;收入在 3000 元以下样本占比 44.4%;3000—5000 元样本占比 37.9%,5000—1000 元样本占比16.5%,10000 元及以上占比 1.1%。上述分析显示样本很好地避免了样本偏差。

表1 测量量表、Cronbach's α 组合信度与 AVE 值

潜变量	题项	α	组合信度	AVE
在线顾客满意	总体而言,该网络商店的产品和服务能够满足我的期望	0.817	0.831	0.555
	总体而言,我对该网络商店提供的产品和服务满意			
	从该网络商店购物的选择是明智的			
	从该网络商店购物的决策令我很高兴			
在线顾客惰性	我不考虑转向其他网络商店购物	0.772	0.766	0.522
	对于从其他网络商店寻找更有吸引力的交易机会,我没有强烈意愿			
	我不必为考虑转向其他网络商店购物而烦恼			
在线顾客忠诚	我将会一直考虑使用该网络商店作为我继续购买此类商品的首选	0.808	0.796	0.567
	未来几年,我可能会继续使用该网络商店购物			
	在网络评价中,我很愿意对该网络商店给出积极正面的评价			
	如果有人向我寻找相关意见,我愿意推荐该网络商店			
	我会鼓励亲朋好友光顾该网络商店			
	未来几年,我可能会主要依赖该网络商店购买(此类商品)			
替代选择吸引力	总体而言,其他的网络商店可能比目前的网络商店购买成本更低	0.801	0.796	0.573
	新的网络商店可能会提供更为齐全的产品和服务选择			
	与现在的网络商店相比,新的网络商店在地域上可能离我更近			
	新的网络商店可能更能满足我对产品和服务的需求			
	与目前的网络商店相比,我可能会对新的网络商店更为满意			
在线卷入度"购物过程及所购买的产品和服务于我而言"	极其重要——非常不重要(R)	0.923	0.928	0.811
	极其无聊——非常有趣			
	与我极其相关——与我毫不相关(R)			
	令人兴奋的——单调乏味(R)			
	毫无意义——非常有意义			
	非常有吸引力——毫无吸引力(R)			
	令人着迷的——琐事(R)			
	毫无价值——极其珍贵			
	沉迷其中——毫不沉迷(R)			
	没必要——非常必要			

注:R 表示反向题项。

四、实证结果与分析

(一)共同方法偏离检验

本研究通过一系列过程控制方法进行问卷设计与数据搜集,以降低可能存在的共同方法偏离,如匿名调查法、问卷题项间隔分布、设计反向题项、时间间隔、调查对象多样化等。借鉴杨勇等[38]研究中为学者广泛采用的 Harman's 单因素检验法对数据进行共同方法偏离检验,未旋转主成分分析结果显示第一公因子提取方差为 27.709% ,低于 40% 临界标准,说明共同方法偏离并不明显。

(二)信度与效度分析

为了进一步验证模型拟合度,判定聚合效度与区分效度,本研究使用结构方程模型软件 AMOS23.0 对模型做了验证性因子分析。结果显示所有条目都如期在相应的因子上有显著的因子载荷,并据此计算组合信度(CR)及平均提取方差(AVE)值(见表 1)。验证性因子分析中使用了 LANDIS 等[39]提出的条目打包技术,

基于 LITTLE 等[40]推荐使用的随机打包方法对在线顾客忠诚、在线卷入度以及替代选择吸引力条目进行了打包操作。验证性因子分析结果显示:$\chi^2 = 155.413$, $df = 85$, $\chi^2/df = 1.828$, $CIF = 0.975$, $GFI = 0.950$, $TLI = 0.964$, $NFI = 0.947$, $IFI = 0.975$, $RMSEA = 0.048$, $SRMR = 0.036$,均在临界标准以内,表明结构模型拟合度较好。Cronbach's α 值介于 0.772—0.923 之间,组合信度介于 0.766—0.928 之间,说明量表具有良好内部一致性。AVE 值介于 0.522—0.811 之间且因子载荷均大于 0.5,表明量表收敛效度符合要求。量表的判别效度见表 2,各变量的平均提取方差平方根均大于该变量与其他变量的相关系数,说明量表的判别效度也达到要求。

表 2　均值、标准差及判别效度检验

变量	均值	标准差	1	2	3	4	5
1. 在线顾客满意	4.843	0.718	0.744				
2. 在线顾客惰性	4.447	0.800	0.355**	0.723			
3. 在线顾客忠诚	4.751	0.679	0.556**	0.633**	0.753		
4. 在线卷入度	4.405	0.743	0.128**	0.055	0.010	0.901	
5. 替代选择吸引力	4.821	0.906	0.362**	0.149**	0.335**	0.092	0.757

注:** 表示 P<0.01, * 表示 P<0.05,对角线上的值表示 AVE 平方根。

（三）主效应检验

为了验证在线顾客满意、顾客惰性对在线顾客忠诚的直接影响，本研究采用结构方程模型软件 AMOS23.0 对结构模型进行分析。结果显示：$\chi^2 = 101.165, df = 55, \chi^2/df = 1.839, CFI = 0.974, GFI = 0.958, TLI = 0.963, NFI = 0.946, IFI = 0.974, RMSEA = 0.049, SRMR = 0.035$，均在临界标准以内，表明结构模型拟合度较好，可以进行路径分析。路径分析结果如表 3 所示：在线顾客满意、顾客惰性均显著正向影响在线顾客忠诚，假设 1 与假设 2 得到验证。

表 3　直接效应检验结果

假设	路径	路径系数	T 值与显著性	检验结果
假设 1	在线顾客忠诚←在线顾客满意	0.319	5.538**	支持
假设 2	在线顾客忠诚←在线顾客惰性	0.735	9.370**	支持

注：** 表示 $P < 0.01$，* 表示 $P < 0.05$。

（四）调节效应检验

本研究使用 SPSS22.0 对在线卷入度、替代选择吸引力对在线顾客满意、顾客惰性与在线顾客忠诚之间的正相关关系的调节作用进行检验，层级回归结果如表 4 所示。模型 1 中将一些人文变量对在线顾客忠诚做回归。模型 2 加入了本研究中两个前置变量和两个调节变量对在线顾客忠诚做回归。模型 3 中再次加入两个前置变量与两个调节变量的乘积项对在线顾客忠诚进行回归。回归结果显示：在线顾客满意与替代选择吸引力乘积项（$\beta = -0.129$）、在线顾客惰性与替代选择吸引力乘积项（$\beta = -0.076$）与在线顾客忠诚显著负相关，即替代选择吸引力负向调节在线顾客满意、在线顾客惰性与在线顾客忠诚之间的关系，假设 4a 和假设 4b 得到了验证；同时回归结果显示，在线顾客满意与在线卷入度乘积项与在线顾客忠诚显著正相关（$\beta = 0.082$），即在线卷入度正向调节在线顾客满意与在线顾客忠诚的正相关关系，假设 3a 得到了验证；然而，在线顾客惰性与在线卷入度乘积项与在线顾客忠诚并未呈现显著相关关系，即在线卷入度正向调节在线顾客惰性与在线顾客忠诚正相关关系的假设 3b，没有得到数据支持。

在模型检验过程中，本研究同时对数据多重共线性依据 VIF 进行了检验，VIF 值均低于 2，说明基本上不存在多重共线性问题。

表4   调节效应检验结果

变量	在线顾客忠诚		
	模型1	模型2	模型3
Times	0.073	0.021	0.025
Sex	−0.069	−0.071 **	−0.058
Age	−0.047	−0.009	−0.012
Marriage	−0.071	−0.030	0.002
Edu	−0.039	−0.044	−0.040
Income	0.245 ***	0.086 *	0.070
SAT		0.323 ***	0.249 ***
INT		0.484 ***	0.457 ***
ALT		−0.084 **	−0.094 **
INV		0.167 ***	0.177 ***
SAT * ALT			−0.129 ***
INT * ALT			−0.076 *
SAT * INV			0.082 **
INT * INV			−0.022
R	0.033	0.554	0.581
$\triangle R^2$	0.050 ***	0.517 ***	0.031 ***
F	3.003 ***	44.270 ***	35.487 ***

注:*** 表示 $P < 0.01$,** 表示 $P < 0.05$,* 表示 $P < 0.10$,Times:重复购买次数;SAT:在线顾客满意;INT:在线顾客惰性;ALT:替代选择吸引力;INV:在线卷入度。

五、结论

(一)结论与讨论

至此,本研究得出如下结论:第一,在线情境下,与假设相一致,在线顾客满意、顾客惰性都是促进在线顾客忠诚的重要前置要素。第二,在线卷入度作为消费者特质要素会强化在线顾客满意对在线顾客忠诚正向效应,但是会强化在线顾客惰性与在线顾客忠诚之间关系的假设没有通过数据检验。第三,替代选择吸引力作为竞争要素会弱化在线顾客满意、顾客惰性对在线顾客忠诚正相关效应。

本研究证实,顾客满意对于 B2C 与 C2C 情境下的在线顾客忠诚是必不可少的前置变量,其至是在线顾客忠诚的前提,原因在于网络购物的选择多样性、便利性与对特定网络零售商低依赖性。

本研究认为,随着网络购物的兴起,在线顾客惰性将日益成为在线顾客忠诚的重要前置因素,并且随着未来网络技术进一步发展,在线顾客惰性会进一步增强,其对在线顾客忠诚的前置作用也会进一步强化。至此,本研究发现,无论在线顾客满意还是顾客惰性都是在线顾客忠诚的重要前置变量。

根据目前所拥有的知识,本研究首次并同时探讨在线卷入度对在线顾客满意、顾客惰性与在线顾客忠诚的调节作用。本研究证实,在线情境下,在线卷入度正向调节在线顾客满意与在线顾客忠诚正相关关系。但是在线卷入度正向调节在线顾客惰性与在线顾客忠诚正相关关系的假设却并未得到实证支持。可能的解释是:在线卷入度作为一种消费者特质,在面对是否重复光顾原有网络商店的购物决策时,会倾向于选择简单方式(在线顾客忠诚)来解决这一问题[28],即高卷入度消费者更容易形成在线顾客转换惰性,或者说在线转换惰性倾向中已涵盖高卷入特质因素,因而在线卷入度不再能够显著调节在线顾客惰性与在线顾客忠诚之间的关系。

就替代选择吸引力对在线顾客满意、顾客惰性与顾客忠诚的调节作用而言,本研究假设无论消费者是由于在线满意或是在线惰性而导致在线顾客忠诚,只要外部替代选择足够强势,都会瓦解在线顾客满意、顾客惰性对在线顾客忠诚的锁定效应,实证结果也验证了本研究假设(假设4a,假设4b)。由此可以推断,高替代选择吸引力是在线消费者转换强有力的驱动力,显著弱化在线顾客满意、顾客惰性对在线顾客忠诚的锁入效应。

(二)研究局限

本研究存在一些局限:第一,问卷数据本身的局限性。横截面数据很可能会产生共同方法偏离问题,也很难做出因果性推论。在研究条件具备且对研究问题适用前提下,未来研究应该考虑采用不同数据源。对于在线顾客忠诚,如能找到更好的客观替代指标,采用客观二手数据可能更具说服力。第二,未来研究也可以考虑纵向研究以揭示在线顾客忠诚模型动态长期趋势,从而揭示出潜变量间因果关系,这可以作为进一步研究方向。

参考文献

[1] HA Y W,PARK M C. Antecedents of Customer Satisfaction and Customer Loyalty for Emerging Devices in the Initial Market of Korea: An Equity Framework [J]. *Psychology and Marketing*, 2013, 30(8):676 –

689.

[2] CHANG H H, WANG Y H, YANG W Y. The Impact of E – service Quality, Customer Satisfaction and Loyalty on E – Marketing: Moderating Effect of Perceived Value[J]. *Total Quality Management & Business Excellence*, 2009, 20(4):423 – 443.

[3] EL – MANSTRLY D. Enhancing Customer Loyalty: Critical Switching Cost Factors[J]. *Journal of Service Management*, 2016, 27(2):144 – 169.

[4] ANDERSON R E, SRINIVSAN S S. E – Satisfaction and E – Loyalty: A Contingency Framework[J]. *Psychology & Marketing*, 2003, 20(2), 123 – 138.

[5] LIN W B. The Exploration of Customer Satisfaction Model from a Comprehensive Perspective[J]. *Expert Systems with Application*, 2007, 33(1): 110 – 121.

[6] SHANKAR V, SMITH A K, RANGASWAMY A. Customer Satisfaction and Loyalty in Online and Off – line Environments[J]. *International Journal of Research in Marketing*, 2003, 20(2): 153 – 175.

[7] LEVY S. Dose Usage Level of Online Services Matter to Customers' Bank Loyalty[J]. *Journal of Services Marketing*, 2014, 28(4): 292 – 299.

[8] BOZZO C. Understanding Inertia in an Industrial Context[J]. *Journal of Customer Behavior*, 2002, 1(3): 335 – 355.

[9] ZEELENBERG M, PIETERS R. Beyond Valence in Customer Dissatisfaction: A Review and New Findings on Behavioral Responses to Regret and Disappointment in Failed Services[J]. *Journal of Business Research*, 2004, 57(4):445 – 455.

[10] YANAMANDRAM V, WHITE L. Switching Barriers in Business – to – Business Services: A Qualitative Study[J]. *International Journal of Service Industry Management*, 2006, 17(2): 158 – 192.

[11] ZAICHKOWSKY J L. The Personal Involvement Inventory: Reduction, Reversion, and Application to Advertising[J]. *Journal of Advertising*, 1994, 23(4): 59 – 70.

[12] O'CASS A. An Assessment of Consumer Product, Purchase decision, Advertising and Consumption Involvement in Fashion Clothing[J]. *Journal of Economic Psychology*, 2000, 21(5), 545 – 576.

[13] ROBERT A, Ping J R. The Effects of Satisfaction and Structural Constraints on Retailer Exiting, Voice, Loyalty, Opportunism, and Neglect[J]. *Journal of Retailing*, 1993, 69(3):320 – 352.

[14] COLGATE M, TONG V TU, LEE C KC. Back From the Brink – Why Customers Stay[J]. *Journal of Service Research*, 2007, 9(3): 211 – 228.

[15] BULT M, FRENNEA C M, MITTAL V, et al. How Procedural, Financial and Relational Switching Costs Affect Customer Satisfaction, Repurchase Intentions, and Repurchase Behavior: A Meta – Analysis [J]. *International Journal of Research in Marketing*, 2015, 32(2): 226 – 229.

[16] CHEN Q M, RODGERS S, HE Y. A Critical Review of the E – Satisfaction Literature[J]. *American*

Behavioral Scientist, 2008, 52(1), 38 - 59.

[17] TAYLOR D G, STRUTTON D. Has E - Marketing Come of Age? Modeling Historical Influences on Post - Adoption Era Internet Customer Behaviors[J]. *Journal of Business Research*, 2010, 63(9/10): 950 - 956.

[18] WU L W. Satisfaction, Inertia, and Customer Loyalty in the Varying Levels of the Zone of Tolerance and Alternative Attractiveness[J]. *Journal of Services Marketing*, 2011, 25(5): 310 - 322.

[19] 徐国伟. 产品卷入度与感知风险下顾客忠诚研究[J]. 软科学, 2012, 26(2): 140 - 144.

[20] XIE X M, JIA Y Y. Consumer Involvement in New Product Development: A Case Study of Online Virtual Community[J]. *Psychology Marketing*, 2016, 33(12): 1187 - 1194.

[21] ATKINSON L, ROSENTHAL S. Signaling the Green Sell: the Influence of Eco - Label Source Argument Specificity and Product Involvement on Consumer Trust[J]. *Journal of Advertising*, 2014, 45(2): 191 - 216.

[22] BIAN X M, MOUTINHO L. The Role of Brand Image, Product Involvement, and Knowledge in Explaining Consumer Purchase Behavior of Counterfeits: Direct and Indirect Effects[J]. *European Journal of Marketing*, 2011, 45(2): 191 - 216.

[23] 刘世雄, 席金菊, 温小山. 广告语言与产品卷入度对广告卷入度的影响研究[J]. 应用心理学, 2013, 19(2): 99 - 110.

[24] 刘翠翠, 陈彬, 刘磊鑫, 等. 当局者迷, 旁观者清? 自我—他人决策的理性差异及其机制[J]. 心理科学进展, 2013, 21(5): 879 - 885.

[25] 沈璐, 庄贵军, 郭茹. 复杂型购买行为模式下的在线购买意愿: 以网购汽车为例的网络论坛扎根研究[J]. 管理评论, 2015, 27(9): 211 - 230.

[26] 王丹萍, 庄贵军, 周茵. 集成调节匹配对广告态度的影响[J]. 管理科学, 2013, 26(3): 45 - 54.

[27] VALVIA C, FROGKOS K C. Critical Review of The E - Loyalty Literature: A Purchase - Centred Framework[J]. *Electronic Commerce Research*, 2012, 12(8): 331 - 387.

[28] YANAMANDRAM V, WHITE L. Why Customers Stay: Reasons and Consequences of Inertia in Financial Services[J]. *Management Service Quality*, 2004, 14(2): 183 - 194.

[29] 郑秋莹, 姚唐, 范秀成, 等. 基于 Meta 分析的"顾客满意—顾客忠诚"关系影响因素研究[J]. 管理评论, 2014, 26(2): 111 - 120.

[30] 李惠璠, 罗海成, 姚唐. 企业形象对顾客态度忠诚与行为忠诚的影响模型——来自零售银行业的证据[J]. 管理评论, 2012, 24(6): 88 - 97.

[31] MADDEN T J, ELLE P S, AJZEN I. A Comparison of The Theory of Planned Behavior and The Theory of Reasoned Action[J]. *Personality and Social Psychology Bulletin*, 1992, 18(1): 3 - 9.

[32] LEE R, NEALE L. Interactions and Consequences of Inertia and Switching Costs[J]. *Journal of Services*

Marketing, 2012, 26(5): 365 – 374.

[33] YAP K B, SWEENEY J C. Zone – of – Tolerance Moderates the Service Quality – Outcome Relationship [J]. *Journal of Services Marketing*, 2007, 21(2):137 – 148.

[34] HANSEN T. Perspectives on Consumer Decision Making: An Integrated Approach[J]. *Journal of Consumer Behavior*, 2005, 4(6): 420 – 437.

[35] SHARMA N, PATTERSON P G. Switching Costs, Alternative Attractiveness and Experience as Moderators of Relationship Commitment in Professional Consumer Service[J]. *International Journal of Service Industry Management*, 2000, 11(5): 470 – 490.

[36] CHENG C C, CHIU S I, HU H Y, et al. A Study on Exploring The Relationship between Customer Satisfaction and Loyalty in The Fast Food Industry: With Relationship Inertia as a Mediator[J]. *African Journal of Business Management*, 2011, 5(13):5188 – 5126.

[37] TSAI H T, HUANG H C, JAW Y L, et al. National Taiwan University. Why Online Customers Remain with a Particular E – Retailer: An Integrative Model and Empirical Evidence[J]. *Psychology & Marketing*, 2006, 23(5): 447 – 464.

[38] 杨勇, 马钦海, 谭国威, 等. 情绪劳动策略与顾客忠诚: 顾客认同和情绪价值的多重中介作用[J]. 管理评论, 2015, 27(4): 144 – 155.

[39] LANDIS R S, BEAL D J, TESLUK P E. A Comparison of Approaches to Forming Composite Measures in Structural Equation Models[J]. *Organizational Research Methods*, 2000, 3(2): 186 – 207.

[40] LITTLE T D, CUNNINGHAM W A, SHAHARG, et al. To Parcel or Not to Parcel: Exploring the Question, Weighing The Merits[J]. *Structural Equation Modeling*, 2002, 9(2): 151 – 173.

通讯作者:申光龙(1963—　　),男,韩国人,南开大学(天津市 300071)商学院教授,博士研究生导师,研究方向:网络营销、整合营销传播等。

项目基金:国家社会科学基金资助项目(16BJY125)

(作者:王金丽、申光龙、秦鹏飞、彭晓东,2016 年 2 月成稿,刊发于《管理学报》2017年第 11 期)

采购 BPO 企业的大客户关系管理模式研究
——以三星集团采购 BPO 公司为例

申光龙 柳志中 秦鹏飞 王金丽

（南开大学商学院）

摘 要:探讨了采购 BPO 企业的大客户关系管理战略模式,以三星集团旗下的采购 BPO 企业为例进行研究。首先探讨了大客户关系管理对采购 BPO 企业的重要性;其次探讨了采购 BPO 企业的模型及必备条件;最后探讨了小规模供应商的运营战略以及为大客户提供价值极大化的案例。总结出采购 BPO 企业持续发展所需的条件与运营战略、从采购 BPO 委托企业的视角选定采购 BPO 企业的基准。

关键词:商务流程外包,采购 BPO 企业,客户关系管理,大客户关系管理

一、引言

现代企业要随时适应快速变化的市场,直面深度的挑战—新技术的日益更替,全球化竞争的格局,顾客需求的多样化,经济周期的缩短等,正因为如此,企业致力于核心竞争力,而把非核心业务进行外包,这种模式显得越来越重要。将组织内非核心服务流程或职能外包,而企业专注于核心业务,这就是 BPO(Business Process Outsourcing)模式。BPO 范围从单纯的警卫、保洁扩展到人事、信息系统、采购、物流、生产和市场营销等价值链上各个环节,而采购 BPO 模块正是本文结合案例研究的主要内容。

在韩国,此类 BPO 采购外包企业主要整合大企业消耗品 MRO Maintenance(维护),Repair(维修),Operation (运营))供应业务,如三星集团的 iMarketKorea,LG 集团的乐采和 POSCO 集团的 eNtoB。在中国,这一领域目前尚无领先的企业。

迄今为止,韩国和中国采购 BPO 企业绝大部分隶属于某集团公司,并且以母集团公司的采购项目为主,仅限于办公用品、劳保用品、设备备件、包装材料等小量多品种 MRO 品目,侧重于采购和供货商管理,而客户关系管理却一直没有得到足够的重视,本文的着眼点就在于客户关系的管理。

笔者预测未来十年内除了核心技术的材料设备外,全采购环节外包给专业的采购

BPO 企业将成为必然趋势,因此本研究有很大的现实指导意义,能够对具体的商业操作提供有益的借鉴。

二、BPO 的含义与分类

商务流程外包(Business Process Outsourcing:BPO)一般指的是企业将核心业务以外的辅助性业务交给外部专业公司来管理的模式。BPO 管理可以降低企业的费用、提高产能、强化企业的核心竞争力,其他如顾客服务、库存管理、采购、人事、CRM 及研究开发等业务由专业服务公司来代管,这些都称为 BPO 管理。

从真正意义上说,BPO 管理是借助于外部的专业知识将自身经营能力集中于核心业务的一种技能。企业对 BPO 管理的态度决定着核心竞争力的增长。

美国的信息咨询公司高德纳(Gartner)将 BPO 分为了以下六大类。

第一类:与保险公司的索赔处理、与文件管理等支援业务相关的流程。

第二类:与财务、会计相关的流程。

第三类:与工资计算、福利、招聘、教育等人事管理相关的流程。

第四类:与电子支付等相关的流程。

第五类:与 SCM(Supply Chain Management)相关的公司采购、物流、耗材管理、仓库管理等流程。

第六类:与销售、市场营销、客服中心等连接外部客户相关的流程。

BPO 业务领域,如图 1 所示。

经营支援是随着电子商务的发展迅速进入 BPO 领域的行业,也是 IT 服务业进军数最多的行业。人事管理、工资计算、财务会计等业务虽然算不上公司的核心业务,但属于敏感而且重要的方面。故而对此类业务的外包,在早些年前尚未普及,后来随着认识的转变,早先并不外包的经营支援业务也开始采用 BPO 模式管理。

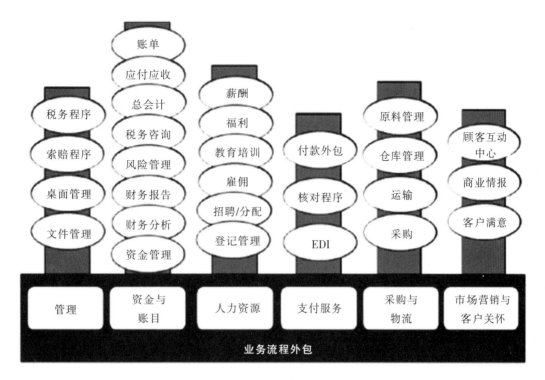

图1　BPO 业务领域

资料来源:高德纳(Gartner) 咨询公司. BPO 研究. 2002:4.

三、采购 BPO 公司大客户关系管理的重要性

客户永远是企业的上帝,是企业发展的力量之源。通常情况下,大型采购 BPO 企业在成立时一般会从关联集团固定客户手里确定基本采购物量,以此维持基本运营,大型关联企业为主的固定客户的耗材转移和新客户的吸纳,一般会促进业务量的增加。物量的增加能够提高企业的议价能力。

采购 BPO 企业的整合业务首先从 MRO 耗材开始,逐渐扩大到包装材料等副耗材,小量原耗材,测试仪器,设备等采购品目。采购 BPO 企业想要满足顾客的需求,自身就要具备专业采购能力。如想在短期内成长起来,就需要大客户。因此客户关系管理是企业运营战略的优先考虑项目。如果该企业提供给大客户的价值较小或者服务上出现问题,就会使得与大客户的交易减少甚至终止。与大客户的交易减少或者终止直接影响到采购 BPO 企业的经营成果,甚者威胁到企业生存。因此,管理客户关系应该成为采购 BPO 企业的核心竞争战略之一。

为了维持采购 BPO 企业的生存与持续成长,就必须研究策略来维护和管理客户关系,优化业务过程和编制业务手册是有效的方式,成功的客户关系管理也会起到为 BPO 企业营销宣传的作用。

四、三星集团采购 BPO 公司(三星爱商)概况

三星爱商(iMarketChina)是 2002 年三星集团在中国投资建立的集中采购与物流服务商,是全国第一家拥有进出口权的中外合资国际物流有限公司,并作为中国第一家外商投资国际物流试点单位在天津经济技术开发区成立。三星爱商的经营领域主要分为两个部分:MRO、副资材采购 BPO 服务及以进出口、仓储、配送为一体的第三方物流。在天津、苏州、惠州、西安等国内运营 7 个销售分公司。

三星爱商采用集国内外采购、包装、运输、配送、支付、库存管理和供应链咨询培训及行业资讯为一体的一站式网路供应链平台,为客户提供个性化服务,企业可以全面享受集中采购的成本优势和品质保证。同时,三星爱商作为供应链的整合者,整合自身以及商务合作伙伴的资源、技术和竞争力,向客户提供全方位的供应链解决方案。

采购 BPO 公司的服务模式,如图 2 所示。

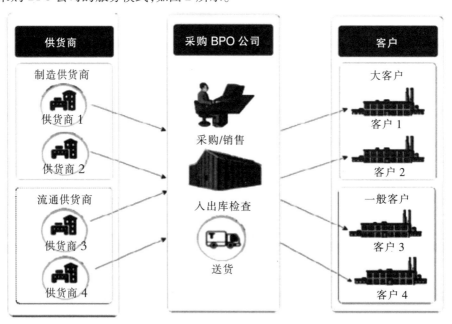

图2 采购 BPO 公司的客户与供货商

资料来源:本研究整理

五、三星爱商大客户管理团队与硬件

采购 BPO 企业为了持续经营就必须具备能满足客户的能力。如果像贸易公司一样仅仅具备居间功能,就不会取得长远的发展。满足客户的硬件能力就是:信息系统的开发,服务于大客户的团队,以及有竞争力的供应商。

(一)三星爱商的团队

根据客户要求的常规与否,三星爱商建立了一般担当→中层人员→高层人员,这种梯队服务的模式能最大程度的将业务按照轻重缓急区分开来,实现整体效果最优。当然,针对大客户要设立专人负责运营,不断提高关键客户的满意度。必要时,派驻专员到客户公司帮助其处理采购业务。从三星爱商实际运作来看,这样的沟通,媒介效果是很好的。

(二)三星爱商信息系统

为了有效管理品类繁多的耗材,对接众多的供应商和采购商,采购 BPO 企业就必须要有专业化 IT 团队,保证其信息系统的开发。专用的数据库系统能有效降低重复性数据处理、整合、筛选等工作,极大的提高业务处理速度。采购 BPO 企业的电子信息系统与客户对接,可以在最大程度上防止采购商业务脱离,这是 LOCK – IN 方法(供货商与采购商因为特殊关系,不能轻易终止合作或者终止合作时需要付出很多成本)的重要策略。

采购商(BPO 企业的客户)也会考虑采购 BPO 企业的系统研发水平,需要思考双方业务整合后是否能够提高本企业采购业务效率。

1. 与采购商 ERP 系统对接

为了能与采购商的采购 ERP(Enterprise Resource Planning) 系统对接,三星爱商加强了 IT 团队力量。采购方与三星爱商签订合同之后,最短时间内通过两家电子订单信息系统的对接使得采购商可以通过内部系统下订单、入库和结算,使得业务效率大大提高。随着互联网普及,只要有网络就能随时随地处理业务,实现移动办公。

2. 耗材的代码(CODE) 管理

以三星爱商为例,主要产品从企业消耗性耗材到包装副耗材,种类繁多,规格不一,为了进行标准化管理,将其编为代码,进行体系化管理。客户和三星爱商都在以自己的编码规则制定各自唯一确定的耗材代码,包含品名、规格、订货单位、单价、照片等信息。

最后通过建立两个代码的一一对应关系,实现耗材的对接。

(三)三星爱商公司的供应商管理

采购 BPO 企业要确保的核心竞争力之一就是价格优势,而价格优势是由优质供应商提供的。

三星爱商通过定期的市场调查在更广范围内比较耗材价格,综合考察供应商管理能力,能保证其尽可能的掌握最优质的供应商信息。当然,一套持续开发优质供货商的方案是必须要建立的。以下是三星爱商供货商管理的主要原则。

第一,供应商选定。一般企业采购 MRO,包装副耗材等,因采购物量少,与制造商直接的交易很少,通常要通过中间贸易商。如果存在多个中间贸易商,则会层层加价,最终单价必然升高。此时,采购 BPO 企业整合多个工厂的需求量,直接与制造商进行交易,通过减少中间费用,确保价格竞争力,也可避免因中间环节过多而产生品质问题。直接采购能够准确对耗材规格进行管理。如果制造商是海外的,或者采购数量较少,拒绝直接采购,那么通过其正式授权的代理商交易是最好的办法。

无代理权限的供货商的价格会低一些,但是如果通过无正式代理关系的供货商采购,就有可能采购到仿制品。因此要从正规代理商处进行采购。

其次,小额耗材的偶然需求,直接采购或者与代理商建立交易经济性差。这时可以考虑通过中间商,但是要定期聚合交易物量,最大限度按照正式采购路径来进行。采购 BPO 企业按照直接采购,正规代理商采购,一般贸易商采购的顺序作为供货商选定的优先级顺序。

第二,供应商实查管理。采购 BPO 企业受采购商委托管理供应商时,要根据明确的标准定期评价供应商,同时把评价结果通报给委托企业。采购 BPO 企业可通过体系化的供应商实查,发掘培育优质供应商,淘汰落后供应商,进而提高供货商群体的竞争力。平时也要留意和开发潜在企业,作为现有供应商群体的有力替补。可以与客户协商,如果客户有针对核心原耗材供货商的管理标准,也可以按照同一形式管理接受委托的 MRO,副耗材供应商。

第三,供应商评价。采购 BPO 企业可以制定供应商货期准时率、单价削减率、品质不良率等指标来评价供应商,可以根据评价分数进行物量分配及新物量确定。这将提高采购 BPO 企业竞争力,也能得到委托企业对供应商管理方面的认可。

六、三星爱商大客户管理策略

三星爱商通过大客户管理策略为大客户提供有效的价值并最大限度地扩大供应资

材的种类。首先,设计一个易于操作的系统提供给大客户使用;然后,选定能为大客户提供贴身服务的专业人员支援客户采购部门,使双方在沟通上更加顺畅;最后,为客户提供有效的价值。采购BPO公司能为大客户提供的价值可以分为以下三种。

第一,原价削减。原价削减可以通过对其正在使用的资材进行二元化、多元化,让多家供货商之间发生竞争达到降价的目的。或者是通过采购渠道简捷化,以减少中间流通费用的方式来达成降价的目的。可以定期进行降价活动,并以报告的形式将结果提供给客户。

第二,为客户提高采购效率。通过整合运营多数供货商、集中派送,可降低供货商管理费用及入库管理费用,还可以提高客户采购人力资源的效率。

第三,通过三星爱商代理进行公正的价格比较、供货商录选及淘汰管理,实现采购权限的公开透明化,减轻客户管理层对采购不透明方面的担忧。

三星爱商的大客户管理策略框架图,如图3所示。

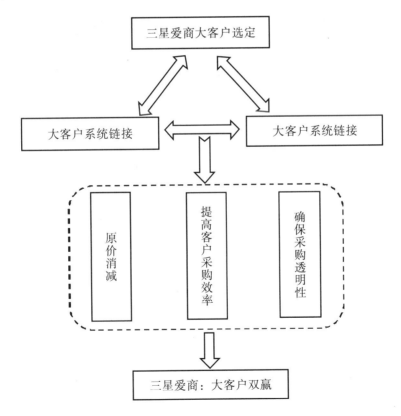

图3　三星爱商大客户管理策略框架

资料来源:本研究整理

（一）原价削减

最能体现采购 BPO 企业价值的就是原价削减。一般情况下,外包采购业务的企业会提供耗材清单,得到采购 BPO 企业的回复后,先计算价格削减节减率和削减金额。采购 BPO 企业要认识到原价削减是体现采购 BPO 企业竞争力的重要方面,所以要提供有效的原价削减方案。

一般来说,企业的采购支出占销售额的 60% 以上,采购成本直接影响企业的利润。金融危机以后随着全世界经济滞胀,提高销售额越来越困难,多数企业只能不断的压缩成本。采购降价带来的利益增效比销售增加的利益增效要大得多,5% 的采购费用节减与增加 25% 的销售额,二者效果是相同的,换句话说,就是少量的采购节减能产生成倍增加销售额的效果,如图 4 所示。

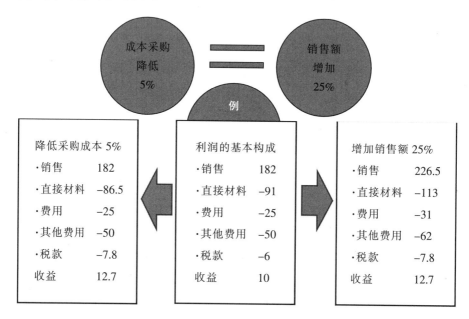

图 4　采购在企业中的重要性

资料来源:iMarketKorea 内部资料. http://www. imarket – korea. com/

1. 定期降价(下调单价)

降价可根据采购数、种类每年进行 1—4 次。在定期降价时,通过确定单价调整的优先顺序,先汇总采购物量计划,再确定降价策略。

如果一种耗材有 2—3 个供应商供货,想要单价下调,可根据供应商提供的单价高低进行物量分配率的调整,对于客户来说,原先小额种类多的耗材也实现了降价。

表 1　消耗性耗材单价调整周期

调整周期	耗材群
1 次/年	物价浮动品,生活用品,标准品,标准设备零件类,办公用品
3—4 次/年	电子行业的副耗材,标签,模切胶带,托盘,塑料类,纸箱类
每个月	电算用品,油价联动品,有色金属联动品

资料来源:本研究整理

可根据耗材特性来设定单价下调周期并进行管理(见表 1)。特别是电算用品,石油副产品等价格变动频繁的产品,应细致管理单价,防止出现和市场价格背离的情况。

2. 通过价值工程(Value Engineering:VE)来降低成本

一种耗材经过多年降价后,再进行单价下调是有限度的。为了更加有效的实现原价削减,有必要寻找替代品。一方面寻找替代品,另一方面可将进口耗材本地化,从而达到包括关税、物流费的减少。

三星爱商通过价值工程实现原价削减案例见表 2 所列。

表 2　通过价值工程实现原价削减案例

耗材信息	
– 耗材名称:Test 夹具 – 制造商:Y 厂,S 厂 – 用途:电子产品新机种开发时使用的夹具 – 采购商:笔记本电脑工厂 – 使用量:2.2K PC/年	
改善前	改善后
– 同一类型耗材每一年单价下调困难 – 开发机种变更时原有夹具不能使用进行废弃处理	– 夹具的材质,结构变更时原有产品可再使用 – 将未使用夹具再次使用,使原价消减 USS362→USS253(30% 以上原价消减) 预想原价消减金额:US $ 204K/年

资料来源:本研究整理

3. 通过国产化来降低成本

手机从原来的键盘机转变为现在的智能机,随着购买偏好的变化,智能机的使用正在激增。智能机除了通话功能之外还有上网搜索、视频等功能。长期使用会使电池及其他部件发热,客户会担心发热爆炸。为此,美国,日本等地的供货商开发出附着在手机上能起到降热作用的散热膜(见表3),可降低5—6度,目前已经应用于高端手机上。

表3　散热膜原价削减案例

耗材信息	
—耗材名称:散热膜,制造商:T厂(中国) —用途:手机、笔记本电脑产品内部热扩散及降低温度 —采购商:手机工厂,笔记本电脑工厂 —采购金额:RMB6000万/年	
改善前	改善后
—进口美国、日本产品产生关税、物流等费用 —海外耗材采购造成货期问题、库存压力,单价下调存在局限性	—采购BPO企业开发了国内的供货商,进而掌握议价主导权 —原价消减(平均35%下调,预想原价消减金额2000万/年) 缩短货期:15天→3天

资料来源:本研究整理

这种散热膜提供给三星手机壳的生产工厂,多数下游工厂也使用,起初是从美国或者日本进口。三星爱商与三星电子一直在寻找国内散热膜的制造商,找到了具备生产能力的T公司给下游工厂供货,原价削减35%以上。6个月就节减了1 000万元。虽然美国、日本等地的供货商有垄断地位,有定价的主导权,但是随着与T公司的合作,三星电子获得了更大的议价权。

这个散热膜不仅能满足三星手机工厂的需要,其下游工厂的需求也能满足。T公司和三星爱商合作之后,迅速扩展了市场份额,达到了双赢的效果。

4. 通过制造商直接采购来降低成本

中国市场大致分为华北、华东、华南等区域。采购BPO企业为了提高采购能力就必须搭建全国化的组织网络。三星爱商在天津、苏州、惠州、威海设立了采购及营销组织，这些区域的采购商和供货商的数量逐渐扩大。以手套类耗材为例，特别是设有无尘室的企业，使用无尘室用防静电手套数量很多。以前三星各个工厂都是在本地就近选择供应商，通过电话采购，力求随叫随到，随时配货。

三星爱商在 2012 年对全体三星工厂使用的防静电手套进行了调查，15 个供货商供应 50 余个种类的手套，类似规格手套的单价存在很大区别，价差甚至可达 50% 以上。利用 3 个多月的时间对中国国内防静电手套制造商进行了调研及实查，对全体样品规格进行了标准化。用三星所有工厂的总体采购量商定了优惠价格，并在华北、华东、华南设置中转仓库，满足三星工厂的随时供货需求。

最终商定由苏州地区 1 个制造商来供货，将 50 多个手套种类整合为 10 多个，单价平均降低了 35%，达到了当年 150 万元的总金额削减（见表 4）。借由防静电手套的整合效率化，三星爱商进行除了手套以外刮水器、防静电服等全体 MRO 消耗品整合。

表4　手套原价削减案例

耗材信息	
－ 耗材名称:PU 手套 － 制造商:S 厂（苏州） － 用途:无尘室操作者专用防静电手套 － 采购商:全部客户 － 使用量:5000 包/年,RMB430 万/年	
改善前	改善后
－ 品种多，库存管理困难，与华北、华东、华南等多家供货商进行交易 － 实际耗材和系统录入的耗材规格存在差异，数量多、种类多，单价消减困难	－ 类似规格进行整合（50 余种→10 余种） － 选定有竞争力的制造商进行直接交易（15 家→1 家） － 平均 35% 价格消减，预想消减金额:RMB150 万/年

资料来源:本研究整理

（二）采购效率的提高

除了原价削减，采购 BPO 企业存在的价值之一就是采购效率的提高，可通过提升人力效率、物流效率、关键绩效指标(Key Performance Indicator:KPI)管理来实现该价值。对采购商来说,低值种类多的耗材采购需要很多采购人员,购买金额不大,但购买流程却与金额大的耗材没有差异,需要耗费人力和产生费用。BPO企业可以从以下几方面缓解这一矛盾:

1.提升人力效率

一般来说,制造企业的采购范围包括原耗材采购、副耗材采购、设备采购、MRO耗材采购,采购组织包括物流部门、品质管理部门,也有管理采购指标并制定采购政策的采购企划部等,一个部门都不能少。这种情况下,将采购业务委托给采购BPO企业就可以提高效率。采购BPO企业整合客户的采购物量并且进行专业化管理。一般情况下,委托企业给采购BPO企业移交业务后,1—2名的人员可以管理采购BPO企业处理的所有耗材。例如,拥有1万名员工的手机生产工厂,采购BPO企业接受消耗性耗材等3—4千种耗材的委托,原来手机厂的约5名采购员工可以减少到1人对接BPO企业即可。

2.提升物流管理效率

采购BPO企业可通过专业信息系统把耗材的标准货期提供给客户,客户实时下订单,BPO企业业务担当按需纳品。规模在1000人以上的制造业企业每月平均采购的消耗性耗材约为1000多种。因为之前尚未实现较高水平的自动化,管理1000种耗材的订单与货期有一定的困难,稍有疏忽,就会导致某种产品没有及时送货入库,紧急调货的情况时有发生,额外增加物流费的情况在所难免。

相比之下,采购BPO企业可以替客户管理耗材的货期。通过分析客户稳定消耗量,提示客户下订单的时间节点。不断比较实际货期和理想货期,进行动态管理,进而不断满足客户需求。即使发生紧急调货,也可通过庞大的供应商库和多元化的物流网络迅速应对。

3.提升供应商管理效率

采购BPO企业应该提高供应商管理的精细化水平:做好采购关键绩效指标管理(平均交货期、价格削减、品质指标等),采购现况汇总报告等工作。相关决策人可通过这些采购指标进行采购决策,推进业务创新,同时掌握一手行业资料,比利用其他社会机构提供的相关信息更加廉价、高效、可信。

(三)确保采购行为的透明性、公正性

作为企业管理者,总会因为采购部门发生的不透明交易而烦恼。采购负责人和供货

商之间发生的不透明交易一般集中在单价方面或者买到质次价高的产品,蒙受不必要的损失。而采购 BPO 企业作为第三方,可以减少或者防止不正当行为的发生。根据既定原则选择供应商,进行公正透明的交易是采购 BPO 企业提供的重要价值之一。当然,要做到这点,采购 BPO 企业需要设计防止不正当行为发生的流程,进行持续的反复管理与教育。采购 BPO 提供的这种价值,可以大大减少委托企业在不正当交易方面的疑虑。作为采购人员,能够从灰色地带中脱离出来,堂堂正正地做业务。供应商也可以消除其他费用因素,致力于通过有竞争力的单价赢得公平的市场交易。

七、结语

采购 BPO 模式被公认为是通过采购制度优化,原价削减,人力浪费最小化,提升企业竞争力的有效工具,2000 年初在美国、日本、韩国等地快速成长,但在中国,仅处于外资企业以本国企业为客户进行服务的阶段,其原因是财权不旁落的文化壁垒。

采购 BPO 市场正在持续增长,采购 BPO 企业能够帮助客户实现费用削减,专业化采购业务高端系统和流程使得采购模式革新成为可能,供应商能够提供稳定的物量,采购 BPO 产业也将不断发展。不久的将来,中国企业也将为了原价削减和采购效率提高而积极外包采购业务给专业企业。

本研究通过对三星集团采购 BPO 企业大客户关系管理的多项案例分析,研究采购 BPO 企业应当具备的条件和为大客户提供的商业价值。采购 BPO 企业通过实行大客户战略,提供差别化服务并精细管理,将最终实现销售额的扩大。近年来,中国企业大量业务由线下转到线上,IT 系统对接使得更多的企业选择采购外包。除了核心资材之外,更多的共用资材,尤其是对品质、价格、货期(Quality,Cost,Delivery:QCD)要求颇多的不易管理的资材,将是采购 BPO 企业发掘的重点业务。本研究希望能为采购 BPO 企业和正在考虑选择采购 BPO 模式的企业提供借鉴。

参考文献

[1] 申光龙.营销传播管理者工作模型[M].天津:天津人民出版社,2008.

[2] 申光龙.企业生存发展的 18 个战略工具[M].北京:清华大学出版社,2010.

[3] 轧红颖,孟辰,李珊珊,李铮.物流行业大客户关系管理的决定因素分析[J].商,2016,(28):265.

[4] 李宏光.供应商管理示范企业创建活动概述[J].中国质量,2016,(9):26-28.

［5］罗玥.国际买家采购外包策略及我国外贸企业的对策分析［J］.对外经贸,2012,(5):28－30.

［6］Donald Dobler, David Burt. *Purchasing and Supply Management*［M］. New York:McGraw－Hill,1998.

［7］Frank Rosar. Strategic outsourcing and optimal procurement［J］. *International Journal of Industrial Organization*,2017,(50):91－130.

［8］李智恩,方浩南.采购革新的技术［N］.每日经济新闻,2008,200－201.

作者简介:申光龙(1963—　),男,韩国庆州人,教授,博士生导师,管理学博士,哲学博士,研究方向:整合营销传播、比较管理学、管理哲学等;柳志中(1969—　),男,韩国人,南开大学企业管理系博士研究生,研究方向:整合营销传播、战略管理;秦鹏飞(1980—　),男,南开大学企业管理系博士研究生,研究方向:整合营销传播、供应链管理;王金丽(1980—　),女,南开大学企业管理系博士研究生,研究方向:整合营销传播、网络营销。

(作者:申光龙、柳志中、秦鹏飞、王金丽,2016年4月成稿,刊发于《物流技术》2017年第8期)

基于D-S证据理论的存货质押融资质押率决策

申光龙　秦鹏飞　柳志中　王金丽

（南开大学 商学院，天津 300071）

摘　要：分析了实际业务中质押率核定模型的缺陷，设计了优化的新模型，指出了以往文献对质押率的研究仅仅涵盖了较小范围的影响因素，具有较强的不全面性，运用 D-S 证据理论将更多因素的影响效应融合到证据合成的过程中，并且指明了 D-S 证据理论下质押率优化模型的运算流程，用算例演示质押率计算过程，检验了模型的适用性。

关键词：D-S 证据理论，存货质押融资，质押率

一、引言

中小企业是促进国民经济繁荣的有生力量，向社会提供了绝大多数的就业岗位。然而，资产规模与治理结构等方面存在的缺陷导致其难以获得融资。在国家政策的引导下，银行业和物流业积极探索金融产品创新，充分适应中小企业动产占比高、贸易周期较短的特点，开发了存货质押融资等金融服务[1]。国内金融市场的开放导致银行界日益激烈的竞争，中小企业逐渐占据银行业的视域，成为银行业关注的客户群体，供应链金融应运而生，并且呈现出快速增长的态势。存货质押融资是供应链金融的主要业务形式，能够有效满足中小企业中短期流动资金需求，具有明显的优越性[2]。存货质押融资是指借款企业将产权无瑕疵的存货作为质押物出质给银行，银行委托具备资质的物流企业监管质押物，据以向用款企业授信放款的动产质押贷款业务[3]。存货质押融资业务是物流金融的重大创新[4]，也是供应链金融的一种主要形式[5]。供应链金融具有巨大的市场容量，但受制于风险控制问题的困扰，动产质押融资尚未达到应有的繁荣程度[6]。质押率是存货质押融资业务风险控制的关键[7]，确定合理的质押率是开展存货质押融资业务的首要问题[8]。质押率是指银行授信放款的额度与质押物市场总价的比率[9]。本文运用 D-S 证据理论研究存货质押融资业务风险控制的核心指标—质押率的决策问题。

二、质押率研究概况与 D－S 证据理论

(一)质押率研究概况

目前国外关于存货质押融资质押率决策的研究主要集中在质押率决策的作用效果。Jokivuolle 等研究了动产质押融资业务中质押率决策对授信银行贷款损失的影响[10]。Buzacott 等探讨了质押率决策对用款企业运营效率的影响效果[11]。Tian Yu 等在风险中性与风险规避情况下探讨了最优质押率的决策问题[12]。Dada 等利用 Stackelberg 博弈模型,探讨了质押率决策与融资后企业的最优再订货量之间的关系[13]。国内学者对于质押率决策的研究更为广泛。李毅学等在研究质押率决策问题时首先引入了"主体＋债项"的风险评估策略,并且研究了价格波动[14]、季节性存货[15]、风险偏好[4]等因素对质押率决策的影响。胡岷[16],于辉、甄学平[17],何娟等[18],刘妍、安智宇[2]等国内学者引入风险价值模型 VaR 开展了质押率决策方面的研究。其他学者逐渐将信用水平[9,19],需求波动[8,20],质押物销售率[21],资金约束[22-23]等因素纳入考量范围之内,细化了质押率决策的研究。

质押率影响因素具有的多样性和演变性未能在已有研究中得到充分体现,具有一定的局限性。多样性和演变性凝结于质押物市场专家的专业知识和行业经验,D－S 证据理论具备融合专家经验和专业知识的能力。本文将 D－S 证据理论引入存货质押融资质押率决策研究,利用 D－S 证据理论对多源信息的表达与融合能力提出一种能够充分反映多样性与演变性的质押率量化决策模型,以期帮助开展存货质押业务银行和物流企业科学、高效地核定质押率。

(二)D－S 证据理论简述

哈佛大学数学家 A. P. Dempster 提出了 D－S 证据理论的基本模型[24],其学生 G. Shafter 将证据理论进一步发展,基于"证据"和"组合"进行非确定性问题的数学推理[25]。D－S 理论对不确定性的测度更灵活,推理机制更简洁,其表达未知性的过程与人类的自然思维习惯更接近,广泛应用于数据融合、人工智能、专家系统与决策分析等众多领域[26-27,29,38]。

识别框架(Frame of Discernment)是 D－S 证据理论的立论基础。某一待解决问题的所有可能答案构成一个完整的非空集合,称为识别框架,用 Θ 表示。Θ 的元素之间两两

互斥;在任一时刻,该待解决问题的答案仅能取 Θ 中的某一个元素。

一个识别框架 Θ 上的基本概率分配(Basic Probability Assignment:BPA)。该 BPA 在 Θ 上是一个 $2^{\Theta}\rightarrow[0,1]$ 的函数 m,通常也将其称为 mass 函数。该 mass 函数受到如下条件的约束:

$$\begin{cases} m(\Phi)=0 \\ \sum_{A\subseteq\Theta}m(A)=1 \end{cases} \tag{1}$$

式中:m(A)—事件 A 的基本信任分配值,精确表明证据对 A 的信任程度。

使得 m(A)>0 成立的 A 称为焦元(Focal Elements)。

信任函数 Belief Function 在 D – S 证据理论中的作用是表示特定情形下信任某一假设集合的程度,其函数值等于当前集合的全部子集的基本概率分配的总和。

那么,在已知识别框架 Θ 和 BPAm 的情况下,信任函数的定义可以表示为:

$$Bel(A) = \sum_{B\subseteq A} m \tag{2}$$

式中:Bel(A)—事件 A 的信任值,体现证据信任 A 为真的程度。

上限函数和不可驳斥函数是似然函数(Plausibility Function)的两个别称,其作用和功能在于描述信任"集合为非假"的程度。

那么,在已知识别框架 Θ 和 BPAm 的情况下,似然函数的定义可以表示为:

$$Pl(A) = \sum_{B\cap A\neq\phi} m(B) \tag{3}$$

研究信任函数和似然函数二者的表达式,不难发现 Bel 函数与 Pl 函数之间存在如下关系:

$$Pl(A)\geqslant Bel(A) \tag{4}$$

由于 Bel(A)表示对"A 为真"的信任程度,而与之相配,Pl(A)表示对"A 为非假"的信任程度,并且二者之间存在着 Pl(A)≥Bel(A)的关系,故而,对"A 为真"信任度下限可以用 Bel(A)表示,上限则可用 Pl(A)来表达。

Dempster 合成规则(Dempster's Combinational Rule)是 D – S 证据理论的精华所在。对于 $\forall A\subseteq\Theta,\Theta$ 上存在有限个基本概率分配函数(即 mass 函数)m1,m2,...,mn,则这些 mass 函数的 Dempster 合成规则为:

$$(m1 \oplus m2 \oplus\ldots \oplus mn)(A) = \frac{1}{K}\sum_{A1\cap A\cap\ldots\cap An = A} m1(A1)\cdot m2(A2)\cdots mn(An) \tag{5}$$

式中:K——归一化常数,表示证据对 A 为真的信任程度。

$$K = \sum_{A1\cap A\cap\ldots\cap An\neq\Phi} m1(A1)\cdot m2(A2)\cdots mn(An)$$

$$= 1 - \sum_{A1 \cap A\cap \ldots \cap An \neq \Phi} m1(A1) \cdot m2(A2) \cdots mn(An) \tag{6}$$

k = 1 - K 的值表示证据之间的冲突强度,冲突强度随 k 值的增加而增大。

三、基于 D - S 证据理论的质押率决策

(一)质押率的现行核定模型

质押物市场价格的变动是银行授信风险的重要来源。质押物价格的较大跌幅足以导致质押物变现价值在数额上低于银行授信的本利之和,借款企业赎回质物,变现所得仍不足以抵补银行贷款的支出额度。依据理性经济人假设,借款企业出于经济效益最大化的目的,会更加倾向于违背借款合同的约定,拒绝向银行还本付息。控制质物跌价风险是银行授信的安全保障,通过质押率设定跌价缓冲区间,控制融资的规模,以使银行获得一定的时间处理价格变动带来的授信风险。现行的质押率核定公式为:

$$\text{质押率} = \frac{\text{银行授信额度}}{\text{质押货物总价值}}$$
$$= \frac{\text{银行授信额度}}{\text{质押货物总量} \times \text{出质时的市场价格}} \tag{7}$$
$$= \frac{\text{出质时核定的价格}}{\text{出质时的市场现价}}$$

出质时核定的价格是银行质权人和出质人在质物出质时不以质物的市场价格定价,而是在市场价格的基础上下调一定的幅度来确定价格。这样做的好处是银行质权人可以有一定的反应时间来应对跌价的风险。出质时的市场现价一般指质押商品在货物所在地的现货市场价格。实际业务中,银行一般会根据质物变现能力和相当长一个时期的价格变化情况确定质物的质押率。确定了质押物的质押率,就可以根据质物的现货价格计算出对应的融资规模。

(二)质押率模型的优化

从质押率的公式可以看出,现行质押率的确定是根据出质时的核定价格和出质时的市场价格计算得出的,是一个静态时点的数据,而且该数据的核算距离用款企业到期还款的时间跨度是整个借款期限,短则几月,长则一年,由于对未来的价格影响因素缺乏动态应变能力,导致质押率的适应性和有效性随着时间的推移逐渐降低。因而需要一种新

的核算方法,在综合考量已有数据的基础上,结合各种影响因素的变动趋势,并将这种不确定性传递到未来数据的核算结果中,形成一个能够反映不确定性影响因素的质押率指标,这样计算出来的结果更符合经济活动的现实需要。故而更具科学性和合理性的质押率的公式应为:

$$质押率 = \frac{借款期限界满之日的市场预测最低价格}{借款期限界满之日的市场预测平均价格} \tag{8}$$

(三)D-S证据理论下的质押率决策步骤

(1)由质押存货的市场专家采用集体评议的方法,根据质押存货市场价格的诸多影响因素,推断市场行情的变化趋势,划定出质押物的最低与最高市场价格,然后在最低价与最高价之间划定出不同的价格区间。

(2)市场专家根据自己掌握的信息、数据以及专业知识,对各个价格区间进行概率分配。

(3)根据各个区间的概率分配,计算出每个价格区间的 mass 函数。

(4)计算出每个价格区间的信任函数与似然函数。

(5)对每个价格区间取值,因为无法确定价格区间内具体某一价格对应的概率,所以只能将其假定为概率在每一个价格上都是平均分配的,故而价格区间的取值以中间值为宜。

(6)将每个价格区间的取值与该区间对应的信任函数值相乘,所得之积作为"借款期限届满之日的市场预测最低价格"。

(7)将每个价格区间对应的信任函数与似然函数二者相加,所得之和取一半,作为该区间对应的概率值,再将该价格区间的取值与概率值相乘,所得之积作为"借款期限届满之日的市场预测平均价格"。

(8)将(6)与(7)的计算结果代入质押率公式算出具体数值。

四、质押率算例

为了降低计算的复杂程度,便于读者理解,本文选择一个相对简单的案例,案例中质押物的市场专家只有两位。ZWY 是国内著名的特大型国有物流企业,该公司与 SFZ 银行合作,向黑龙江省的 HJL 有限公司提供存货质押融资服务。HJL 有限公司以其从俄罗斯进口的铁精粉为质押物,向 SFZ 银行申请贷款,ZWY 公司接受 SFZ 银行的委托对质押物铁精粉进行物流监管。SFZ 银行风险管理部门聘请两位铁精粉市场专家,分别对铁精粉在借款期限届满之日的市场价格进行估算,给出了质押商品在借款期限届满时的价格 P 分布区间和各区间的概率分配,见表 1 所列。

表 1 价格区间与概率分配

质物价格 P	m1( )	m2( )
$1.5 \leqslant P_1 < 4.5$	0.10	0.05
$4.5 \leqslant P_2 < 7.5$	0.40	0.20
$7.5 \leqslant P_3 < 10.5$	0.30	0.20
$4.5 \leqslant P_2 < 7.5, 7.5 \leqslant P_3 < 10.5$	0.10	0.50
$1.5 \leqslant P_1 < 4.5, 4.5 \leqslant P_2 < 7.5, 7.5 \leqslant P_3 < 10.5$	0.10	0.05

首先,计算归一化常数 K:

$$K = 1 - \sum_{A1 \cap A2 \cap \dots \cap An = \Phi} m1(A1) \cdot m2(A2) \cdots mn(An)$$

$$= 1 - [m1(\{P_1\}) \cdot m2(\{P_2\}) + m1(\{P_1\}) \cdot m2(\{P3\}) + \dots + m1(\{P_2, P_3\}) \cdot m2(\{P1\})]$$

$$= 1 - (0.1 \times 0.2 + 0.1 \times 0.2 + \dots + 0.1 \times 0.05)$$

$$= 0.73$$

计算价格区间 $1.5 \leqslant P_1 < 4.5$ 的组合 mass 函数:

$$m_1 \oplus m_2(\{P_1\}) = \frac{1}{K} \cdot \sum_{A1 \cap A2 = \{P1\}} m1(A1) \cdot m2(A2)$$

$$= \frac{1}{K} \cdot [m1(\{P_1\}) \cdot m2(\{P_1\}) + m1(\{P_1\}) \cdot m2(\{P_1, P_2, P_3\}) + m1(\{\Theta\}) \cdot m2(\{P_1\})]$$

$$= \frac{1}{0.73} \cdot (0.1 \times 0.05 + 0.1 \times 0.05 + 0.1 \times 0.05)$$

$$= 0.0205$$

同理可得:

$$m_1 \oplus m_2(\{P_2\}) = 0.4658$$

$$m_1 \oplus m_2(\{P_3\}) = 0.3631$$

$$m_1 \oplus m_2(\{P_2, P_3\}) = 0.1438$$

$m_1 \oplus m_2(\{\Theta\}) = 0.0068$

根据信任函数 Bel、似然函数 Pl 的计算公式,可得:

$\mathrm{Bel}(\{P_1\}) = 0.0205$　　　　$\mathrm{Pl}(\{P_1\}) = 0.0273$

$\mathrm{Bel}(\{P_2\}) = 0.4658$　　　　$\mathrm{Pl}(\{P_2\}) = 0.6164$

$\mathrm{Bel}(\{P_3\}) = 0.3631$　　　　$\mathrm{Pl}(\{P_3\}) = 0.5137$

$\mathrm{Bel}(\{P_2,P_3\}) = 0.9727$　　$\mathrm{Pl}(\{P_2,P_3\}) = 0.9795$

$\mathrm{Bel}(\{P_1,P_2,P_3\}) = 1.0000$　$\mathrm{Pl}(\{P_1,P_2,P_3\}) = 1.0000$

将以上数据列成表格,见表 2。

表 2　函数值计算

质物价格 P	m1( )	m2( )	m12( )	Bel( )	Pl( )
P_1	0.10	0.05	0.020 5	0.020 5	0.027 3
P_2	0.40	0.20	0.465 8	0.465 8	0.616 4
P_3	0.30	0.20	0.363 1	0.363 1	0.513 7
P_2,P_3	0.10	0.50	0.143 8	0.972 6	0.979 4
P_1,P_2,P_3	0.10	0.05	0.006 8	0.999 9	0.999 9

以表 2 数据为基础完成下列计算:

借款期限届满之日质押商品的市场价格 $1.5 \leqslant P_1 < 4.5$ 的信任区间是 $[0.0205, 0.0273]$。价格 P_1 的值取 1.5 与 4.5 的中间数,即 $P_1 = 3$;价格 P_1 的概率取信任区间的平均数,即 $(0.0205 + 0.0273)/2 = 0.0239$。

借款期限届满之日质押商品的市场价格 $4.5 \leqslant P_2 < 7.5$ 的信任区间是 $[0.4659, 0.6164]$。价格 P_2 的值取 4.5 与 7.5 的中间数,即 $P_2 = 6$;价格 P_2 的概率取信任区间的平均数,即 $(0.4659 + 0.6164)/2 = 0.5411$。

借款期限届满之日质押商品的市场价格 $7.5 \leqslant P_3 < 10.5$ 的信任区间是 $[0.3631, 0.5137]$。价格 P_3 的值取 7.5 与 10.5 的中间数,即 $P_3 = 9$;价格 P_3 的概率取信任区间的平均数,即 $(0.3631 + 0.5137)/2 = 0.4384$;根据优化后的质押率公式(9)规定的计算方法,将以上数据代入可得:

$$质押率 = \frac{P1 \times 0.0205 + P2 \times 0.4658 + P3 \times 0.3631}{P1 \times 0.0239 + P2 \times 0.5411 + P3 \times 0.4384}$$

$$= \frac{3 \times 0.0205 + 6 \times 0.4658 + 9 \times 0.3631}{3 \times 0.0239 + 6 \times 0.5411 + 9 \times 0.4384}$$

$$= 0.8431$$

如果借款期限届满借款企业未能按照借款合同的约定按时向银行还本付息,那么就会发生质押商品处置成本,包括仓储、运输、拍卖、评估等费用,按照现行规定,拍卖费的收费标准按照拍卖成交价的5%收取,考虑到拍卖可能会出现溢价,以及仓储、运输和资产评估等费用,将质押商品的处置成本按照货值7%计算,因此质押率的最终核定值为 $0.8431 - 0.07 = 0.7731$,即 77.31%。

SFZ 银行将质押率的数值进行了取整处理,核定为 77%。SFZ 银行、ZWY 公司与 HJL 公司三者之间的融资规模从最初的1亿元人民币逐渐增加到5亿元以上,所有融资业务都没有出现违约的情形,实践证明,基于 D – S 证据理论优化处理的质押率新模型,更加充分地发挥了借款企业质押物的担保价值,有效控制了银行的授信风险。

五、结语

分析了现有质押率模型的缺点,优化了质押率模型的设计,提出了一种基于 D – S 证据理论的存货质押融资质押率决策方法,能够将定性数据、定量数据、行业经验以及专家估计等多种来源的信息进行合成处理,形成融合型证据,对存货质押融资的质押率进行快速而直观的测算与核定,加速存货质押融资业务的审批流程。与以往的质押率核定方法相比,本文的方法通过证据的合成过程吸收了更广范围的因素对质押率的影响效果,具有更强的全面性和可操作性。

本文对质押率的核定运用了 D – S 证据理论的静态基本概率分配形式,进一步的研究可以应用基本概率分配的动态模型,体现信度数据的更新,使质押率指标更具连续性和时效性;另外,本文没有进一步探讨证据高冲突情况下的模型处理问题。

参考文献

[1] 温源,叶青. 基于自偿性贸易融资的银行——企业博弈分析[J]. 中国软科学,2011(10):54 – 60.

[2] 刘妍,安智宇. 考虑流动性风险的存货质押融资质押率的设定[J]. 中国管理科学,2014(S1):324 – 328.

[3] 冯耕中. 物流金融业务创新分析[J]. 预测, 2007, 26(1):49 – 54.

［4］李毅学,汪寿阳,冯耕中. 物流金融中季节性存货质押融资质押率决策[J]. 管理科学学报,2011
　　(11):19 – 32.

［5］陈云,刘喜,杨琴. 基于清算延迟和流动性风险的供应链存货质押率研究[J]. 管理评论,2015(04):
　　197 – 208.

［6］何娟,蒋祥林,朱道立,王建,陈磊. 供应链融资业务中钢材质押贷款动态质押率设定的 VaR 方法
　　[J]. 管理工程学报,2012(03):129 – 135.

［7］孙朝苑,韦燕. 双品类存货组合的质押率研究[J]. 财经科学,2011(10):117 – 124.

［8］白世贞,徐娜. 基于存货质押融资的质押率决策研究[J]. 系统工程学报,2013(05):617 – 624.

［9］孙喜梅,赵国坤. 考虑供应链信用水平的存货质押率研究[J]. 中国管理科学,2015(07):77 – 84.

［10］Jokivuolle e, Peura s. Incorporating collateral value uncertainty in loss given default estimates and loan
　　to value rations[J]. *European Financial Management*, 2003, 9(3): 299 – 314.

［11］Buzacott J A, Zhang R Q. Inventory management with asset – based financing[J]. *Management Science*,
　　2004, 50(9):1274 – 1292.

［12］Tian Yu,Huang Dao. A loss – averse supply chain coordination modeling[J]. *Control engineering of Chi-
　　na*,2006,13(4): 366 – 369.

［13］Dada M, Hu Q H. Financing newsvendor inventory[J]. *Operations Research Letters*, 2008(36): 569 –
　　573.

［14］李毅学,冯耕中,徐渝. 价格随机波动下存货质押融资业务质押率研究[J]. 系统工程理论与实践,
　　2007(12):42 – 48.

［15］李毅学,冯耕中,张媛媛. 委托监管下存货质押融资的关键风险控制指标[J]. 系统工程理论与实
　　践,2011(04):587 – 598.

［16］胡启帆,胡岷. VaR 方法质押率管理应用研究[J]. 现代商贸工业,2009(12):33 – 34.

［17］于辉,甄学平. 中小企业仓单质押业务的质押率模型[J]. 中国管理科学,2010(06):104 – 112.

［18］何娟,蒋祥林,朱道立,王建,陈磊. 考虑收益率自相关特征的存货质押动态质押率设定[J]. 管理
　　科学,2012(03):91 – 101.

［19］高洁,郭姗姗,冯姗姗. 动态物流监管模式下贷款质押率研究[J]. 物流工程与管理,2009(10):
　　39 – 40.

［20］张钦红,赵泉午. 需求随机时的存货质押贷款质押率决策研究[J]. 中国管理科学,2010(05):
　　21 – 27.

［21］黄莉,王雅蕾. 存货质押融资业务价格风险控制研究[J]. 物流技术,2014(13):250 – 252 + 264.

［22］李超,巫丹. 考虑销售努力水平的存货质押融资决策[J]. 工业工程,2016(01):115 – 121.

［23］柴正猛,段黎黎. 考虑资金约束的存货质押融资最优策略[J]. 工业工程,2017(01):44 – 50 + 64.

［24］Dempster A P. Upper and lower probabilities induced by a multi valued mapping[J]. *Annals Math Stat-*

ist,1967,38(2):325 – 339.

[25] Shafer G A. *Mathematical theory of evidence*[M]. New Jersey:Princeton University Press,1976.

[26] Baraldi P,Compare M,Zio E. *Maintenance policy performance assessment in presence of imprecision based on Dempster – Shafer theory of evidence*[J]. Information Sciences,2013,245(1):112 – 131.

[27] 雷蕾,王晓丹.结合 SVM 与 DS 证据理论的信息融合分类方法[J].计算机工程与应用,2013,49(11):114 – 117.

[28] 田卫东,张建良.证据理论与模糊距离不确定性信息融合方法[J].计算机工程与应用,2011,47(30):148 – 151.

[29] 江红莉,何建敏,庄亚明,等.基于直觉模糊集和证据理论的群决策方法[J].控制与决策,2012,27(5):752 – 756.

作者简介:申光龙(1963—　),男,韩国庆州人,教授,博士生导师,管理学博士,哲学博士,研究方向:整合营销传播、比较管理学、管理哲学等;秦鹏飞(1980—　),男,黑龙江海伦人,南开大学商学院企业管理系博士研究生,研究方向:整合营销传播、供应链管理;柳志中(1969—　),男,韩国人,南开大学商学院企业管理系博士研究生,研究方向:整合营销传播、供应链管理;王金丽(1980—　),女,黑龙江黑河人,南开大学商学院企业管理系博士研究生,研究方向:整合营销传播、网络营销。

(作者:申光龙、秦鹏飞、柳志中、王金丽,2016 年 12 月成稿,刊发于《物流技术》2017年第 7 期)

新冠肺炎疫情背景下的中韩人工智能合作

秦鹏飞　李文家

摘　要：全球蔓延的新冠肺炎疫情加速了以人工智能为核心的数字经济的蓬勃发展，快速变化的世界经济格局和中韩两国的经济发展战略为双方在人工智能领域的合作创造了良好契机和条件。本文采用文献研究和逻辑演绎的方法探讨了新冠肺炎疫情背景下，中韩两国人工智能领域合作的基础和机遇，进而阐述了开展合作的重点细分领域，最后提出了促进合作的对策建议。中韩两国应基于双方良好的经贸往来和疫情影响下的经济走势，采取将中韩人工智能合作纳入中韩 FTA 框架、制定并实施扶持性产业政策和创设中韩人工智能合作开放型平台等举措，在智慧医疗、服务机器人、自动驾驶和智能家居等细分领域开展深入的人工智能合作。本文研究结果旨在促进中韩两国人工智能科研合作与创新，为双边与区域的智能经济协同发展提供参考。

关键词：新冠肺炎疫情，中韩合作，人工智能

实体经济的数字化、网络化和智能化转型演进给人工智能带来了巨大的历史机遇，创造出一个极为广阔的发展空间。在新冠肺炎疫情的强烈冲击下，世界经济加快演变与重塑，进一步凸显了人工智能的经济意义和价值。中韩两国政府均将人工智能作为未来的战略主导，出台战略发展规划，从国家层面进行整体推进，迎接即将到来的人工智能社会。然而，面对群雄竞逐的人工智能国际市场，中韩两国应该紧扣世界经济脉搏，在人工智能领域开展深度合作，应对新冠肺炎疫情冲击下日益严峻的经济困局。

一、新冠肺炎疫情对中韩经济环境的影响

中韩两国的经济深度嵌入世界经济版图，而新冠肺炎疫情加快了世界经济格局的重塑，迫使中韩两国根据自身经济发展的实际需要，依据世界与地区经济形势的变化适时调整发展战略，选择特定的领域和行业有针对性地开展经贸合作，从而促进本国经济的恢复与增长。

（一）新冠肺炎疫情对世界经济格局的重塑

新冠肺炎疫情加速了欧美板块的衰退和东亚板块的崛起,世界经济分工区域化、本土化。中国银行风险总监刘坚东在 2020 年中国银行家论坛上指出,新冠肺炎疫情促使全球经济格局发生深刻变化,世界面临着经济衰退、产业链重塑和数字经济加速发展的格局。在新冠肺炎疫情的冲击下,预计 2020 年度全球经济衰退幅度将超过 5%,货物贸易规模将下降 13%—32%;FDI 规模将缩小 40%,全球前 5000 家跨国企业盈利预期下调近 40%。民粹主义与贸易保护主义逐渐抬头并日益盛行,全球产业链和供应链运行不畅、诸多环节遭受阻挠,以美国为代表的西方发达国家努力推动本国企业向本土回流,使得逆全球化趋势加速形成。各国基于产业与经济安全方面的考虑,纷纷加快产业链垂直一体化进程,世界经济分工格局向区域化和本土化方向发展。① 在新冠肺炎疫情的影响下,科技发展加速引领新一代产业革命,以人工智能为核心的智能科技产业必将推动数字经济进一步成长为拉动全球经济增长的重要引擎,并从第三产业向第二、第一产业快速渗透。人工智能科技与产业发展将进一步深度融合,对现有经济模式带来颠覆性影响。

鉴于此,在全球经济面临衰退的背景下,任何经济体都难以独善其身,中韩两国通过产业经济合作的方式共同应对经济增长的巨大压力,具有战略性的现实意义,世界经济分工格局的区域化发展趋势和数字经济权重的增长给同为东北亚地区经济大国的中韩两国在人工智能领域开展深度合作指明了方向。

（二）新冠肺炎疫情催动产业链加速调整和人工智能强势崛起

1. 新冠肺炎疫情对中韩经济的负面影响加速了产业链的调整

蔓延全球的新冠肺炎疫情对中韩两国经济造成重创,各项经济运行指标大幅回落。韩国的旅游服务业、电子信息、汽车和石油化工等重要支柱产业的营业收入大幅下滑。中国经济的严峻形势达到了改革开放 40 多年来的极值,直到 2020 年第三季度,整体 GDP 增速才止负回正,达到 0.7%,成为全球唯一一个保持经济正增长的国家。新冠肺炎疫情对餐饮、纺织等传统的劳动密集型产业造成了巨大冲击,很多传统产业被迫按下暂停键,迫使产业链与人工智能加速融合,向智能化、自动化和无人化加速调整和转型。同

---

① 王箫轲,朴东吉:"中美贸易摩擦对韩国的影响与韩国的应对——兼论中韩经济合作的趋势",《当代韩国》,2019 年第 4 期,第 3 页。

时,不断加深的逆全球化进程,使世界经济分工向区域化和本土化方向转变,寻找区域性合作伙伴是各国经济发展的必然之选。韩国国内市场规模相对较小,经济内循环动力先天不足,因而必须发展外向型经济。在新冠肺炎疫情的沉重打击下,韩国想要单凭一己之力恢复经济增长可谓困难重重,与近在咫尺且经济发展一枝独秀的中国结成区域性合作伙伴,共同发展并利用人工智能向传统产业赋能,从而加速产业转型与升级,是其突破经济困局的希望所在。疫情对传统经济业态的巨大冲击,以及数字经济在疫情下的逆势崛起,进一步强化了中国基于人工智能发展数字经济新业态的思想认识,人工智能将因此获得更大规模的资源投入、更加丰富的应用场景和更为广阔的发展空间。中韩两国在人工智能领域各具优势,发展人工智能又是两国的共同需求,两国在人工智能领域加强合作,无疑对区域经济一体化、经济发展数字化、产业运行智能化具有重要意义。

2. 产业链的加速调整催动人工智能的快速崛起与国际合作

新冠肺炎疫情促使产业链加速调整,主要表现在两个方面:第一,从国际视角看,世界经济分工的变化导致产业链逆全球化发展,向着区域化和本土化的方向转变;第二,从国内视角看,中韩两国的国内产业基于疫情防控的需要,被迫减少人工用量,产业运行趋向无人化、自动化和智能化。从以上两个方面来看,中韩两国在人工智能领域加强合作既符合当前产业区域化发展趋势,也符合两国产业经济发展的现实需要。产业链的加速调整与转型升级,必须通过人工智能的赋能与融合,因而产生了人工智能的大规模迫切需求,持续加大的各类资源投入促使人工智能的发展不断加速,国际合作的范围和深度不断加强。产业运行的少人化、无人化、自动化、智能化、网络化和数字化,需要人工智能领域的工业机器人作为关键生产要素,跨国和跨区域产业联动整合需要人工智能技术搭建底层基础架构,数字经济和智能科技产业等新型经济业态需要人工智能作为中枢性神经内核。上述需求驱动人工智能快速崛起。此外,新冠肺炎疫情持续蔓延,造成了中韩两国公共卫生与健康危机,需要人工智能在病毒基因测序、疫苗研发和流行病学调查等多个重要方面大幅提升效率;新冠肺炎疫情阻碍甚至阻断了中韩两国正常的经贸交流,从应对疫情和发展中韩经贸这个角度而言,中韩人工智能合作,是一举多得的双赢选择。

二、新冠肺炎疫情对中韩经济环境的影响

中韩两国地理相邻、历史文化渊源深远、经济互补、人文相通,且两国均已将人工智

能上升为国家战略,巨额的资源投入、有力的政策扶持、超大容量的市场规模以及国际合作创新的政策导向,为双方人工智能合作创造了良好基础。

(一)持续的大规模投入强化了人工智能合作的资源供给

中韩两国在人工智能领域持续加大资源投入,并注重通过国际合作提升本国人工智能的国际影响力。因此,中韩人工智能合作能够获得充裕的资金供给。《2020 中国新基建大数据分析报告》显示,2020 年 1—10 月,中国人工智能领域融资 381 起,融资总额超过 3000 亿元。2015 年至 2020 年 10 月,中国人工智能领域累计融资 4462 起,融资金额共计 6968.96 亿元,单笔融资金额从最初的 0.36 亿元增长到 8.17 亿元。《中国互联网发展报告 2020》指出,在强大的资源支持下,中国人工智能专利申请数量首次超过美国,成为世界第一。韩国自 2016 年开始重视并加大人工智能领域的资源投入,韩国政府于 2019 年 12 月 17 日公布的《人工智能国家战略》显示,人工智能半导体技术研发将在未来 10 年获得 1 万亿韩元的投资,打造韩国光州市人工智能集群园区,设立 3000 亿韩元的人工智能专用基金,人工智能运算支持机构扩增至 800 家。中韩两国在人工智能领域的一系列政府投资,吸引并带动数倍甚至数十倍的民间资本进入人工智能领域,产生强大的杠杆效应,人工智能将因此获得巨额的资金支持。为了追求更快的技术研发速度,中韩跨国合作将成为一个具有吸引力的选择,中韩在人工智能领域的合作创新将因此获得丰富的资源保障。

(二)良好的双边经贸基础为人工智能合作提供先导条件

中韩双方具有良好的双边经贸基础,中韩两国相互投资快速增长,在传统汽车制造、电子信息和批发零售等行业领域拥有数量众多的投资项目,双方的各类经济组织在长期的投资合作过程中建立了相互信任和协作机制,对对方的行事风格和职业品格有深入而全面的了解,双方甚至建立了深厚的私人感情,具备在人工智能领域进一步深度合作的良好基础。来自中国的投资促进了韩国经济的恢复与增长,中国已经成为韩国商品的最大出口市场,韩国对中国市场的依存度进一步提高。[①] 在此情形下,中韩双方基于产业转型与升级的实际需要,将原有的合作范围从传统产业和行业延伸到人工智能领域,无疑具有高度的现实迫切性和操作可行性。在具备相互信任和协作协调机制的条件下,中韩双方人工智能合作过程可以免去大量交易对象甄别和信息筛拣等耗时费力的前期工作,

---

[①]　胡玥、王生:《中韩经贸合作面临的问题、趋势与对策》,《经济纵横》2019 年第 5 期,第 102 页。

节省大量交易成本，在项目进行过程中，可充分参考既有协调框架和沟通机制解决分歧与矛盾，更快、更好地协商一致，节约宝贵的时间成本。合作双方对彼此的产业状况较为了解，因而人工智能合作产生的创新成果更容易找到现实应用场景，更容易在产业实践中找到切入点和融合方式。

（三）战略规划与政策导向为人工智能合作提供保障

中韩两国高度重视人工智能，将人工智能视为推动国家经济发展的战略支撑点，各自出台了一系列战略规划和产业政策，将资金、人才等各类创新资源向人工智能领域倾斜，力求在国际竞争中夺取这一必争之地。中国政府出台了《新一代人工智能发展规划》《促进新一代人工智能产业发展三年行动计划（2018—2020 年）》，明确提出了中国新一代人工智能发展的指导思想、战略目标、重点任务和保障措施。力争到 2030 年，人工智能理论、技术与应用总体达到世界领先水平，成为世界主要人工智能创新中心。《中共中央关于制定国民经济和社会发展第十四个五年规划和二〇三五年远景目标的建议》将人工智能列为国家战略科技研发的首要领域。韩国政府先后出台一系列政策规划促进人工智能的发展，如 2016 年 12 月发布的《为智能信息社会准备的中长期总体规划：管理第四次工业革命》，2018 年 5 月发布的《面向 I – Korea 4.0 的人工智能研发战略》，2019 年 1 月发布的《推动数据、人工智能、氢经济发展规划（2019—2023 年）》，2019 年 12 月发布的《人工智能国家战略》以及 2020 年 10 月发布的《人工智能半导体产业发展战略》。中韩两国通过产业政策与发展规划引导和扶持人工智能的发展，不但给予巨额的资金支持，而且在财政、税收、金融和人才等多个方面给予优惠政策，在强调提升本土创新能力的同时，注重人工智能领域的跨国合作，这对中韩人工智能合作而言，无疑是强有力的保障。

（四）超大容量的蓝海市场为人工智能合作提供广阔空间

人工智能的全球市场容量巨大，是一个真正意义上的蓝海市场，任何一个国家的人工智能产业单凭一己之力都难以形成垄断和独占，而两个或多个国家相互合作，在一个或几个不同的细分领域形成较大的相对优势，从而共同获取和分享高额市场回报是具有现实意义的，这为中韩两国在人工智能领域开展广泛而深入的合作提供了广阔的发展空间。在世界各主要国家都在人工智能领域奋起发力的情况下，一个国家很难在所有的细分领域全部实现技术领先，两个或多个国家基于既往的合作基础选择一个或几个细分领域通力协作，更容易实现技术领先，从而抢占更大的市场份额，获得更多的经济利益。在当前欧美各国疲于应对新冠肺炎疫情的情况下,疫情防控较好的中韩两国加快人工智能合作,更容易抢占先机。因此,中韩两国应将合作领域从传统产业向前推进一步,延伸到人工智能领域,在开放式创新的视角下通过协同创新的方式提高本国人工智能产业的创新能力和创新绩效,从而实现价值共创,在人工智能国际市场上占据优势地位。通过技术研发、新产品研制和国际市场联合拓展,中韩两国人工智能产业的国际竞争力将得到明显提升,实现互惠双赢。

在新冠肺炎疫情催动的产业链加速调整的新形势下,人工智能基于国家战略导引、产业政策扶持以及资金等各类创新资源投入,在算力、算法、大数据和新型基础设施方面均取得了长足进步,为中韩人工智能领域的成功合作奠定了坚实基础。

(五)新冠肺炎疫情催生了中韩人工智能合作的战略机遇

在新冠肺炎疫情的冲击下,欧美经济复苏和增长的迹象远未可期。综观全球,在世界经济格局的主要板块中,只有位于东亚地区的中国、韩国和日本三国有效控制了新冠肺炎疫情,经济开始复苏和增长,中国的经济表现尤为突出,特别是以人工智能为核心要素的数字经济在疫情期间逆势上扬、表现抢眼。从客观上讲,新冠肺炎疫情在冲击和破坏传统产业旧经济业态的同时,促进了以人工智能为底层技术架构的新经济业态的大发展,为中韩人工智能合作创造了战略机遇期。

中国经济相较改革开放之初已发生翻天覆地的变化,迈入高质量发展新阶段,并将人工智能列为重点发展领域。与此同时,韩国也将人工智能上升为国家战略。中韩合作应该顺势超越以往利用中国廉价劳动力资源、发掘中国市场的较低层次,[①]将合作重点转向人工智能科技领域,这既符合世界经济发展的潮流,也符合中韩两国经济的战略需要。新冠肺炎疫情背景下,中韩人工智能合作战略机遇的形成如图 1 所示。在多种因素的综合作用下,中韩两国选择特定领域加强合作无疑是务实的最优选项。[②]

---

① 李晶:《中韩电子产品贸易合作效应、障碍及对策分析》,《对外经贸实务》2019 年第 12 期,第 47 页。
② 张慧智:《中美竞争格局下的中韩、美韩关系走向与韩国的选择》,《东北亚论坛》2019 年第 2 期,第 21 页。

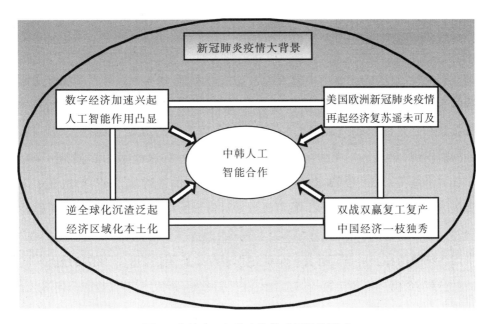

图1　中韩人工智能合作战略机遇的形成

三、中韩人工智能合作的重点细分领域

新冠肺炎疫情凸显出传统产业转型升级的紧迫性和必要性,对医疗卫生产业提出了更高的要求,同时暴露出人口老龄化、医疗资源分配失衡和经济业态的数字化转型等重大问题,这些问题的解决需要开发服务机器人、建设智慧医疗系统和产业智能化转型等方法,而这些方法都需要以人工智能作为关键核心技术。中韩两国面临的问题具有相似性,人工智能合作的重点细分领域也是基于这些重大问题而形成的(见图2)。

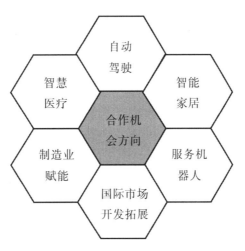

图2　中韩人工智能合作的重点细分领域

(一)智慧医疗领域的人工智能合作

新冠肺炎疫情放大了中韩两国医疗行业的供需矛盾,建立智慧医疗系统将是解决这一矛盾的有效方式。中韩两国的医疗行业面临许多相似的问题,在医疗服务的供给侧,医疗资源紧张且分布失衡,优质医生短缺导致超负荷工作,基层医院医疗水平不高;在医疗服务的需求侧,随着人口老龄化程度日益加深,慢性疾病患者数量增势明显,医疗需求进一步加大。基于人工智能构建智慧医疗体系,可在病源追溯、影像识别、医药筛选和远程问诊等方面大幅提高诊疗效率。智慧医疗是对传统医疗行业的颠覆,能够大幅提升医疗系统的承载力,缓解医疗资源分配不均和智能化水平欠佳等问题。

中国传统医药在应对新冠肺炎疫情的过程中疗效显著,中韩两国的传统医药同根同源,各自发展至今仍有很多相通相似之处,在医药领域开展人工 智能合作具有先天优势。医药研发的周期长、成本高、成功率低,借助人工智能完成大量的数据分析与筛选等工作,能够大幅缩短药物拣选时间并提升准确性。中韩两国在医疗卫生领域合作开发人工智能技术,在应对大规模突发性疫情和保护公民健康、卫生、安全等方面潜力巨大,不仅能够提升高质量医疗资源的可得性,而且能在一定程度上缓解医疗资源紧张和地域分布不均等问题。

(二)服务机器人领域的人工智能合作

新冠肺炎疫情期间,中日韩三国发生了独居老人在家中死亡多日而无人知晓的事例,人口老龄化问题再一次高亮度进人公众视野,解决该问题的一个有效途径是服务机器人。韩国统计厅发布的数据显示,2020 年韩国老龄人口(65 周岁及以上)占总人口的比重达 15.7%,共计 812.5 万人。预计这一比例将在 2025 年上升至 20.3%,韩国将迈入"超高龄社会",及至 2060 年,这一比例将高达 43.6%。数据同时显示,2020年老年抚养比为 21.7%,即每 100 名劳动年龄人口 (15—64 周岁)需要负担 21.7 名老年人。受低生育率和高龄化影响,这一逐年上涨的比例将于 2060 年高达 91.4%。中国国家统计局公布的数据显示,截至 2019 年末,全国 60 周岁及以上人口为 25388万人,占总人口的 18.1%。其中,65 周岁及以上人口 17603 万人,占总人口的 12.6%。轻度老龄化的中国社会,将于"十四五"期间迈人中度老龄化社会,老年人口将超过 3亿。老龄化程度日益加深的中韩两国,在服务机器人领域开展人工智能合作无疑具有广阔的发展空间。

从全球范围来看,在人口老龄化和简单劳动力不足等刚性驱动和科技创新持续进步的背景下,服务机器人的发展非常迅速,应用范围逐步扩大。个人或家用服务机器人主要包括护理陪伴机器人、残障辅助机器人、家务机器人和娱乐机器人等。中韩在服务机器人领域开展人工智能合作,不但能够解决本国的人口瓶颈问题,还能在世界服务机器人市场获取丰厚的经济利益。①

(三)制造业赋能领域的人工智能合作

新冠肺炎疫情在密集人群中的传播速度极快,以制造业为代表的传统实体经济对人工的依赖度很高,受到的负面影响非常大。传统制造业借助人工智能技术实现转型升级的需求在新冠肺炎疫情背景下显得愈加紧迫和必要。中韩两国都是以制造业为重要支柱的实体经济,转型的范围和规模异常庞大,对人工智能的需求可想而知。随着工业4.0时代的到来,智能科技与互联网的发展使数字经济成为一种新的经济业态,以制造业为代表的实体经济必须在人工智能科技的加持下实现数字化、智能化和网络化转型,这是中韩两国面临的共性问题。中韩两国在传统制造业赋能领域开展人工智能合作,其战略意义和经济价值不言而喻。在传统产业的转型进程中,中韩两国应该在人工智能赋能传统产业方面加强科研合作,共同探寻人工智能与传统实体经济深度融合的可行模式与进阶路径,共同研究制订数字经济合作方案,创建创新合作载体,建立人工智能领域的战略联盟。

(四)自动驾驶领域的人工智能合作

基于人工智能技术的自动驾驶是汽车产业发展的必然趋势,新冠肺炎疫情正在加速这一趋势。自动驾驶汽车作为智慧交通的重要构件,是提高城市交通资源效能、缓解城市交通拥堵的有效途径。自动驾驶汽车将传统汽车与人工智能、物联网、高性能计算等新一代信息技术深度融合,是当前全球交通运输领域智能化和网络化发展的主要方向,其中,人工智能是自动驾驶汽车系统的神经中枢。自动驾驶汽车是最具潜力的人工智能领域之一。2019年举办的第七届中韩汽车产业发展研讨会上,韩国汽车产业协会的Kim JunKi预测,到2030年,汽车市场上电动和氢能汽车将占新车销量的20%—30%;L3级别以上的自动驾驶汽车将占新车销量的50%;出行服务领域将实现每年30%的快速增长,2030年将达到1.5万亿美元的规模。在自动驾驶汽车领域,韩国在产业布局与核心技术方面先行一步,处于第一梯队,中国则拥有最具潜力和最大规模的自动驾驶汽车市

---

① 殷勇:《中日韩——人工智能合作现状与优势分析》,《东北亚经济研究》2020年第4期,第89页。

场,以及集中力量办大事的制度优势。中韩双方互学互鉴、加强合作,能够产生"1 + 1 > 2"的协同效应,不但能够有力推动各自自动驾驶汽车产业的智能化发展,而且能够进一步积聚技术优势,在国际汽车市场的新一轮竞争中抢占先机。

(五)智能家居领域的人工智能合作

新冠肺炎疫情导致消费者可支配收入降低,智能家居的市场需求低迷,但随着疫苗的投放,经济必然复苏,积聚已久的消费欲望必然带来智能家居市场的旺盛需求,中韩两国在智能家居领域提前布局,深入开展具有前瞻性的人工智能合作,大有可为。市场研究咨询公司 Markets and Markets 的报告显示,全球智能家居的市场规模将在 2022 年达到 1220 亿美元,2016—2022 年的年均增长率约为 14%。家居智能化的潮流不可逆转,智能家居行业的潜在市场规模巨大。韩国在智能家居领域起步较早,早在 10 余年前,三星就已经建成了智能家居展示场景,向公众提供沉浸式智能家居生活体验。经过多年的技术研发和储备,韩国在智能家居领域具有一定优势。中国在智能家居领域虽然起步很晚,但是追赶步伐很快,中韩之间的技术差距正在快速缩小。韩国应充分利用当下的有利时机,与中国在智能家居领域开展深度合作,从而在中国智能家居市场中占据先发优势,进而与中国一道,向世界市场进军。

(六)人工智能国际市场的联合拓展

人工智能是一个广阔的蓝海市场,巨大的市场空间足以容纳中韩两国的产业从业者,这为中韩两国联合拓展国际市场提供了有利契机。首先,中韩两国是近邻,中国的 5G 和新型基础设施建设速度位于世界前列,为人工智能的技术进步和市场应用提供了优质的环境基础,而且中国本身就是一个海量市场,中韩在人工智能领域开展深度合作,有利于韩国人工智能科技产品进入中国市场,获得丰厚收益。其次,中韩两国在人工智能领域各自占据优势,而且能够互补,两国联合开发国际市场,能够收到事半功倍的效果。此外,美国在高科技领域对中国实施封锁,中国人工智能产品在进入美国市场环节遭遇国别性歧视待遇,而韩国是美国的盟国,[①]产品更容易进入美国市场,因此,在中韩两国合作开拓国际市场的情况下,中韩合作的人工智能产品能够规避美国政府设置的贸易壁垒、获得美国市场的入场券,从而进入美国主导的西方市场经济体系。

---

① 毕颖达:《朝鲜半岛新形势下深化中韩安全合作的思考》,《现代国际关系》2019 年第 10 期,第 35 页。

四、推动中韩人工智能合作的对策建议

（一）将人工智能合作纳入中韩 FTA 框架

中韩 FTA 是两国发展双边经济的重要制度安排，也是推动中日韩乃至东北亚区域经济一体化发展的重要抓手。将人工智能合作纳入中韩 FTA 框架，有利于切实推进深度合作，并借以推动《区域全面经济伙伴关系协定》（RCEP）的履行和中日韩自由贸易区的建立。从经济视角而言，中韩两国应当通过人工智能合作进一步巩固和发展两国经贸关系，推动区域经济合作。在中韩 FTA 框架下，将人工智能合作的创新成果匹配适宜的商业化应用场景，提高双方经贸往来的智能化和数字化水平，从而在实体经济实现数字化转型的基础上加强两国产业交流与合作。从社会视角而言，中韩人工智能合作有助于解决两国共同面对的人口结构、劳动力转换迭代和医疗资源分布失衡等重大紧迫问题。中日韩三国已经签署了应对第四次工业革命挑战的合作备忘录，中韩两国应在人工智能领域加强合作，并借以发掘超越地理界域的数字经济发展空间。

（二）制定并实施扶持性产业政策促进中韩人工智能合作

为了尽快发掘人工智能蕴含的巨大经济价值，中韩两国应颁布并实施扶持性产业政策促进人工智能合作项目的落地实施。既可以通过政府直接投资、调配物资和强制性行政管制等手段对人工智能合作项目施加积极影响，也可以通过财政倾斜、税收优惠和金融支持等方式间接刺激人工智能合作项目的加速落实。与其他产业不同，人工智能创新成果的产业化和商业化需要借助多种类型的应用场景，因此，以政策法规的形式划定并提供特定应用场景是促进人工智能合作的必要举措。人工智能的发展离不开算法、算力和数据，与之对应的人才、硬件和大数据都是必不可少的资源要素，因此，为了促进人工智能合作，中韩两国应该研究制定常态化协调机制，加强人才的跨国交流与联合培养，加大芯片等硬件的合作研发投入，确立数据采集、清洗和去私密化等数据处理过程的标准。

（三）建立双边治理规则促进中韩人工智能合作

基于法律、伦理和行为规范等建立起来的双边治理规则，是中韩人工智能合作顺利进行的重要保障，只有在双边治理规则的框架下，具有不同人文背景、社会阶层和科研经历的两国人员才能有效消除意见分歧，避免宗教和信仰方面的冲突，从而顺畅地协同合

作。人工智能的发展远未成熟，人工智能的应用对未来经济社会的影响具有较强的不可预见性，因此，有必要制定双边规制体系，对开发者、使用者和其他利益相关者实施必要而有效的监管，使其遵守法律、遵从伦理和行为规范。在激励人工智能研发工作的同时，建立并施行配套的问责机制，从而保证人工智能的发展始终有利于增进人类福祉而不是危害人类权益。

（四）创设中韩人工智能合作的开放创新平台

在万物互联的新时代，人工智能领域的科研创新常常是跨区域、跨国界完成的，具有鲜明的开放式创新特征，国际性和区域性合作非常重要。欧盟人工智能项目"AI FOR EU"已经正式启动，项目涵盖 21 个国家、72 家顶级研究机构和企业，将计算机和大数据等人工智能资源汇聚到一个平台之上。中韩两国尚未创建类似的合作平台，虽然两国都有各自的人工智能平台，但尚未实现有效的对接与合作。中国的百度公司拥有自动驾驶国家人工智能开放创新平台、阿里云公司拥有城市大脑国家人工智能开放创新平台 4 家国家级平台，韩国拥有隶属于三星和现代等公司的研究机构型平台。如果创设中韩人工智能合作开放创新平台，则能实现算力、算法和大数据等多方面的融通与整合，有效促进中韩两国人工智能国际合作，进而在人工智能科技创新方面取得重大突破。

（五）建立人工智能高端人才的联合培养机制

中韩两国都面临着人工智能人才短缺的问题，韩国《中央日报》面向韩国三大流通企业集团——乐天集团、新世界集团和现代百货商店集团的 163 家子公司的人工智能人才状况做过调查，调查结果表明，截至 2019 年 12 月 30 日，韩国大型流通企业共拥有人工智能专业人才 210 名，平均每家拥有 1.29 名。2020 年 11 月 21 日，中国国家工业信息安全发展研究中心发布的《人工智能与制造业融合发展白皮书(2020)》显示，目前中国人工智能人才缺口达 30 万人。中韩两国人工智能领域的人才缺乏，尤其是高端跨国人才更为短缺。人工智能的发展离不开人才的培养，国际合作更离不开高端跨国人才的深度参与。人工智能具有跨学科、跨国界和跨领域的发展趋势，需要中韩两国构筑有效的跨国人才培育平台，相互取长补短，为人工智能的发展提供充足的人才供给和智力支持。

五、结语

新冠肺炎疫情深刻影响甚至重塑了世界经济格局，加速了以人工智能为核心要件的数字经济的蓬勃发展,推动了第四次工业革命的发展进程。人工智能是引发新一轮经济增长爆发的奇点,也是各主要国家赢得未来的战略支点和竞逐热点。中韩两国同处于以儒家思想为内核的东方文化圈,是一衣带水的友好邻邦,面临着许多相似的经济与社会问题,如实体经济转型升级、人口老龄化、人工智能人才缺乏和智慧城市建设等。在新冠肺炎疫情的冲击下,人工智能对经济社会的赋能作用加速凸显,全球经济生态的快速演化为中韩人工智能合作创造了条件并指明了方向,中韩两国应制定并实施扶持性产业政策、创设中韩人工智能合作开放创新平台和联合培养人工智能高端人才,推动两国人工智能领域的科技创新与产业成长。

作者简介:秦鹏飞,管理学博士,天津社会科学院产业发展研究所助理研究员,主要从事创业与创新管理、产业组织理论研究;李文家,天津外国语大学亚非语学院博士研究生,主要从事党和国家重要文献对韩翻译、东北亚经济与管理研究。

基金项目:天津社会科学院重点课题"人工智能发展与产业转型升级研究"(项目编号:20YZD-05);国家社科基金项目"人口老龄化影响产业结构的机制、效应与对策研究"(项目编号:20BRK026)

(作者:秦鹏飞、李文家,2019 年 11 月成稿,刊发于《韩国研究论丛》2021 年第 1 期)

天津市信创产业发展状况调查

秦鹏飞 天津社会科学院助理研究员

摘 要:天津市智能科技产业权重渐高区域竞争力渐强,实现了多层次多维度的全面成长,在九大优势领域具有强劲的核心竞争力,头部企业和重大项目引育取得显著成效,智能制造政策效能加速释放,"智能+"向全方位多领域融合发展,新型智能基础设施建设加速推进,同时面临着产业聚集度不高、应用场景有效需求不足、基础研究短板突出、既有科技成果转化不力、数据归集与数据共享不充分和各类信息系统对接不畅等制约瓶颈问题,宜采取以市场换投资、设立智能科技场景应用试验区、争取人工智能大科学装置项目、加速科研成果在津转化和汇聚城市大数据升级城市大脑的政策措施促进天津市信创产业的高质量发展。

关键词:信创产业,布局态势,趋势走向,策略建议

一、全国视域下的信创产业概览

信息技术产业对我国经济高质量发展意义重大。但是,以微软、英特尔、思科等为代表的国际巨头几乎垄断了中国数字化基础设施、基础硬件和基础软件,导致我国信息技术产业积聚了大量系统性风险。世界IT生态格局的演变,尤其是美国屡次采取破坏公平竞争的非市场化手段对华为、中兴等中国企业极限施压、制裁甚至禁运,意在通过打压中国企业遏制中国高新科技发展,长期积聚的系统性风险清晰显现[1],迫使中国不得不建立自主、可控的IT底层架构和标准,形成全新的信息技术产业开放型生态系统,从而确保经济发展自主权和国家安全保障权。信创产业,即信息技术应用创新产业,通过科技创新,构建国产化信息技术软硬件底层架构体系和全周期生态系统,破解核心关键技术"卡脖子"困境,从根本上解决"安全"问题。

信创产业生态系统复杂而庞大,从产业链视角而言,主要包括基础硬件、基础软件、应用软件、信息安全4个组成部分,其中,芯片(集成电路)、整机、操作系统、数据库、中间件是整条产业链中最重要的环节。信创产业全景如图1所示。

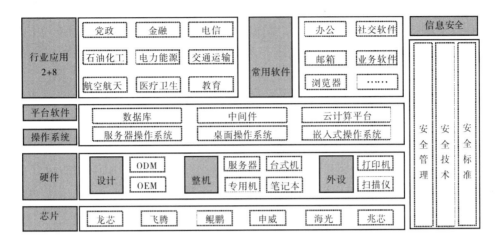

图1　信创产业全景图

(一)CPU 芯片

中国市场对整机的庞大需求必将进一步拉升 CPU 采购规模,同时,在国务院《新时期促进集成电路产业和软件产业高质量发展的若干政策》的导引下,中国芯片自给率逐步提高,将在 2025 年达到 70%,这意味着国产 CPU 的潜在市场规模巨大。我国国产处理器芯片的主要参与者,如龙芯、兆芯、飞腾、海光、申威和华为,逐渐成长为中国 CPU 头部企业。虽然我国 CPU 产业链日趋完善,但产业链的世界级巨头大多是外国企业,占据产业链各个环节的核心部位,主导甚至决定着全球 CPU 产业的发展走向。中国在 IC(集成电路)设计环节,已经拥有华为海思、展讯等一批达到世界先进水平的龙头企业;封测环节,通富承接 AMD7nmCPU 封测,达到世界领先水平;但在 14nm 及以下节点的先进制程,设备、材料、EDA/IP、制造等上游核心环节与国外领先龙头差距巨大,目前的产业运行模式仍为"外循环为主 + 内循环为辅"的状态,这一短板急需补齐。

(二)操作系统

操作系统将硬件和数据库、中间件、应用软件进行连接的纽带,是承载多种信息设备和软件应用运行的基础平台的重要基础性软件。中国在操作系统领域研发力度持续加大、发展成效显著,部分产品已经完成自主研发与生产、产品性能大幅提升,进入规模化阶段。这意味着信创产业中的操作系统竞争格局已然初定。目前国产主流操作系统已经初步完成关键软硬件的适配,生态系统初步建立。从生态适配进程看,国产主流操作系统均已完成了对联想、华为、清华同方、中国长城、中科曙光等整机厂商发布的舒适款终端和服务器设备适配;在软件方面,基本能兼容流式、版式、电子签章厂商等发布的办公类应用、兼容数据库、中间件、虚拟化、云桌面、安全等软件厂商发布的数百种应用和业务。

(三)数据库

数据库是数字经济存续和发展的基础,只有借助数据库系统的数据管理与分析能力,企业级数据、终端数据以及边缘设备的数据才能服务于企业决策、对上层应用赋能,数据的潜在价值才能充分发挥。进入数字时代的中国,数字经济的蓬勃发展,以及5G网络技术的普及和应用,必然推动全球数据总量的高速增长。IDC数据显示,2020年全球数据总量达40ZB,同比增长22.5%,源于中国的数据总量为12ZB,同比增长50%。随着远程智慧医疗、智能制造、智能网联汽车等众多数据密集型场景的落地,数据总量必然在5G技术的加持下高速增长。显然,中国数据库市场容量巨大,发展空间广阔,但就目前的状况而言,国内市场份额的绝大部分被海外巨头占据,国内厂商生存空间的拓展,需要信创产业的进一步强力助推。国内市场的主要参与者包括海外巨头和国内厂商两个部分,海外巨头包括Oracle、Microsoft、IBM、AWS等,国内厂商既包括阿里云、腾讯云等国内公有云厂商,也包括华为、中兴通讯等设备商,还有武汉达梦、人大金仓、南大通用、神州信息传统四大数据库厂商以及巨杉大数据、PingCAP、易鲸捷等新兴数据库厂商。云厂商和设备商具有完整的产品线,工具生态比较丰富,而新兴数据厂商聚焦于细分领域,竞争优势较为独特。在实时数据库领域,国外厂商主要包括OSI Software(PI)、GE(iHistorian)等,国内厂商主要有中国科学院软件研究所安捷(Agilor)、国能(VeStore)等,实时数据库广泛应用于化工、钢铁、电力、石油、环保等工业领域,国内厂商技术已经比较成熟,占据的市场份额与日俱增,海外厂商所占的份额日渐减缩。

(四)中间件

信创领域有三大基础软件,分别是操作系统、数据库和中间软件,中间件在物联网、云计算等新技术的助推下逐渐衍生出丰富的产品线,形成了一整套基础软件设施。中间件介于数据库和应用软件之间,具有鲜明的跨平台属性。现阶段,中间件的主要功能是解决分布式环境下的数据访问、数据传输、应用调度、系统构建、系统集成以及流程管理等一系列问题,支撑分布式环境下的应用开发、应用运行和应用集成,是具有强大功能的综合性平台。从市场竞争格局的角度来看,目前,IBM和Oracle两者合计占据国内中间件市场份额的51%,是名副其实的第一梯队。第二梯队则由东方通、普元信息、宝蓝的、中创中间件、金蝶天燕五大国产厂商构成,市场份额的合计占有量为15%。现阶段,党政系统每年的中间件市场需求量超过 22 亿元,金融和电信领域的市场规模超过 28 亿元,中间件未来的市场容量巨大,潜力亟待进一步挖掘。

(五)网络与信息安全

网络与信息安全是维护经济发展自主权的基础,也是巩固国家安全的重要保障。在数据处理过程中,在技术和管理两个方面采取措施,切实保护信息安全,已经成为互联网和云计算加速渗透的新时代必须高度重视的现实问题,并且,信息安全已经逐渐从传统的物理空间扩展到网络空间。网络与信息安全就有较强的普适性,这一点与 IT 基础设施高度相似,网络与信息安全产业规模已经达到千亿美元量级,并长期保持两位数的增长速度。安全保护的对象从体制内到体制外全方位覆盖,除基础网络和信息系统外,将大数据中心、云计算平台、物联网、工控系统、公众服务平台、互联网企业等全部纳入保护范围。

二、天津在信创产业全景图中的布局与态势

天津市信创产业规模快速增长、产业结构日益完善、空间布局持续优化、科研院所创新支撑能力明显增强,初步形成了包括飞腾、海光 CPU 芯片,麒麟操作系统等为代表的国内完整产业链布局,信创产业自主循环能力不断加强。天津在信创产业部署多年,已经集聚信创产业的上下游创新创业企业 1000 余家,成为全国信创产业链布局最完整的城市之一,也是自主创新能力强、产业聚集度高、产业支撑有力的发展集聚区。

(一)天津在 CPU 芯片领域的总体布局

天津在芯片产业链,已经覆盖 IC(集成电路)设计、芯片制造和封装测试三个阶段的完整链条,新型半导体材料和高端设备等配套产业足以支撑产业链的完整循环。公开发布的统计数据显示,天津域内全国知名的 IC 设计企业有飞腾、海光、唯捷创芯等,芯片制造厂商包括中芯国际、飞思卡尔和豪威科技等知名企业,芯片材料厂商包括中环半导体、中电科 46 所等,芯片制造设备的供应商包括主攻半导体化学机械抛光设备的华海清科等全国领先企业。目前,全国共有六大本土芯片厂商,分别是龙芯、飞腾、申威、鲲鹏、海光和兆芯,天津拥有其中之二,分别是飞腾和海光,已经成为全国范围内重要的芯片供给基地之一。

（二）天津在操作系统领域的布局与态势

当前,中国本土的主流操作系统共有六个,分别是麒麟操作系统、统信系统、普华操作系统、中科方德、华为的欧拉 OS 和中兴新支点,其中麒麟操作系统在天津,由麒麟软件有限公司研发提供,该系统已经连续 9 年在中国 Linux 市场占有率位列榜首,支持飞腾、鲲鹏、龙芯、申威、海光和兆芯等国产 CPU 平台,服务的客户群体容量超万家,生态群落中的适配软硬件产品超 30000 款,能够满足办公、社交、安全等多样化需求,占据党政办公操作系统的绝对优势地位,并在金融、能源、医疗、交通等领域快速延伸。可以预见,天津信创产业在操作系统领域的重要性和市场地位将进一步显著提升。

（三）天津在大数据领域的布局与态势

目前,国内自主可控的四大传统数据库分别是南大通用、神舟通用、人大金仓、武汉达梦,天津域内有上述前三家,在用数据中心超过 100 家,其中南大通用数据库技术股份有限公司的大数据产品已经达到国内领先、国际同步的水平,在大数据分析领域已经超越了 Oracle、IBM 和微软的产品。天津的三家传统数据库专注于关系型数据库产品,相关产品在电信、政务、金融和军队等领域广泛应用,高价值用户超千家,几乎覆盖了全国所有省份的电信、中国银行、农业银行、招商银行和华夏银行等十余家银行,承建了电信、金融、政务、安全领域全国最大的数据库系统。天津的大数据和数据库在全国信创产业格局中占有重要地位,随着算力的提升和算法的进步,其重要地位将得到进一步巩固。

（四）天津在中间件领域的布局与态势

国内影响力排在前列的中间件供应商包括东方通科技股份有限公司(业内简称"东方通")、上海普元信息技术股份有限公司(业内简称"普元信息")、北京宝兰德软件股份有限公司(业内简称"宝兰德")、中创软件商用中间件股份有限公司(业内简称"中创中间件")和金蝶天燕云科技有限公司(业内简称"金蝶天燕"),目前在天津投资布局的有普元信息和金蝶天燕,前者出资设立了普元软件科技(天津)有限公司,后者出资设立天津市金蝶天燕云计算有限公司,开展中间件领域的产品研发和市场拓展。可见,天津信创产业在中间件方面已经五有其二,实力很强,随着产业数字化进程的持续推进,天津中间件的市场影响力毫无疑问将进一步得到提升。

（五）天津在网络和信息安全领域的布局与态势

网络与信息安全领域的国内自主企业主要包括奇虎360、数字认证、海泰方圆、新华三、启明星辰、奇安信、深信服、华为、绿盟科技、天融信、亚信安全、网御星云、吉大正元、火狐等头部企业，在天津已有布局的企业有奇虎360、奇安信、新华三、海泰方圆、绿盟科技、华为等。天津规划建设了"中国信创谷"，是全国首个专门划定的以信创产业为核心的经济区域，以奇虎360为代表的网络与信息安全领域的企业将与天津市共同打造信创安全基地，连同坐落于西青区的、中国北方最大的奇安信集团"网络安全产业园"，将使天津成为信创安全保障的国家级"标杆"。

三、信创产业的发展态势

（一）芯片产业借力国有基金撬动的资本市场加速发展壮大

从国家层面上看，为了促进国产芯片产业的快速发展，国家集成电路产业基金于2014年9月成立，该基金遴选全产业链企业进行注资，投资领域覆盖芯片设计、芯片制造、测试封装等各个环节，投资额度从几十亿元到几百亿元不等，有力地促进了国产芯片产业的成长壮大。从省/市域层面上看，天津海河产业基金于2017年4月成立，天津滨海产业基金于2020年8月成立，通过上述基金导入的信创产业项目覆盖芯片设计、晶圆制造、半导体材料、大数据云计算等领域，导入了中电科半导体材料集团、美新半导体等一批优质信创产业项目，有力地推动了信创产业的发展。可见，无论从国家层面，还是从省市域层面来看，通过国有基金撬动资本市场，从而形成合力，促进芯片产业发展已然十分普遍并且是大势所趋。

（二）构建更加完善而丰富的生态体系是操作系统的必然走向

基于操作系统的生态既包括开发者生态，也包括用户生态，二者之间是相辅相成的关系，共同构成互联网的"自循环"体系。操作系统之上的生态构建，有两个基础要件，其一是基础软件开发，其二是生态社区建设。整个神态的构建将更多地倚重开源社区的群体智慧，原因在于开源社区思维的高度活跃性，创新创意频繁汇聚碰撞，同时兼具最强的行动力。构建开放、丰富的生态应用体系，不但需要主流软硬件厂商的通力协作，而且需要通过开源社区吸引全球范围的开发者，从而形成合力，激发整合与协同效应。长远来看,除了传统的 PC 和服务器领域之外,国产操作系统将与更大量级的智能终端设备和软件产品进行广泛深度适配,也将在新兴的 AIoT 市场强化更广泛的兼容并提供更丰富的应用[2]。天津在操作系统领域已经占有重要的一席之地,为了更好地加强操作系统的推广和普及,麒麟操作系统需要在进一步巩固市场主导地位的同时,借助开放式创新持续优化并完善生态架构,提升软硬件适配广度和深度,从而构建涵盖开发者和用户的完整生态体系。

(三)国产数据库企业的发展重点和战略走向在于生态扩展

对非开源数据库厂商而言,合作伙伴生态的核心就在于渠道伙伴建设。数据管理架构体系中的底层产品之一是数据库管理系统,不同客户的核心系统架构具有鲜明的差异性,这就要求数据库厂商根据可变的差异化需求进行定制化的数据库软件开发服务。集成商、IT 咨询公司以及二次开发商都是数据库厂商生态伙伴体系的重要组成部分。对数据库企业而言,圣爱伙伴体系建设既能帮助企业实现快速的业务渗透与扩张,又能最大限度地削减和控制成本,有利于数据库厂商将有限的资源更好地聚焦于数据库技术和产品开发等核心要务上。仅就开源数据库项目而言,处于核心地位的是维护开发者社区和建设渠道伙伴两项重要工作。开发者社区是开源数据库项目重要的活力之源,甚至是立身之本,这就要求开源数据库项目的管理者具有更好的社区维护能力[3]。开源数据库项目具有技术更新更快、产品迭代更迅速、人才更集聚、风险更分散等优势和特点。国内具有代表性的开源数据库项目包括华为 GaussDB 和 PingCAP TiDB,其中 PingCAP TiDB 项目在 GitHub 上累计获得超过 25000 颗星,聚集了 12000 名开源代码贡献者。对天津的数据库厂商而言,要想获得更好的发展,必须在重视开发者社区维护的同时,加强商业合作伙伴的建设,以利实现商业化目标的实现。

(四)国产中间件稳定化、商业化和中台化发展是必然趋势

国内中间件厂商的重点业务主要包括两部分:一是对政府和重要国企中间件的国产化替换业务,二是对中小企业的中间件进行建设与优化等商业化业务。国产化替换业务的主要是对应用服务器配套的中间件(狭义中间件)进行国产自主化代替,将原有业务平稳、可靠地迁移到新系统上是工作重点。这类中间件产品已经长期处于开源状态,大量主流互联网企业都存在类似的定制化需求,在技术壁垒和人才培养方面的问题相对较小。正因如此,国内中间件厂商的产品与国际巨头的产品具有较高的相似度,那些已与政企类客户建立长期合作关系,其股东具有较强社会资源的厂商更容易在国产化业务中

获取竞争优势[4]。与国产化替代业务不同,商业化业务的主要客户是具有信息化需求的中小企业,这类客户需要借助中间件厂商实现信息化转型,以适应未来市场竞争的需要,由此可见,商业化业务的核心竞争力取决于具体行业应用场景的业务拓展能力,需要具备完整的产品线和足够的中台化业务拓展能力。从长远的视角来看,中台化是中间件的发展趋势,孕育着重大市场机遇。中台是面向企业级 IT 系统拓展的新兴概念,旨在提升企业信息化系统的开发效率,助推企业 IT 系统落地实施。

(五)竞争激烈的网信安全市场向服务化转型向头部企业集中

现阶段,我国信息安全领域的竞争格局比较分散,产业集中度相对较低。深信服、奇安信、启明星辰、天融信、绿盟科技、新华三等领军企业分布于各细分领域,在关键环节上具有强大影响力。随着云计算技术的不断升级演化和应用领域的持续扩大,互联网厂商逐渐发展为网络信息安全市场的重要参与者,其中阿里和腾讯通过整体业务协同的方式共同参与安全市场竞争,从而提升其云计算业务的竞争力。老牌的信息安全服务提供商奇虎 360 在政企安全服务领域实力强悍,以"安全大脑"为核心大力推广网络安全运营服务。网络安全领域的初创公司和成长公司的安全服务覆盖物联网安全、开发安全、零信任、云安全、工控安全、数据安全、业务安全、安全 SaaS 服务、威胁检测与管理和网络靶场等热点领域。网络与信息安全市场具有技术推动性强、资本关注度高的特点,产品功能一体化、解决方案和安全服务的成套化和体系化是未来的发展趋势,市场份额正向综合实力强大的头部厂商集中,服务化发展的产业走向日趋明显。与此同时,国有资本正在加速进入网络与信息安全市场,并且不断向头部企业集中。自从 2019 年信创产业提出以来,国资力量相继入场网信安全领域,为各自的注资企业争取下游高价值客户,市场竞争格局呈现出向头部企业集中的态势。

四、促进天津信创产业高质量发展的策略与建议

(一)聚焦核心基础关键技术,完善工具体系、产品体系和生态体系

中美贸易摩擦表面上是经贸问题,实质上是高新技术领域的登顶之战,美国意在将中国制造困囿于"低端锁定"状态,从而使自身长期占据世界价值链顶端。在此背景下,美国逐步升级制裁手段,除了限制服务于中国信息技术产业的晶圆代工之外,进一步限制 EDA(电子设计自动化)软件对中国的出口,导致这些信息技术产业的上游核心技术成

了我国的"卡脖子"关键技术,被迫纳入国内大循环体系[5]。而这一系列花样频出的操弄都直接指向了芯片领域,揭示了国内芯片制造环节和上游工具链受制于人的尴尬境地,这一短板急需补齐。

天津作为全国先进制造研发基地,以智能科技产业为引领,将信创产业作为主攻方向,在自主芯片领域强力攻关、突破技术封锁是义不容辞的历史担当。建议天津从成熟制程作为起点,把设备、材料、EDA 等底层工具链的基础夯实筑牢,进而逐步攻克先进制程。在先进制程方面,建议联合国内其他重要创新力量节点,集中突破光刻胶等关键材料、光刻机等重点设备,加力扶持中芯国际、中环半导体等龙头企业开展技术创新突破。在 IC 设计方面,加大对海光和飞腾的支持力度,通过扩张国产处理器的市场容量拉动上游数字设计工具等重大关键核心技术的创新与突破。将域内飞腾、海光、中芯国际等重要创新节点联合起来,合力开展数字设计仿真、布局布线等数字设计前端工具链国产化研发、试验和应用,助力建设国产自主的工具体系、产品体系和生态系统。

(二)以行业应用为抓手,发展产业核心技术,赋能先进制造研发

从当前的形势判断,信创产业既是促进我国信息技术高质量发展的战略抓手,也是推动天津先进制造研发基地建设的重要契机,能够有力推动天津在"1 + 3 + 4"工业产业布局的框架内开展安全可控的自主创新和原始创新。随着信创产业技术和产品在党政系统的成功应用,相关技术从探索到应用,再到突破,信创产品的市场需求将进一步大幅扩容。天津的信创产业宜将信创产品的应用领域集中于重点垂直行业,如能源、电信、工控、金融、交通、医疗和教育为代表的重点行业的关键领域。信创产业的发展目标不应局限于单纯的国产替代,而应通过向目标领域提供好用的信创产品,吸引并抓住特定行业的具体实际需求,将其作为技术攻关的核心目标,指引并倒闭技术创新。通过财税、金融、人才等系统化的政策安排,引导优势技术和资源充分整合,推动信创技术和技术加速更新迭代,从而实现通过应用需求带动核心技术突破,赋能先进制造研发的战略目标。

(三)产业政策与公共服务两手发力,促进信创产业提质增效

全国多个地方政府出台鼓励支持信创产业发展的政策措施,天津也先后出台了《天津市集成电路产业发展三年行动计划(2015—2017 年)》《天津市科技创新三年行动计划(2020—2022 年)》《关于印发天津市产业链高质量发展三年行动方案(2021—2023 年)的通知》和《中共天津市委、天津市人民政府关于深入实施人才引领战略加快天津高质量发展的意见》,保证了信创产业的政策供给,从财政倾斜、税收减免、人才引育等多个方面

提供助力支持。建议天津狠抓政策落实,使信创企业真正获得实质性扶持,另外,在产业政策的设计阶段,除了考虑在厂房租金、人才待遇等方面给予补贴之外,还要打通、扩充融资渠道,同时不断开放和挖掘市场,促进信创技术和产品对传统制造业进行赋能。结合天津产业特色,借助天津海河产业基金、天津滨海产业基金等扶持关键细分领域的小型龙头企业,培养信创企业群落,形成藏猛蓄烈的信创企业丛林,从整体上提升产业质量和运行绩效。

创建公共服务平台,涵盖信创运维服务、软硬件适配服务、信创产品库、企业公共服务、项目方案设计、信创人才集聚和培育等多个具体细分领域。借助软硬件适配平台加快统一适配标准、统一测评体系、统一生态服务和统一认证管理的速度和进程。公共服务平台能够有力促进产业力量协同、多方资源集聚、需求供给对接,加速区域性信创产业生态的构建,有利于技术创新升级和产品更新迭代。

参考文献

[1] 陈晓红、张威威、易国栋、唐湘博:《新一代信息技术驱动下资源环境协同管理的理论逻辑及实现路径》,《中南大学学报(社会科学版)》2021年第5期。

[2] 杨杰、汪涛、王新、庞惠伟:《信息技术赋能创业:IT能力对创业绩效的影响》,《科学学研究》2021年第9期。

[3] 金碚:《网络信息技术深刻重塑产业组织形态——新冠疫情后的经济空间格局演变态势》,《社会科学战线》2021年第9期。

[4] 王玉:《中国数字经济对产业结构升级影响研究——基于空间计量模型》,《技术经济与管理研究》2021年第8期。

[5] 李旭辉、赵浩玥、程刚:《三大经济圈新一代信息技术产业竞争力评价与区域差异研究》,《软科学》2021年第8期。

(作者:秦鹏飞,2021年10月成稿,收录于《天津经济发展报告(2022)》)

天津信创产业发展研究报告(2023)

秦鹏飞　天津社会科学院助理研究员

摘　要:信创产业是天津打造自主创新重要源头和原始创新主要策源地的战略支撑,也是引领全市实现产业升级、高质量发展的重要驱动力。天津信创快速发展,产品技术能力不断提升,创新平台载体集聚效应明显,产业生态日趋完善,政策措施保障有力,骨干企业引领发展格局正在形成。但仍存在着产教协同不力、升级适配公共平台建设迟缓、高水平基础研究平台建设与体制机制设计滞后等方面的问题。宜采取试行产教协同人才培养模式、整合信创相关协会和龙头企业资源加快建设升级适配公共平台、全面融入京津冀科技创新合作,推进高水平基础研究平台建设等措施推动信创产业高质量成长。

关键词:信创产业,发展现状,问题挑战,对策建议

一、天津信创产业发展情况

天津在信创产业布局早、落子快,经过多年发展,已经初步建立起了以基础软件、CPU设计和集成电路、网络安全、应用软件及终端设备5个子链为代表的信创全产业体系,产业规模突破1000亿元,成为国内产业链最完整、自主研发水平最高、产业集群最聚焦的产业基地,为天津高质量发展提供了原始创新动力,为全国信创产业发展提供了"天津样板",为国家建设网络强国贡献了"天津力量"。

(一)核心技术全国领先

天津拥有基于 Arm 和 X86 指令集授权自主设计的飞腾 CPU 和海光 CPU。全国 2大通用操作系统之一的麒麟软件落户天津,"飞腾 CPU + 麒麟操作系统"为基础的"PK"体系,信创领域市场综合占有率已接近80%,成为稳定可靠的"中国方案"。神舟通用、南大通用国产数据库市场份额占据国内近半壁江山,为北斗卫星导航系统、嫦娥五号探月返航、天问一号探火任务等国家重大工程提供全面保障和数据支撑。部署了"天河一号""天河三号"两大世界领先的超级计算机系统。"天河一号"已累积支撑

国家重大科技项目 2000 余项，"天河三号"采用自主可控核心技术，成为世界首台峰值性能超过百亿亿次的超级计算机。天津市应用数学中心成为首批建设的十三个国家应用数学中心之一，南开大学"密码科学与技术专业"，进一步提升了面向基础软件、基础算法的支撑能力。2022 年 8 月 12 日，海光信息正式登陆科创板，不仅一跃成为天津当地市值龙头企业之一，跻身科创板股票总市值前五，还是今年以来半导体范畴市值最高的 IPO。

（二）创新平台载体集聚

天津市联合军科院、国防科大、解放军信息工程大学等高校，以及中国电子、中科曙光等产业链龙头企业共建信创海河实验室，组建以多位院士为核心的顶级科研团队，聚焦微处理器设计、基础软件、工业软件、高性能计算 4 个研究方向，首批启动了"兼容 RISC–V 指令集的处理器核设计与指令集扩展项目""面向开放 CPU 架构的开源桌面操作系统"等 5 项重点课题，力争通过技术突破对产业链进行全方位、全链条的改造。与国防科大共建天津先进技术研究院，是中央军委批准全国仅三家之一的军民融合实体机构。支持中科曙光建设国家先进计算产业创新中心，是全国唯一面向国产芯片及其产业生态的新型组织机构。还建设了国家高性能计算机工程技术研究中心、国家级"芯火"双创基地等一批信创领域国家级创新平台，形成了产学研用融合，"大装置 + 大平台"赋能的创新载体。2022 年 8 月 26 日，腾讯集团华北地区新基建项目腾讯天津高新云数据中心在高新区渤龙湖科技园正式启用，该中心应用了腾讯目前最领先的技术，是华北地区建设的超大规模数据中心，在建设模式、绿色低碳、智能运维方面都走在业界最前列。

（三）产业生态日趋完善

天津规划 58 平方公里建设"中国信创谷"，构建"北产能、南动能、东孵化、中聚核"三区一核的空间结构，实施"主体引聚、平台搭建、场景驱动、金融赋能、群体突破"五大工程，构筑"来得了，留得下，离不开"的"信创理想城"。集聚信创产业上下游创新企业 1000 余家，汇聚了中科曙光、360、紫光、华为、腾讯、长城等一批领军企业和创新中心，实现了信创产业全链布局。依托"中国信创谷"打造的网络信息安全产品和服务产业集群，成为国内唯一面向网络安全领域的国家级战略性新兴产业集群。

（四）政策措施保障有力

首先,我市出台《天津市信息技术应用创新产业链工作方案》实施链长制,由市领导同志挂帅,市、区两级共同推进信创产业链各项工作进展。制定《天津市信息技术应用创新产业三年行动计划(2021—2023)》《"中国信创谷"建设三年行动计划(2021—2023年)》《"中国信创谷"发展规划(2020—2025年)》进一步完善顶层设计。强化百亿智能制造专项资金等政策对信创企业的支持力度,支持了"飞腾基于国产工艺的飞腾 CPU 设计与流片""麒麟软件新一代麒麟操作系统研制与推广项目""天地伟业基于智能感知的边防视频大数据实景巡查指挥系统的研发及产业化""南大通用面向金融行业的国产大数据存储管理和分析挖掘系统研发项目"等超过 100 余个优质项目建设,为产业发展提供了强进动力。

二、天津信创产业面临的问题与挑战

当前,天津信创产业发展态势良好,但仍存在着产教协同不力、升级适配公共平台建设迟缓、高水平基础研究平台建设与体制机制设计滞后等问题。

（一）高校知识教育与产业实践之间还存在相互脱离的现象

信创产业的强相关专业,如计算机科学与技术、信息工程、人工智能等,具有极强的应用属性,产教融合才能学得好、用得好。当前教育模式下,教育对产业环境的动态演变反应迟钝甚至不反应。高校教师的现行考评体系中,缺少产业实践方面的指标设置。教师和学生缺乏走进企业、贴近产业的畅通渠道、高效平台、灵活机制。很多高校在组织生产实习时更倾向于采用有限参观和隔断式场景讲析等方式,人为地将学生与真正的生产实践隔离开来,导致学生的感性认知与理性认知无法交融,知识和产业之间缺乏黏性。

（二）缺少升级适配公共平台无法助推信创产业的进一步创建

信创建设过程中,将全部应用完全迁移到国产化平台上并实现稳定可靠运行,存在一定的技术难题和其他现实障碍,一时无法解决。很多单位迫于无奈,只能一个人配备两台计算机,原来的计算机访问未经适配的存量应用,信创计算机则用来访问已经通过适配的新的应用系统,"真替真用"的目标远未实现。造成的结果有二:一是公有制组织出于政治自觉和行政推力,在建设信创系统的同时,保留原有的非信创系统,形成了"不好用→不真用→伪信创"行为模式;二是非公有制组织不受行政干预,基于市场逻辑自发地选择"不好用→不使用→不信创"实践路径。其深层原因是产品技术的升级适配效率低、更新迭代速度慢,导致可靠性和兼容性不高,无法满足现实需要,创建升级适配公共平台成为解决问题的关键所在。"升级迭代和兼容适配"是信创产业生态繁荣进化的关键,也是打造国家级信创高地的重要依托。升级适配公共平台除了能够提供产品与技术的升级适配之外,还能进行兼容测评、方案评测、相互认证等服务,对平台成员企业进行全方位赋能,吸聚创新创业资源,扩张信创产业群落,促进生态繁荣。此外,升级适配公共平台能够有效降低成本,打通"科学研究—技术开发—推广应用—产业化"的完整链条,满足"人工智能与大数据""数字经济""智慧城市""国际消费中心城市建设"的共性需求。升级适配公共平台具有强大的承载功能,能够招大引强,吸引更多优质信创企业来津发展。

(三)高水平基础科技创新体制机制与平台建设不足

在京津冀协同发展战略的指引下,三地携手发力,创新体制机制,破除藩篱桎梏,建设了一批协同创新平台,区域创新能力和协同度均有较大提升,但仍不能满足创新驱动区域经济发展的战略需要。创新资源和创新成果分布与流向呈现极化形态,未能实现均衡配置。天津的基础性科技创新与京冀二地的协同合作不够紧密,创新资源的开放共享程度不高,科研需求与成果供给错位较大,未能充分利用北京科技创新中心的辐射作用。基础创新是艰苦而长期的高强度智力工作,离不开高素质的科研人才队伍。同时,基础创新不但投资规模大创新周期长,而且不能像应用创新那样较为快速地获得市场回报,因而难以获得市场主体的倾力投入,需要政府以公共支出的形式给予长期支持[1]。基础创新人才的长期性、高技能型智力劳动,无法通过市场快速变现,吸引人才和留住人才需要政府的大力投入,在财政资源无力支撑基础创新人才较高收入的条件下,创新性地在荣誉、称号、住房、教育、养老等方面解放思想、开拓思路。

天津科研基础平台建设处于发展初期,规模较小、实力较弱,外部环境支撑不足,内生动力不强。主要原因有两个,一是资金投入不够,科研基础平台的建设和运维需要较大投资,政府财政资金支持力度有限,企业等市场主体在筹建过程中资金压力大,财力不足以全面支撑基础建设、实验设备、人才队伍等方面的投入,平台作用发挥不出来。二是高层次人才不足,高层次人才需要配备高等级的科研条件,平台现阶段难以满足,大多数高层次基础科研创新人才流向著名研究型高等院校和知名科研院所。

三、促进天津信创产业高质量发展的对策建议

(一)探索试行产教协同人才培养模式

1.试行产教融合人才培养模式的信创专业选择

从高校目前的学科专业设置来看,与信创产业弱相关的专业包括数学、统计学、运筹学、概率论等,强相关专业包括计算机科学与工程、数据科学与技术、通信工程与信息技术、软件工程、信息管理与信息系统、人工智能、保密科学与技术等。产教融合人才培养模式宜将强相关专业作为试点,并将试点专业中的就业型学生识别出来,使其接受的高校教育与产业实践之间直接相关,提高教育资源投资回报率,提升信创人才培养的精准度和适用性。

2.搭建平台,遴选实践导师,教师入企挂职

市工信局和市教委整合教育、产业、行政、创新、信息等各类资源,搭建产教协同人才培养平台,将试点高校和试点企业汇聚于平台之上。将试点企业的优秀管理层遴选为实践导师,除了在课堂上讲授紧贴产业实践前沿的精品课程,还可以将学生带入企业,使学生亲身融入和感受研发、生产、运维等各个环节。学校可以授予实践导师荣誉和称号等精神奖励。高校可以派出教师到试点企业挂职锻炼,接受实际产业环境的熏陶,使其知行合一。此外,高校宜将产业实践相关指标纳入考核体系,引导教师关注产业、深入企业。

(二)加快升级适配公共平台建设

1.整合信创相关协会和龙头企业资源

我市信息技术应用创新协会、市软件行业协会等商、协会,汇聚了一批潜力型和成长性企业,具有吸聚产业资源和优质项目的能力和实力。同时,有些行业头部企业,如麒麟软件已经在津建成麒麟软件适配总部(天津适配中心),作为连接和管辖北京、广州、长沙、江西等适配中心的综合枢纽,已然具有较强的产业生态构建能力。但是,这些商、协会和龙头企业亟需充分整合,才能产生"1 + 1 > 2"的协同效应。现有适配

中心专有性强、公共性弱,辐射能力的升级进阶受限,需要将商、协会和既有平台加以整合,使其相互协同,搭建一个公共开放型升级适配平台,促进平台扩张和生态培育。

2. 链长高阶推动协调 + 链主顶格示范引领

由市级领导担任的信创产业链链长,拥有高阶行政管理权限,能够高效协调配置和各个委办局的优质资源,在需要多个部门协力配合的重要关口,可以通过一个会议召集所有部门的主要领导,迅速解决问题,加快平台建设进程。链主一般是产业链上的头部领军企业,具有极高的影响力和号召力,最了解市场动态和行业格局,在平台建设期,由链主企业决定发力方向和突破口,选择并吸引重点目标企业,带动上下游企业上平台,再将商、协会的会员企业导入平台,外引内迁,双向发力,形成“滚雪球”效应。具体而言,由麒麟软件天津适配中心牵头,以其现有的分布于全国各地的分中心为基础,整合安擎人工智能适配中心、华为安全人工智能适配中心、科大讯飞的中国声谷信创平台等搭建综合性升级适配战略联合体,增强平台对信创资源和企业的吸聚能力。

3. 资源统一化调度,业务分布式运行

以麒麟软件适配总部为牵引,联合飞腾、360、国家超算、中环、中科曙光等信创头部厂商和信创海河实验室等科研机构,将分布于全国各地的适配中心、实验室、攻关平台协同组网,构建生态服务架构体系,搭建联合升级适配公共平台。平台作为统一的协同开放型资源调度枢纽,除了为上下游合作伙伴提供本地升级适配,还可以通过任意一个适配中心实现远程接入,完成整个平台全部的升级适配,以更低成本和更高效率为信创生态建设提供技术支持和资源保障,以更好的生态覆盖用户实际需求,从而吸引更多的国内外厂商主动加入。

4. 搭建智能化生态适配体系,赋能全链条生态伙伴

在平台上投放自动化测试工具集、一站式迁移单元、AI智能支持服务、DTK开发套件等,为生态伙伴降低适配迁移难度和成本,赋能增效。将平台内成员企业、科研院所、社会组织和专家学者汇聚整合,结成生态联盟,集结芯片、整机、外设、数据库、中间件、安全、云计算、应用等基础软硬件企业,以及用户、高校等机构,从技术平台建设、联合场景开发、信创人才培养、优秀产品打造、开发者生态培育等各个方面,为生态伙伴提供关键资源支持。打造行业标杆案例、培育核心伙伴群体、链接开发者和应用群落,推进产品生态适配升级,为平台内成员单位提供技术、标准、人才等方面的

支撑服务。

5. 借助升级适配公共平台推动信创产业协同创新体系建设

借助升级适配公共平台的架构机制,充分发挥政府机构、中国信创谷、产业园区、新创联盟的作用,汇集重点企业形成合力,培养信创软硬件协同创新意识,促进上下游企业的创新合作,开展关键共性技术联合攻关。平台可以向高校和科研机构提供信创教学和实验环境,向信创技术团队提供产品孵化环境,向信创企业提供人才培训和产品培育,从而强化产学研协同创新成果的价值转化能力。通过广泛的协同创新实践,铸牢厂商产品和解决方案之间的生态适配根基和底座,打造兼具开放合作和可持续发展能力的协同创新生态体系。

(三)推进高水平基础研究平台建设

1. 全面融入京津冀科技创新合作

天津毗邻京冀,地理位置对于建设跨区域性科技创新中心具有特色优势。"十三五"期间,京津冀三地科技创新的互动性和紧密度有所提升,但尚未形成科技创新走廊,关联和互动仍需进一步加强,推动科技计划、重大科技基础设施的相互开放。探索试行给予高端紧缺人才享受京津冀区域性个人所得税优惠政策,启动建设京津冀联合实验室,创建创业孵化载体和创新创业平台,建设科技要素畅通、科技设施联通、创新链条融通的京津冀高水平协同发展机制,全方位加强京津冀对科技创新资源要素的吸引力。一是更加紧密携手京冀增强战略科技力量。进一步加强顶层设计,围绕京津冀三地各自在新发展格局中的战略定位和比较优势,合力谋划建设京津冀综合性国家科学中心、京津冀国家技术创新中心、国家实验室等"国之重器"。依托"中国信创谷"创新科技合作管理体制,加速京津冀创新链、产业链、资金链、人才链对接联通,畅通创新要素高效流动。二是构建更开放融合的区域协同创新共同体[2]。进一步拓展津京、津冀联合资助计划,扩大天津市科技计划对京冀开放。加大支持北京、河北青年来津创新创业力度。借助京津冀三地协同创新的"倍增器"作用,加快集聚国际科技创新资源,建成具有全球影响力的科技和产业创新高地。

2. 深化实施"海河英才"计划打造原始创新重要策源地

数据显示,"十三五"期间,天津着力提升原始创新能力,科研经费投入较快增长,涌现出一批重大基础创新成果。但是,天津市基础研究人才不足,原始创新能力仍旧不强,亟待补齐短板。天津需在人才引育方面加大投入,面向前沿必争领域及高质量发展需求,加强人才队伍建设,力争成为原始创新重要策源地。第一,重点围绕人工智能、新能源新材料等国际科技前沿领域加大人才培养和招引力度,布局建设京津冀基础科学中心,抢占基础研究前沿领域创新高地。围绕信创产业、智能科技产业发展面临的行业共性问题,组织实施重大科研攻关项目,着力解决产业发展源头基础创新供给不足的问题。第二,继续打造高水平基础研究平台,优化提升实验室体系,为科研人员提供优质科研环境条件,开展大科学计划,完善资源共享与人才服务平台体系[3]。第三,着力建设国际一流科研机构、一流大学和一流学科,加强基础学科建设,大力推进学科交叉融合和跨学科研究,以此吸纳并涵养人才,为人才提供发展土壤和空间。第四,加强中青年人才培养与激励,鼓励支持开展前沿原创性探索、非共识创新尝试,提升天津原始创新能力。持续优化基础研究创新生态,建立有利于原始创新的评价体系。第五,探索构建多元化的资助体系,建立基础研究市级财政投入稳定增长机制,争取更多中央财政支持,通过市企联合基金引导社会资本向基础研究投入。

3. 适度超前推动科研基础平台建设

第一,适度超前部署新兴科研信息化基础平台。适度超前地开展科研基础平台建设,实现科研基础平台的高水平自立自强,更有力地支撑科技创新。实现科学数据资源平台、超级计算中心、科研院所、国家实验室、重点实验室、高校等科研要素畅联速通,加强人工智能、数据科学与科研基础平台的融合与应用,助力重大科技突破。第二,面向科学发展前沿和经济社会发展的重大科学问题,不断完善基础研究平台布局[4]。在天津优势学科领域加快部署一批重大科研基础平台,引聚全球科技人才,打造科技创新高地。第三,加强国际合作与开放共享。天津宜充分利用科研要素的累积性、共享性和倍增性特点,积极促进信息、知识、数据以及基础设施的共享。强化国际合作,借助先进的基础研究平台,发起国际科技合作项目,融入全球科技创新网络,以更加开放的姿态提供数据索引和计算等应用和服务,支撑科技创新的新一轮跨越式发展。

参考文献

[1] 刘心报、胡俊迎、陆少军、朱佩雅、裴军、杨善林:《新一代信息技术环境下的全生命周期质量管理》,《管理科学学报》2022 年第 7 期。

[2] 陈晓红、张威威、易国栋、唐湘博:《新一代信息技术驱动下资源环境协同管理的理论逻辑及实现路径》,《中南大学学报(社会科学版)》2021 年第 5 期。

[3] 李旭辉、赵浩玥、程刚:《三大经济圈新一代信息技术产业竞争力评价与区域差异研究》,《软科学》2021 年第 8 期。

[4] 王文娜、阳镇、梅亮、陈劲:《价值链数字化能产生创新赋能效应吗?——来自中国制造企业的微观证据》,《科学学与科学技术管理》2022 年第 10 期。

（作者:秦鹏飞,2021 年 11 月成稿,收录于《天津经济发展报告(2023)》）

附录三　企业调查问卷

尊敬的女士/先生：

您好！我们衷心感谢您填写问卷,支持我们的学术研究工作。

您正在阅览并即将填写的是仅供学术研究使用的调查问卷。本问卷的填写采用匿名方式,答案没有对错之分,您的回答将完全保密且仅用于研究者的数理统计与分析。请您尽量对每一个问题都进行作答,所有题目均为单选题。我们希望能够借助您在贵企业的工作经验取得研究数据,检验和验证学术观点,从而获得具有实践指导意义的学术成果。

我们郑重承诺:将对所有参与调研企业的数据保密,同时本次调研的最终结果也将与贵企业分享,对您有所帮助。您的帮助,将是本研究成功与否的关键。我们对您的真诚合作与支持致衷心的感谢。

此致

　　敬礼！

填表说明:

如果您收到的问卷是纸质版,那么您在备选答案中,请选择最符合贵企业情况的答案,并打勾;如果您收到的问卷是电子版的,请将您选择的答案涂成红色即可。

若您对问卷有任何疑问和不明白的地方,欢迎您随时与本人联系,我的联系方式是:15122559050。

一、请您填写如下基本信息

您的信息	您现在就职公司的名称(可填写简称):
	您在本行业的工龄为(请勾选):□0—5 年以下;□6—10 年;□10 年以上
	您的职务级别(请勾选):□高层管理人员(如董事长、正/副总经理等);□中层管理人员(如研发部经理等);□其他
	您的受教育程度(请勾选):□专科及以下;□本科;□硕士及以上

二、企业的基本情况

1. 贵公司目前的员工总数约为(请勾选):

□1—100 人;□101—200 人;□201—400 人;□401—500 人

2. 贵公司的企业年龄约为(请勾选):

□1—3 年;□4—6 年;□7—10 年;□11 年以上

3. 贵公司本年度的研发费用总额占销售收入总额的比例约为(请勾选):

□2% 以下;□2%—3%;□3%—4%;□4%—5%;□5%—6%;□6% 以上

4. 贵公司所属行业(请勾选):

□新能源;□生物医药;□人工智能;□节能环保;□软件;□高端装备制造;□先进化工;□高新技术改造传统产业;□新一代信息技术

三、相关问题与选项

问题 1:知识搜索宽度

对于以下问题,您的意见是:1 - 完全不同意;2 - 不同意;3 - 基本不同意;4 - 没意见;5 - 基本同意;6 - 同意;7 - 完全同意	完全不同意	不同意	基本不同意	没意见	基本同意	同意	完全同意
KSB1 本企业对知识的搜索广泛使用了多个搜索与交流通道/媒介	1	2	3	4	5	6	7
KSB2 本企业能搜索到的研发、制造、营销等多个领域的知识	1	2	3	4	5	6	7
KSB3 本企业能搜索到的技术、管理等多个方面的知识	1	2	3	4	5	6	7
KSB4 本企业在对知识的搜索中获取了较多的知识数量	1	2	3	4	5	6	7
KSB5 本题答案请选择没意见	1	2	3	4	5	6	7

问题 2:知识搜索深度

对于以下问题,您的意见是:1 – 完全不同意;2 – 不同意;3 – 基本不同意;4 – 没意见;5 – 基本同意;6 – 同意;7 – 完全同意	完全不同意	不同意	基本不同意	没意见	基本同意	同意	完全同意
KSD1 本企业强烈而密集地使用一些特定的搜索通道进行知识搜索	1	2	3	4	5	6	7
KSD2 本企业能深度搜索并提取研发、制造、营销等特定领域知识	1	2	3	4	5	6	7
KSD3 本企业能深度搜索并提取技术或管理等特定方面的知识	1	2	3	4	5	6	7
KSD4 本企业能深度搜索并利用研发或制造或营销等特定领域知识	1	2	3	4	5	6	7
KSD5 本企业能深度搜索并利用技术或管理等特定方面的知识	1	2	3	4	5	6	7

问题 3:创新能力 1

对于以下问题,您的意见是:1 – 完全不同意;2 – 不同意;3 – 基本不同意;4 – 没意见;5 – 基本同意;6 – 同意;7 – 完全同意	完全不同意	不同意	基本不同意	没意见	基本同意	同意	完全同意
IC11 与主要竞争对手相比,本企业去年的产品与服务创新更多	1	2	3	4	5	6	7
IC12 与主要竞争对手相比,本企业去年的生产流程创新更多	1	2	3	4	5	6	7
IC13 与主要竞争对手相比,本企业去年的管理创新更多	1	2	3	4	5	6	7
IC14 与主要竞争对手相比,本企业去年的市场创新更多	1	2	3	4	5	6	7
IC15 与主要竞争对手相比,本企业去年的营销创新更多	1	2	3	4	5	6	7

问题 4:创新能力 2

对于以下问题,您的意见是:1 – 完全不同意;2 – 不同意;3 – 基本不同意;4 – 没意见;5 – 基本同意;6 – 同意;7 – 完全同意	完全不同意	不同意	基本不同意	没意见	基本同意	同意	完全同意
IC21 贵公司拥有足够的研发资金	1	2	3	4	5	6	7
IC22 贵公司拥有雄厚的知识和技术人才储备	1	2	3	4	5	6	7
IC23 贵公司拥有独立的研发机构或完善的研发体系	1	2	3	4	5	6	7
IC24 贵公司能够运用较少的研发资金获取较高的创新绩效	1	2	3	4	5	6	7
IC25 贵公司能够运用有限的知识资源获取较高的创新绩效	1	2	3	4	5	6	7

问题 5：知识吸收能力

对于以下问题,您的意见是:1 - 完全不同意;2 - 不同意;3 - 基本不同意;4 - 没意见;5 - 基本同意;6 - 同意;7 - 完全同意	完全不同意	不同意	基本不同意	没意见	基本同意	同意	完全同意
KAC1 我们能够很快吸收、掌握和运用引入的生产设备和工艺	1	2	3	4	5	6	7
KAC2 我们善于吸收和利用来自于外部的技术知识	1	2	3	4	5	6	7
KAC3 我们具有较强的设备改进能力	1	2	3	4	5	6	7

问题 6：知识集成能力

对于以下问题,您的意见是:1 - 完全不同意;2 - 不同意;3 - 基本不同意;4 - 没意见;5 - 基本同意;6 - 同意;7 - 完全同意	完全不同意	不同意	基本不同意	没意见	基本同意	同意	完全同意
KIC1 我们企业产品的系统集成能力较强	1	2	3	4	5	6	7
KIC2 我们企业有较强技术整合能力	1	2	3	4	5	6	7
KIC3 我们善于吸收和利用来自于其他部门的技术和知识	1	2	3	4	5	6	7

问题 7：协同效应

对于以下问题,您的意见是:1 - 完全不同意;2 - 不同意;3 - 基本不同意;4 - 没意见;5 - 基本同意;6 - 同意;7 - 完全同意	完全不同意	不同意	基本不同意	没意见	基本同意	同意	完全同意
IC21 我们企业各要素资源组合协同很好	1	2	3	4	5	6	7
IC22 我们企业知识创造多于知识转移	1	2	3	4	5	6	7
IC23 我们企业隐性知识多于显性知识转移	1	2	3	4	5	6	7
IC24 我们企业的协同剩余很多	1	2	3	4	5	6	7
IC25 我们企业的投入产出比很高	1	2	3	4	5	6	7

衷心感谢您的认真填写与大力支持!

后　记

　　我非戏子，未曾学戏，不曾演戏，也不想演戏，奈何生活总是戏弄我，搞得我人生如戏。

　　儿时的我，家境寒苦，多亏吃苦耐劳的父母双亲，给我和弟弟一个安稳而温暖的家。父亲的兄弟姐妹共有 8 个之多，家境困窘异常，在那艰苦的年月里，一盆土豆丝带给大家的满足感，远比现在的一锅红烧肉来得爽利和丰盈饱满。兄弟们一个个地长大，都要娶妻生子，父亲作为家中的长子，为了减轻家庭负担，婚后不久，就背负着婚娶时产生的债务，独立生活了，我的父母带着两床被褥、两双碗筷、半袋粮米，借宿在邻居家的一铺土炕之上，开启了艰难的奋斗之旅。由于起家的底子过于单薄，户籍制度将他们约束在家乡的几亩薄田之上，无法进城务工增加收入，每年的经济状况可想而知。在我儿时的记忆中，家中的鸡蛋是绝然不可以轻易吃的，只有来了客人的时候才能煎炒几只，供客人食用，爸爸妈妈会把客人吃剩下的鸡蛋留给我和弟弟。鸡蛋积攒到 30 只或者 50 只，最多 100 只，就要带到小镇上卖掉，换了钱贴补家用，妈妈会在镇上买一根麻花或者一个面包，带回家给我和弟弟享用，她自己是不舍得吃这样的好东西的。每年春节的时候，家里会置办四条或者五条冻鱼，其中三条分别作为除夕、初五和元宵节的主菜，余下的一条或者两条留着招待串门的亲戚。几斤冻梨、几串鞭炮还有几年才有一件的新衣服，一定要等到大年三十那天才能享用，我和弟弟每天数着日子盼过年。那时的日子简简单单，心里却快快乐乐。当我以全镇第一名的成绩考入初中，妈妈给我买了一双红色的小雨靴作为奖励，我是全家唯一一个拥有雨靴的人。升入初中之后的一段时间，因为学校离家很远，妈妈每天早晨会给我做一个混有鸡蛋和葱花的花卷，让我带到学校充作午饭，我是那段时间里，家中唯一一个可以经常吃到鸡蛋的人。就这样，生活在父母勤劳简朴的奋斗中日渐好转。然而，当我考入省重点高中，进入城里上学之后，突然增加的开销再一次摧毁了刚刚好转的生活状态。父母为了尽量增加收入，开始借钱盖猪圈做生猪养殖，把旱田改造成水田种水稻。记得有一次开学返校当天，爸爸妈妈赶着马车，拉着我和一窝小猪到小镇的集市上，小猪一共卖了 500 元钱，妈妈把这些钱装到我衣服的贴身内兜里，把我送到开往城里的公共汽车上。那一路上，我总感觉装在衣兜里的，是十几只不停拱动的小猪,而不是薄薄的500元钞票。等我考上大学,经济困窘状况达到了极限。父母想方设法多挣钱、日夜操劳,虽然收入增加了不少,但是支出增加得更多,弟弟也辍学了,到饭店里做学徒工,老板每个月给他50元钱,让他买日常生活用品,但是他舍不得花,都攒起来汇给了我。那时,我只想快点毕业,离开学校去工作,不再给家里增添负担,所以,2003年本科毕业的时候,我以为自己再也不会步入校门求学了,甚至连个人档案都险些丢弃了。我参加工作之后,家庭开销骤然减少,但是收入却持续增加,没过几年,家庭经济状况就好起来了。

然而,造化弄人,2009年的变故,让我在极端困顿之时,再一次背起书包踏上求学之路,经过2年奋战,我终于如愿考入哈尔滨工业大学攻读硕士学位研究生。读硕期间,为了赚到足够的生活费和学费,我需要尽可能多地到其他学校讲课,晚上下课了出去讲,周六周日整天出去讲,我没有时间跟研究生班的同学们聚会聊天,让大家误以为我不合群,是个怪人。钱赚了不少,累也受了不少,由于天天起早贪黑,我在课堂上经常犯困。有一次上王久云教授法学课的时候,我困得挺不住,趴在课桌上睡着了,忽然听到一阵哄堂大笑,我慌忙抬起头,看见大家都在看着我笑,原来是我睡得过于香甜,已经鼾声如雷了。就这样,我一边教课赚钱,一边准备博士研究生入学考试,在读硕期间,我把读博的各种费用也都攒出来了。

2014年秋季,我正式报到入学,进入南开大学商学院攻读博士学位。我的恩师申光龙教授帮我开启了学术世界的大门,带我走入一片新天地。恩师从未因为我的驽钝而弃教于我,而是悉心指导、热情鼓励,不但在科研方面着力培养,在生活上也给予诸多关照。恩师每次从自己的母国回来,都会带一些韩国的特产送给学生们,看着我们开心的样子,他的眼中流露出父亲般的温暖。当我们在科研方面遭遇困境的时候,恩师从未责难,而是给我们讲述他的经验以供借鉴,和我们一起想办法,共渡难关。我们的师母林美卿女士是一位贤良淑德的母亲,对待我们这些学生,总是充满了关爱与温情。我常常想念商学院那些传道受业解惑的恩师们。我终生感念胡望斌老师的恩情,胡老师对我恩深谊重、教诲良多,热心而深入地指导我的研究工作,传授了很多精籍秘技,使我的科研能力得到极大提高,将我提升到一个合格博士研究生的水平,在论文的写作过程中,帮我精细分析每个部分的要义和技法,思忖每个段落的合宜与否。胡老师严谨的治学作风、高尚的人格时刻激励着我、感染着我,成为我的光辉榜样和人生灯塔。李东进老师每次见面都会询问我的研究进度,鼓励我再加一把劲儿。李伟鹏老师认真地给我们讲授科学研究的方法,授课内容丰富,实用性很高。感谢李桂华老师、崔连广老师、王迎军老师和李建标老师等各位恩师,是你们夯实了商学院的发展之路,成就了学生们的美好未来。

感谢哈尔滨工业大学管理学院的邹波老师,一遍又一遍地帮我修改论文,感谢浙江大学中国农村发展研究院的钱龙师兄启发我的研究思路,感谢中国社会科学院农村发展研究所的刘同山师兄开启我思想的闸门。

感谢亲如一家的同学们,林明政师兄、葛法权师兄、彭晓东师兄、王金丽师妹和柳志中师弟,这是一个相互关爱、相互鼓励、充满力量和温暖的集体。晓东师兄毕业离校之前,陪我坐在西区公寓宿舍楼下的草坪边,对我讲了很多语重心长的话,为了避免遗忘,我回到宿舍都记在了小本子上。可惜的是,晓东哥离校那天,我都没有来得及给他饯行,这个情,我将来一定要补上。法权师兄给了我很多鼓励,经常给我加油鼓劲儿,分别6年多了,我很想念他。金丽是我的老同学了,我们读本科的时候,就坐在同一个班级里面。金丽在科研论文写作方面给我做示范,提修改意见,给予我很多有力的指导和帮助。

感谢博士研究生班的同学们。迟考勋帮我审读论文,提出很多宝贵的修改意见;赵毅在数据统计分析方面给予很多帮助;倪古强亲自给我演示统计分析软件的操作方法;周生辉帮我想问题,给我提思路,即使毕业之后,仍然关心着我的论文写作情况;王振宇班长给同学们找赚钱的机会,改善穷苦的博士生经济状况;感谢刘建新的长期关心与鼓励;感谢马克思主义政治经济学专业的杨善奇同学,让我开始真正懂得马克思主义思想和理论的伟大和光辉。

衷心感谢那些亲如兄弟的好朋友们在我迷惘困顿的时候伸出有力的援手,拉我走出困境。徐克峰在学业和生活上给予我莫大的支持,他的摄影团队在箭扣长城之上给我和文家拍摄婚纱照,让雄伟的长城和绵延的山脉见证爱情与友谊。朱兴龙在我不知何去何从的时候,陪我探讨生活、思考未来,坚定了我求学进取的信念。刘云飞长期给予我兄弟般的关心和照顾,一直到我结婚成家之后。曹剑是一个不擅言谈但至真至诚的好友,他曾跨越两座城市的距离来到我身边,安慰我考研失利的落魄心情。朋友们扶助让我一步步地走到今天,是我永远难忘的深情厚义。感谢哈尔滨工业大学的田也壮老师、张莉老师、王忠玉老师、东华大学的周家良、上海大学的康柏、瑞典隆德大学的王家堂、新加坡国立大学的吴才智、东北农业大学的王鹏夫妇、齐齐哈尔大学的李恩帅和齐齐哈尔海关的张文等好朋友。

我的妻子是上天赐予我的最美的恩赏,她是我生命旅程中最具华彩的篇章。从小家境优越的她,却从不浮华虚荣,不骄傲,也不娇气。一个具有国际视野的女人,却总是谦逊平和地与人和谐相处,不卑不亢的品格,在她的身上表现得淋漓尽致。她视域高远,却能脚踏实地。她的明眸采撷着美丽,随时抓取曼妙的光影;她的纤指之间跳动着音符,深情奏响优美的韵律;她的笔尖流淌着诗章,尽情书写深彻的感悟。她勤奋刻苦、追求上进,在本科阶段的学习中,就曾翻烂过一本厚厚的韩国语词典,每天早晨在教学楼的角落里练听力、背单词,时至如今,即使工作如此繁忙,她仍然坚持学习,努力进取。在我困苦茫然的时候,她深情地拥抱我、温暖地鼓励我、热切地支持我,用她的爱将我的胸膛注满力量,把我们的小天使带到我们身边。记得 2017 年 4 月份,我从家乡务农返津的列车上,回想起往昔的凄苦历程,顿生感慨,写下一首小诗并发给了妻子:万里长风万里行,夜雨阑珊夜未明。平晓高霞出峰谷,尽消乾坤百丈冰。妻子读后回复:满身风尘夜雨连,饱尝幽暗待日悬。坚冰千尺何所惧,筹得壮志尽欢颜。一个柔弱的女子,竟有如此的胸怀和气度,令我深深地钦佩。今于此记妻之所言以为志:"铁肩担义酬壮志,愿与君,共白头。"

2019 年 7 月 22 日,我正式入职天津社会科学院,开启了人生新阶段,结识了很多新同事、新朋友,让我长了很多新见识、新认知,收益良多,衷心感谢并祝福天津社会科学院蒸蒸日上、鹏程万里。

秦鹏飞

2023 年 2 月

于天津社会科学院